图解股权
法律实务操作要点与难点

GRAPHIC EQUITY
KEY POINTS AND DIFFICULTIES
IN LEGAL PRACTICE

|第二版|

吴明明 ———— 著

法律出版社 LAW PRESS·CHINA
北京

图书在版编目(CIP)数据

图解股权：法律实务操作要点与难点／吴明明著. --2版. --北京：法律出版社，2024
ISBN 978－7－5197－9069－1

Ⅰ.①图… Ⅱ.①吴… Ⅲ.①股权管理－公司法－中国－图解 Ⅳ.①D922.291.914

中国国家版本馆CIP数据核字（2024）第081108号

图解股权——法律实务操作要点与难点(第二版) TUJIE GUQUAN —FALÜ SHIWU CAOZUO YAODIAN YU NANDIAN (DI－ER BAN)	吴明明 著	策划编辑 李沂蔚 责任编辑 李沂蔚 装帧设计 鲍龙卉

出版发行 法律出版社	开本 710毫米×1000毫米 1/16
编辑统筹 法律应用出版分社	印张 21.5　字数 350千
责任校对 王晓萍	版本 2024年7月第2版
责任印制 刘晓伟	印次 2024年7月第1次印刷
经　　销 新华书店	印刷 北京中科印刷有限公司

地址：北京市丰台区莲花池西里7号(100073)	
网址：www.lawpress.com.cn	销售电话:010－83938349
投稿邮箱：info@ lawpress.com.cn	客服电话:010－83938350
举报盗版邮箱：jbwq@ lawpress.com.cn	咨询电话:010－63939796
版权所有·侵权必究	

书号：ISBN 978－7－5197－9069－1	定价：98.00元

凡购买本社图书，如有印装错误，我社负责退换。电话:010－83938349

推荐序

让法律更精彩、让股权更易懂。这是吴明明律师写作这本《图解股权——法律实务操作要点与难点》的初衷,通读本书后确实如此,于是我和身边的几位企业家朋友分享,他们也给予了同样的评价。

股权是具有复杂内容的一种事物,是有限责任公司或者股份有限公司的股东对公司享有的人身和财产权益的一种综合性权利。即股权是股东基于其股东资格而享有的,从公司获得经济利益,并参与公司经营管理的权利。股权是现代商业活动的重要工具之一,是企业利润的承载,是创造社会财富的通道。企业的发展离不开股权架构设计,股权可以成就一个企业,也可以破坏一个企业,因为股权涉及企业的顶层架构内容,如果顶层出了问题,那么企业的矛盾一般是很难调和的;同时,股权又可能涉及投融资、挂牌和上市等重大战略问题,如果在这些战略活动中股权出了问题,那么对于企业来说就是"天大的事情"。大量的案例也证明了这一点。

在众多繁杂的股权相关书中,本书独树一帜,第一,本书的内容是丰富的,它将股权作了完整、系统的阐述,包括股权权利内容、股权类型、股权的特殊制度(代持股、优先股和股东资格除名)、股权架构设计、股权激励、股权投融资、控制权、公司章程与股东协议等内容。而且在系统介绍这些内容的同时又对法律风险作了准确的提示。第二,本书的形式是新颖的,它使用了大量丰富多彩的图表进行阐述。第三,本书的内容几乎都是"干货",只讲有价值的内容。第四,本书使用了大量的案例,包括作者的实操经验,通过对案例的研究和学习,更容易理解和掌握股权实务操作的诀窍。这样的书使读者很容易弄清楚股权是什么,股权架构是如何搭建的,股权激励是怎么做的,股权投融资是怎么完成的,等等。

  所以，我相信，本书一定会对广大的读者有所启示，对广大的企业有所帮助。

杨国胜

上海市汇业律师事务所全球管委会主席

自 序

让法律更精彩

因为法言法语晦涩难懂,所以针对企业家和企业管理者的法律类既专业又易懂的图书并不多见,故多年来一直有个想法,给企业家和企业管理者写一本"易读的、生动的、精彩的"法律枕边书。于是,一次机缘巧合,在2019年的上半年着手准备。因为近十年来一直研究股权相关内容和从事股权相关业务,再加上这几年股权市场的火热,股权激励、股权投融资等都成为企业家和企业管理者之间谈论最多的话题,故开了微信订阅号"股权云学堂",每周更新股权相关的知识,每篇文章用心制作了大量的图表,更易习得,收获了大量好评。这些好评中,好多人就提议笔者能否更系统地用图表方式把股权讲一遍。于是就有了写作本书的初衷。本书通过大量的图表形式将原本需要表达的内容呈现出来,省却了大量冗长的文字叙述而更加简洁明了。

股权系统研习

本书较为系统地阐述了股权的相关知识内容,读者通过系统研习本书,可以对股权有较为全面的认识和理解。

第一章股权家族,主要研习股权的基本内容、类型和法律依据等,这是股权架构设计、股权激励和股权融资及股权交易的基础知识。

第二章股权架构设计,主要研习股权架构设计的原则和理念、方法和方案、类型和案例等。

第三章股权激励,这是近几年最热的话题,主要从法律适用、激励对象的选择、具体落地方案的执行和退出机制等几个方面进行详细的阐述。

第四章股权融资，这是很多企业或创业者最期待的事情，也是其为之奋斗的阶段性成果，为了让企业家或创业者能够清晰了解股权融资的相关知识，本章主要讲述股权融资的方式、估值方法和融资条款解读等。

第五章控制权，这是创始人应当最为关注的内容，在股权激励、股权融资或其他稀释股权过程中都必须要对其加强研习，本章从两个角度共计使用了十个工具阐释如何保持或重获控制权。

第六章公司章程与股东协议，这是上述章节所有内容的保障，而恰恰又是很多企业不重视的内容，本章花了大量篇幅阐明方法、梳理归类、标注重点，希望所有企业都能重视公司章程，更重要的是会用公司章程。

我们一起再出发

从"学艺"至今已经16年了，但是在这个行业，我们还在路上，在努力的路上，新的法律法规、新的商业活动等都需要我们重新开始，再出发。

过去的这一年，几乎每个晚上4小时的孤坐案头，只为有此一书，希望这一份夹杂疲惫和用心的文字能对大家有所启示。另外，因笔者才疏学浅，书中不当之处尚祈读者诸君提出宝贵意见，不胜感激。

付梓之际，略赘数语，是以为序。

吴明明

2020年3月19日于江苏常州

第二版序

出版于2020年的本书第一版，主要是在2019年写就的，之后随着《中华人民共和国民法典》、相关司法解释陆续生效，加上《中华人民共和国公司法》于2023年12月29日修订通过，第一版中部分法条的引用和相关观点的陈述已经过时了。

本书第一版得到了许多读者的大量评论，这期间收到了许多读者的来信，也和部分读者进行了交流，得到了许多建议，同时也引发了我很多的思考，从而为第二版的出版奠定了基础。

本书按照《民法典》和2023年修订的《公司法》进行了相应内容的修订，主要包括：(1)股权权利图谱，按照2023年《公司法》进行改造，列举了股东权利的全部内容，并以思维导图的方式呈现；(2)公司章程的自治及其边界章节，重新按照2023年《公司法》详细说明了53个可以自由约定的事项，同时以表格形式呈现；(3)附录中2019—2024年全国股权纠纷诉讼裁判数据分析报告，针对高频发生的股权转让、公司清算、股东资格确认、股东知情权、损害公司利益责任、股东出资、请求公司收购股份纠纷案件7个类型的股权纠纷的内涵与外延、高频关联法条和诉讼争议焦点进行了详细讨论。

本书增加了"(拟)上市公司股权激励合规与审核要点"作为第三章第八节，鉴于本书第一版之后关于上市公司股权激励有了很多的新规，包括《上海证券交易所科创板股票上市规则》(2023年8月修订)、《深圳证券交易所创业板股票上市规则》(2023年8月修订)、《首次公开发行股票注册管理办法》(2023年2月17日)、《〈首次公开发行股票注册管理办法〉第十二条、第十三条、第三十一条、第四十四条、第四十五条和〈公开发行证券的公司信息披露内容与格式准则第57号——招股说明书〉第七条有关规定的适用意见——证券期货法律适用意见第17号》(2023年2月17日)、《监管规则适用指引——发行类第5号》(2023年2月17日)等。本书这一节主要通过七个方面进行了详细讨论：(1)区分首发申报前制定、上市后实施的期权激励计划和首发申报前实施的员工持股计划；(2)激励对象如何确定；(3)股权激励股份定价公允性审核要点；(4)特殊激励对象的股份支付确认；(5)业绩考核指标监管要点；(6)激励股权回购条款设置；(7)第一类限制性股票、第二类限制性股票与股票期权及对比，以《上市公司股权激励管理办法》(2018年修正)与《上海证券交易所科创板股票上市规则》(2023年8月修订)、《深圳证券交易所创业板股票上市规则》(2023年8月修订)作为对比的基础，并且从适用板块、定义、激励对象、授予价格、授予数量等13个方面进行分析对比，并以表格的方式清晰呈现。

最后感谢本书第一版的读者，给了我很多好的建议，我也期待能在本书第二版出版后，我们再一起思考，一起前行！

吴明明
2024年2月5日于江苏常州

目 录

第一章 股权家族

第一节 股权家族概述 001
一、股权权利内容 001
二、股权类型 003

第二节 股权权利图谱 004
一、表决权 004
二、资产收益权 006
三、知情权 007
四、优先认购权 009
五、提案权 010
六、质询权 011
七、诉权 012
八、退股权 018

第三节 股权类型图谱 019
一、是否注册:实股与虚股 020
二、是否自持:自持股与代持股 020
三、权利范围:普通股、优先股与限制股 020
四、赠与方式:分红股与干股 021
五、表现方式:期权与可转债 021

第四节 股权家族特殊成员:代持股 022
一、代持股概述 022
二、代持股法律风险管理 028

三、代持股协议(范本) 030

第五节 股权家族特殊成员:优先股 034

一、优先股的概念和特征 034

二、优先股与其他股债混合产品的区别 035

三、优先股的种类 038

四、案例:浦发银行发行优先股 040

第六节 股权家族除名制度 044

一、法定除名 045

二、章程约定除名 047

三、案例与启示 049

第二章 股权架构设计

第一节 股权架构设计概述 053

一、股权架构设计的原则 053

二、股权架构的类型 055

三、股权架构设计的核心问题 057

四、华为公司股权分配政策 070

第二节 顶层股权架构设计中的"三板斧" 074

一、以出资比例确定股权比例可能存在的问题 074

二、"三板斧"之分红权调整规则 075

三、"三板斧"之表决权委托规则 076

四、"三板斧"之股权比例变动规则 077

五、总结 078

第三节 一种普遍适用的股权设计方案 078

一、"四层三平台"股权架构 078

二、持股平台形式 083

第四节 众筹模式的有效股权架构设计 086

一、众筹的关键问题 086

二、解决方案 087

第五节　中小企业事业合伙人计划实施的模式　089
一、事业合伙人的概念　089
二、事业合伙人模式分析　089
三、启示　094

第六节　如何打造生态链合伙人平台　094
一、生态链合伙人的概念　094
二、生态链合伙人机制的案例　095
三、生态链合伙人的启示和风险　098

第七节　动态股权实施方案分析　098
一、引言　098
二、动态股权的具体内容　099
三、动态股权设计的三种情形　100
四、动态股权考核方案　102

第三章　股权激励

第一节　股权激励概述　106
一、法律适用　106
二、关键要素　108
三、持股方式　109

第二节　如何确定股权激励的对象　110
一、共识：共同的价值观、使命和愿景　111
二、共担：历史价值，包括历史贡献和岗位胜任能力　113
三、共创：未来价值，包括其职业理想、应对变化能力和契合性等　114
四、共享：价值分享，分享智慧与努力　114
五、相关法规链接　115

第三节　如何利用各种模式落地股权激励　116
一、虚拟股权　116
二、限制性股权　118
三、股权期权　121

四、业绩股权　　　　　　　　　　　　　　　　　　　125

　　五、股权增值权　　　　　　　　　　　　　　　　　127

　　六、干股　　　　　　　　　　　　　　　　　　　　129

　　七、期股　　　　　　　　　　　　　　　　　　　　129

　　八、员工持股计划　　　　　　　　　　　　　　　　131

第四节　股权激励配套法律文书　　　　　　　　　　　　134

　　一、绩效考核法律文书　　　　　　　　　　　　　　134

　　二、股权激励程序法律文书　　　　　　　　　　　　139

第五节　股权激励中退出机制的设置　　　　　　　　　　144

　　一、股权退出的方式　　　　　　　　　　　　　　　144

　　二、股权退出的注意要点　　　　　　　　　　　　　146

　　三、关于股权激励中股权退出的相关案例　　　　　　147

　　四、股权退出（回购）的文书样本　　　　　　　　　149

　　五、相关法规链接　　　　　　　　　　　　　　　　150

第六节　电视剧《那年花开月正圆》与《乔家大院》中的股权激励　　151

　　一、剧情回顾　　　　　　　　　　　　　　　　　　151

　　二、两部电视剧的股权激励目的　　　　　　　　　　151

　　三、启示　　　　　　　　　　　　　　　　　　　　152

第七节　上市公司股权激励：以科创板企业为例　　　　　153

　　一、定来源：股票来源　　　　　　　　　　　　　　153

　　二、定对象：激励对象　　　　　　　　　　　　　　154

　　三、定数量：股份比例　　　　　　　　　　　　　　156

　　四、定模式：激励方式　　　　　　　　　　　　　　156

　　五、定时间：锁定期限　　　　　　　　　　　　　　157

　　六、定价格：行权价格　　　　　　　　　　　　　　159

　　七、定业绩：业绩指标　　　　　　　　　　　　　　160

第八节　（拟）上市公司股权激励合规与审核要点　　　　161

　　一、全面注册制时代到来，股权激励趋势　　　　　　161

　　二、区分首发申报前制定、上市后实施的期权激励计划和首发申
　　　报前实施的员工持股计划　　　　　　　　　　　　162

三、激励对象如何确定 ... 166

四、股权激励股份定价公允性审核要点 ... 169

五、特殊激励对象的股份支付确认——《监管规则适用指引——发行类第5号》 ... 170

六、业绩考核指标监管要点 ... 171

七、激励股权回购条款设置 ... 174

八、激励工具:第一类限制性股票、第二类限制性股票与股票期权 ... 175

第四章 股权融资

第一节 股权融资概述 ... 183
一、股权融资的主要方式 ... 183

二、与股权融资相似的几组概念 ... 185

三、投资人的退出方式 ... 187

第二节 如何创建资本结构表 ... 187
一、资本结构表的概念 ... 187

二、案例说明 ... 188

第三节 如何对企业进行估值 ... 189
一、市盈率(Price-to-Earnings,P/E)估值法 ... 189

二、市销率(Price-to-Sales,P/S)估值法 ... 189

三、市净率(Price-to-Book Value,P/BV)估值法 ... 190

四、贴现现金流(Discounted Cash Flow,P/C)估值法 ... 190

五、市现率(P/EBITDA)估值法 ... 192

六、净资产(Net Asset Value,NAV)估值法 ... 192

七、重估净资产(Revaluated Net Assets Value,RNAV)估值法 ... 192

八、PE/G 估值法 ... 193

九、其他估值方法 ... 193

第四节 PE/VC 交易条款及谈判策略 ... 193
一、反稀释条款 ... 193

二、共同出售权条款　　195

　　三、领售权条款　　195

　　四、清算优先权条款　　197

　　五、回赎权条款　　198

　　六、优先购买权条款　　199

　　七、优先分红权条款　　199

　　八、排他性条款　　200

　　九、员工期权池条款　　201

　　十、董事会条款　　201

　　十一、对赌条款　　202

　第五节　关于标的公司对赌效力的认定　　207

　　一、标的公司对赌承担业绩补偿损害债权人利益，该对赌条款无效　　207

　　二、标的公司对赌承担大股东回购款连带责任因未经股东会追认，该对赌条款无效　　209

　　三、标的公司对赌承担大股东回购款连带责任虽未经股东会追认，但因投资人尽到审慎义务，该对赌条款有效　　212

第五章　控制权

　第一节　控制权概述　　215

　　一、控制权的概念　　215

　　二、谁享有控制权　　215

　　三、控制权的相关法律法规　　216

　　四、如何认定控股股东　　217

　　五、如何认定实际控制人　　217

　　六、创始人保持控制权的措施　　219

　第二节　主动进攻型策略　　221

　　一、"三条红线"　　221

　　二、AB 股结构　　221

三、间接控制 222
　　四、委托投票权（Proxy Voting） 223
　　五、控制董事会 224
　　六、一致行动协议 225
　　七、一票否决权 227

第三节　防守反击型策略 227
　　一、定向增发（Private Placement） 227
　　二、管理层收购（MBO） 228
　　三、资产重组（Restructuring） 229
　　四、修改公司章程 230

第六章　公司章程与股东协议

第一节　公司章程概述 231
　　一、公司章程与股东协议 231
　　二、公司章程的重要作用 238
　　三、公司章程的记载事项 239

第二节　公司章程自治及其边界 240

第三节　公司章程的制作 251
　　一、公司章程的制作原则和思路 251
　　二、公司章程与议事规则 253
　　三、公司章程与股东权利 260
　　四、公司章程的修改 262

附录：2019~2024年全国股权纠纷诉讼裁判数据分析报告

　　一、股权纠纷诉讼裁判案件概况 267
　　二、股权转让纠纷案件 271
　　三、公司清算纠纷案件 278
　　四、股东资格确认纠纷案件 285
　　五、股东知情权纠纷案件 292

六、损害公司利益责任纠纷案件 　　300
七、股东出资纠纷案件 　　312
八、请求公司收购股份纠纷案件 　　321

第一章 股权家族

第一节 股权家族概述

本书所述的股权家族是指股权所应包括的股权权利、股权类型及与股权相关的法律法规等制度和体系的集合。

一、股权权利内容

股权权利,是指股权持有人应享有的权利内容,是股东在履行出资等义务后应该得到的价值回报。

根据我国《公司法》(2023年修订)及相关司法解释和其他的行政法规等,股权权利包含八大权利(见图1-1)。

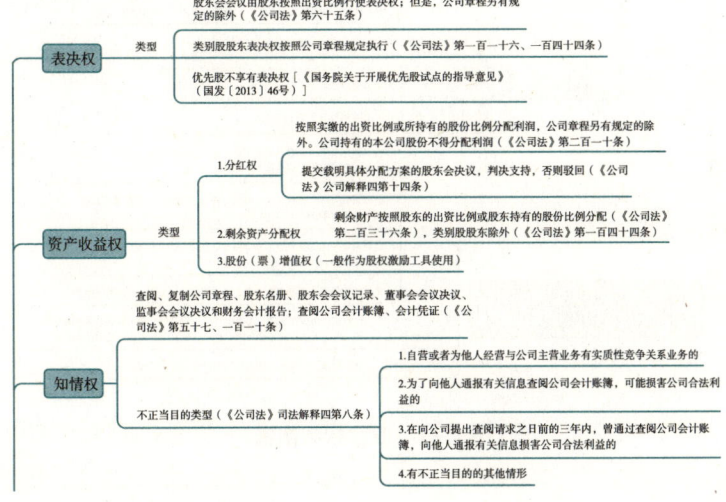

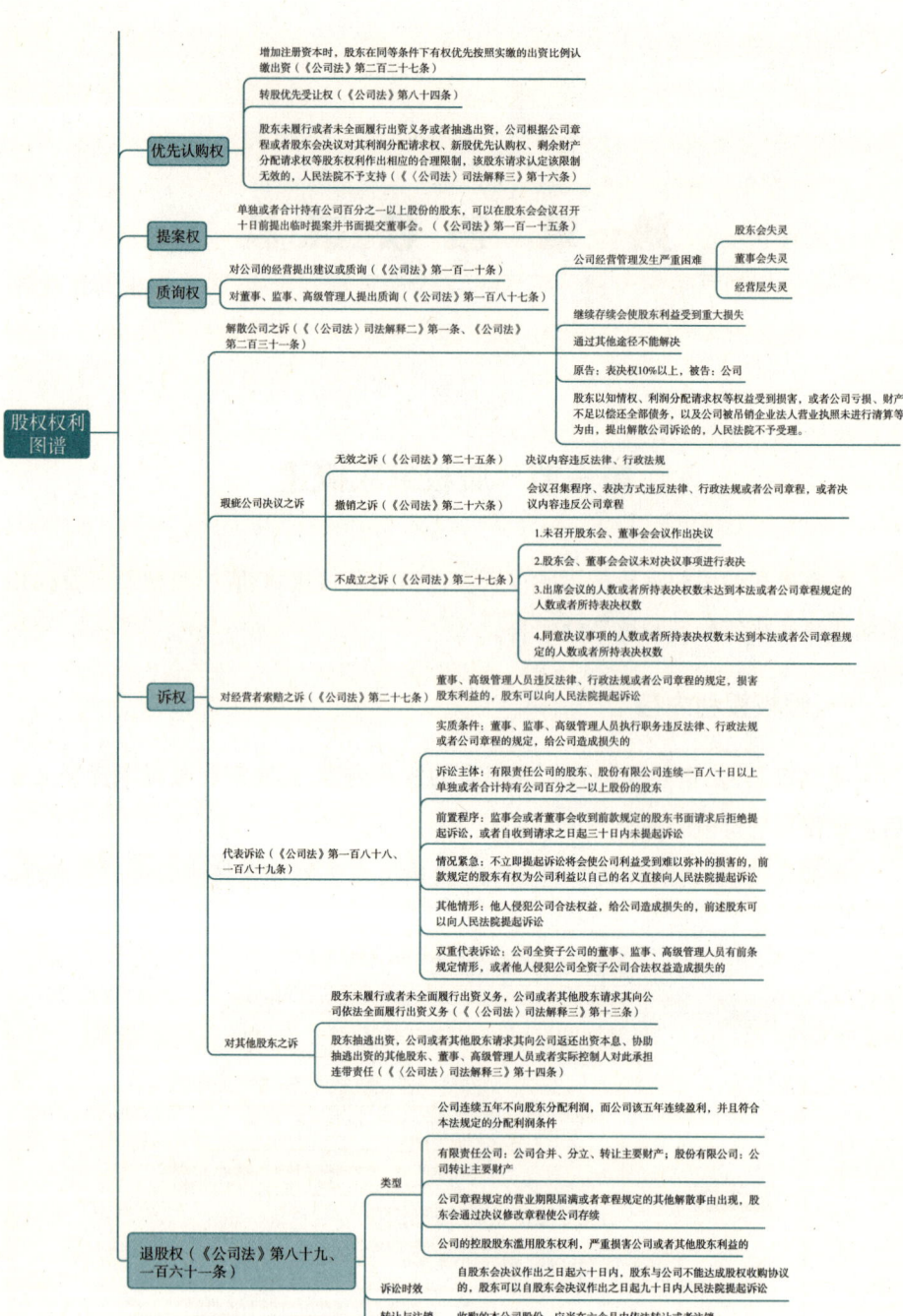

图1-1 股权权利图谱

根据不同的分类标准,对上述股权权利内容进行如下不同的分类。

1. 依据承担义务人的范围,可以分为绝对权和相对权。绝对权又称对世权,所要求的义务的承担者不是某一人或某一范围的确定的人,而是一切人,如表决权、资产收益权、优先认购权。相对权,又称对人权,所要求的义务的承担者是一定的个人或某一集体,如质询权、诉权和退股权。

2. 依据权利发生的因果联系,可以划分为原权和派生权,派生权又称救济权。原权指基于法律规范之确认,不待他人侵害而已存在的权利,又称第一权利,如表决权、资产收益权、知情权、优先认购权、质询权等;派生权指由于他人侵害原权利而发生的法律权利,也称第二权利,如因瑕疵公司决议之诉、解散公司之诉、代表诉讼、对经营者索赔和退股权等。

3. 依据权利是否可以自由约定,可以划分为固有权利和可变权利。固有权利是指不可通过协商约定扩大或限缩的权利,如知情权、质询权、瑕疵公司决议之诉、解散公司之诉、代表诉讼、对经营者索赔。可变权利是指可以约定扩大或限缩的权利,如表决权、资产收益权、优先认购权。

二、股权类型

股权因不同法律法规等的规定和商业活动的习惯而有不同的外在表现形式,这些表现形式的集合即股权类型。本书将股权类型分为五大类,共十一种类型,具体见图1-2股权类型图谱。

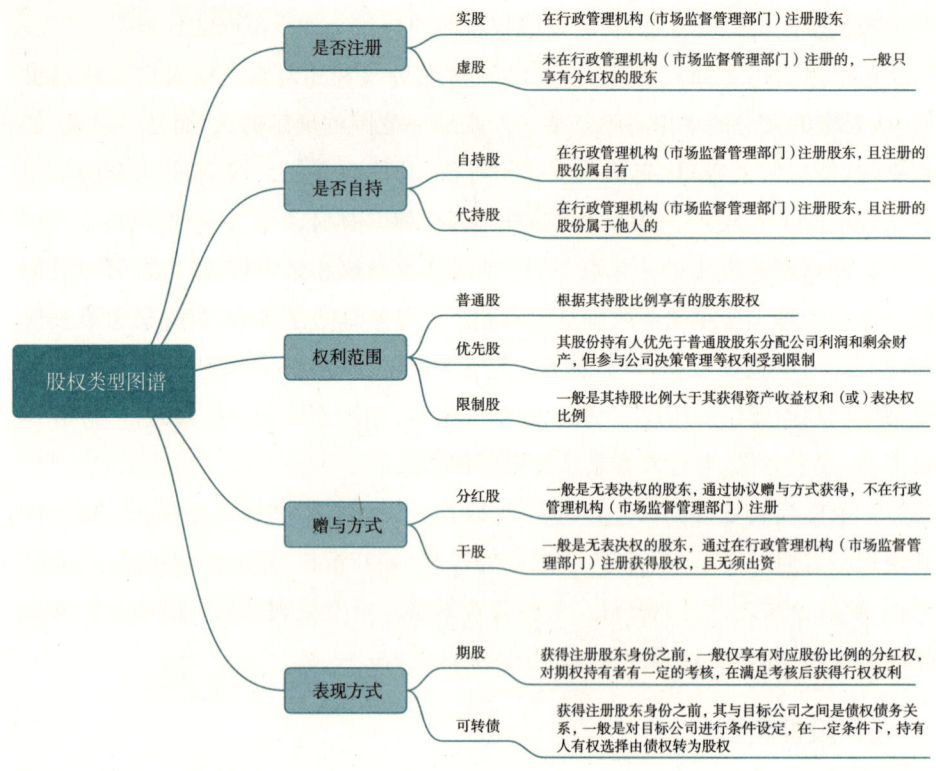

图1-2 股权类型图谱

第二节 股权权利图谱

股权权利内容散见于《公司法》及其司法解释条文和其他行政法规等规定中,为便于学习,本书进行了详细的梳理和总结,同时绘制了上述股权权利图谱,该图谱涵盖了几乎全部股权权利内容。

股权权利图谱具体包括以下八大股权权利内容。

一、表决权

表决权也称投票权,这是作为股东享有的重要权利之一,也是股东参与公司决策和管理的重要手段之一。在有限责任公司中,股东会会议由股东按照出资比例行使表决权;在股份有限公司中,股东出席股东会会议,所持每一股份有

第一章　股权家族

一表决权。

但是，特殊安排如下。

（1）经所有股东同意，可以在公司章程中规定，表决权不按照股权比例行使，即我们通常所说的AB股等。

（2）累积投票权，是指股东在股东大会选举董事或者监事时，按照累积投票方式参加选举董事或者监事的权利。所谓累积投票，是指股东所持的每一股份都拥有与股东大会拟选举的董事或者监事数量相等的投票权，股东既可以把全部投票权集中选举一个人，亦可分散选举数人，最后按得票多寡决定当选的董事或者监事。

（3）优先股有优先取得股息和分得剩余财产的权利，但其一般没有表决权，除非没有支付股息（具体内容和案例参考本章第五节）。

参考法条

《公司法》

第六十五条　股东会会议由股东按照出资比例行使表决权；但是，公司章程另有规定的除外。

第一百一十六条　股东出席股东会会议，所持每一股份有一表决权，类别股股东除外。公司持有的本公司股份没有表决权。

股东会作出决议，应当经出席会议的股东所持表决权过半数通过。

股东会作出修改公司章程、增加或者减少注册资本的决议，以及公司合并、分立、解散或者变更公司形式的决议，应当经出席会议的股东所持表决权的三分之二以上通过。

第一百一十七条　股东会选举董事、监事，可以按照公司章程的规定或者股东会的决议，实行累积投票制。

本法所称累积投票制，是指股东会选举董事或者监事时，每一股份拥有与应选董事或者监事人数相同的表决权，股东拥有的表决权可以集中使用。

第一百四十四条　公司可以按照公司章程的规定发行下列与普通股权利不同的类别股：

（一）优先或者劣后分配利润或者剩余财产的股份；

（二）每一股的表决权数多于或者少于普通股的股份；

（三）转让须经公司同意等转让受限的股份；

(四)国务院规定的其他类别股。

公开发行股份的公司不得发行前款第二项、第三项规定的类别股;公开发行前已发行的除外。

公司发行本条第一款第二项规定的类别股的,对于监事或者审计委员会成员的选举和更换,类别股与普通股每一股的表决权数相同。

《国务院关于开展优先股试点的指导意见》(国发〔2013〕46号)

一、优先股股东的权利与义务

(五)表决权限制。除以下情况外,优先股股东不出席股东大会会议,所持股份没有表决权:(1)修改公司章程中与优先股相关的内容;(2)一次或累计减少公司注册资本超过百分之十;(3)公司合并、分立、解散或变更公司形式;(4)发行优先股;(5)公司章程规定的其他情形。上述事项的决议,除须经出席会议的普通股股东(含表决权恢复的优先股股东)所持表决权的三分之二以上通过之外,还需经出席会议的优先股股东(不含表决权恢复的优先股股东)所持表决权的三分之二以上通过。

二、资产收益权

资产收益权,是作为股东享有的财产上的权利,具体包括以下三类:一是获得公司分红的权利;二是因公司增值而获得的股份(票)增值权;三是在公司清算后,清偿所有税、债务和费用后的剩余财产的分配权。

但是特殊安排如下:资产收益权的分配比例,都可以通过公司章程或股东协议等方式约定不按照股份比例分配。

------ 参考法条 ------

《公司法》

第二百一十条 公司分配当年税后利润时,应当提取利润的百分之十列入公司法定公积金。公司法定公积金累计额为公司注册资本的百分之五十以上的,可以不再提取。

公司的法定公积金不足以弥补以前年度亏损的,在依照前款规定提取法定公积金之前,应当先用当年利润弥补亏损。

公司从税后利润中提取法定公积金后,经股东会决议,还可以从税后利润中提取任意公积金。

第一章 股权家族

> 公司弥补亏损和提取公积金后所余税后利润,有限责任公司按照股东实缴的出资比例分配利润,全体股东约定不按照出资比例分配利润的除外;股份有限公司按照股东所持有的股份比例分配利润,公司章程另有规定的除外。
>
> 公司持有的本公司股份不得分配利润。
>
> **第二百三十六条** 清算组在清理公司财产、编制资产负债表和财产清单后,应当制订清算方案,并报股东会或者人民法院确认。
>
> 公司财产在分别支付清算费用、职工的工资、社会保险费用和法定补偿金,缴纳所欠税款,清偿公司债务后的剩余财产,有限责任公司按照股东的出资比例分配,股份有限公司按照股东持有的股份比例分配。
>
> 清算期间,公司存续,但不得开展与清算无关的经营活动。公司财产在未依照前款规定清偿前,不得分配给股东。
>
> 《最高人民法院关于适用〈中华人民共和国公司法〉若干问题的规定(四)》
>
> **第十四条** 股东提交载明具体分配方案的股东会或者股东大会的有效决议,请求公司分配利润,公司拒绝分配利润且其关于无法执行决议的抗辩理由不成立的,人民法院应当判决公司按照决议载明的具体分配方案向股东分配利润。

三、知情权

股东知情权,是指公司股东了解公司信息的权利。包括公司财务报告资料、账簿等有关公司经营、决策、管理的相关资料等(见表1-1)。

表1-1 股东知情权的权利范围

权利主体	权利内容	权利范围
有限责任公司/股份有限公司股东	查阅和复制	公司章程、股东名册、股东会会议记录、董事会会议决议、监事会会议决议和财务会计报告
	查阅	会计账簿、会计凭证

但股东有以下四种不正当目的情形的,公司可以拒绝查阅和复制,如图1-3所示。

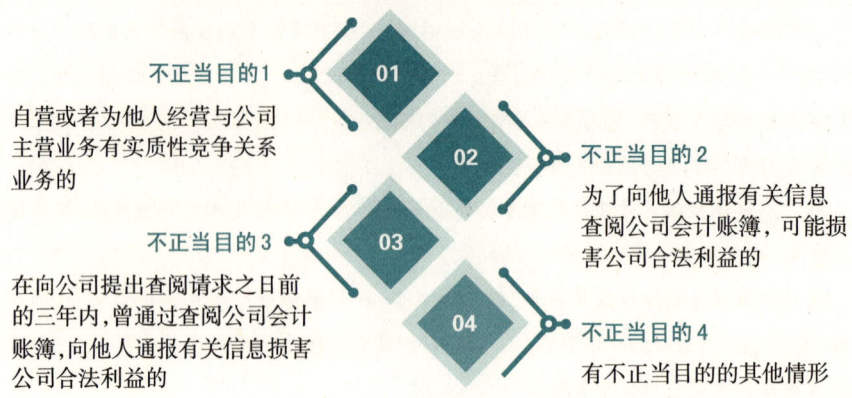

图1-3 不正当目的的具体情形

参考法条

《公司法》

第五十七条 股东有权查阅、复制公司章程、股东名册、股东会会议记录、董事会会议决议、监事会会议决议和财务会计报告。

股东可以要求查阅公司会计账簿、会计凭证。股东要求查阅公司会计账簿、会计凭证的,应当向公司提出书面请求,说明目的。公司有合理根据认为股东查阅会计账簿、会计凭证有不正当目的,可能损害公司合法利益的,可以拒绝提供查阅,并应当自股东提出书面请求之日起十五日内书面答复股东并说明理由。公司拒绝提供查阅的,股东可以向人民法院提起诉讼。

股东查阅前款规定的材料,可以委托会计师事务所、律师事务所等中介机构进行。

股东及其委托的会计师事务所、律师事务所等中介机构查阅、复制有关材料,应当遵守有关保护国家秘密、商业秘密、个人隐私、个人信息等法律、行政法规的规定。

股东要求查阅、复制公司全资子公司相关材料的,适用前四款的规定。

第一百一十条 股东有权查阅、复制公司章程、股东名册、股东会会议记录、董事会会议决议、监事会会议决议、财务会计报告,对公司的经营提出建议或者质询。

连续一百八十日以上单独或者合计持有公司百分之三以上股份的股东要求查阅公司的会计账簿、会计凭证的,适用本法第五十七条第二款、第三款、第四款的规定。公司章程对持股比例有较低规定的,从其规定。

股东要求查阅、复制公司全资子公司相关材料的,适用前两款的规定。

上市公司股东查阅、复制相关材料的,应当遵守《中华人民共和国证券法》等法律、行政法规的规定。

《最高人民法院关于适用〈中华人民共和国公司法〉若干问题的规定(四)》

第八条 有限责任公司有证据证明股东存在下列情形之一的,人民法院应当认定股东有公司法第三十三条第二款规定的"不正当目的":

(一)股东自营或者为他人经营与公司主营业务有实质性竞争关系业务的,但公司章程另有规定或者全体股东另有约定的除外;

(二)股东为了向他人通报有关信息查阅公司会计账簿,可能损害公司合法利益的;

(三)股东在向公司提出查阅请求之日前的三年内,曾通过查阅公司会计账簿,向他人通报有关信息损害公司合法利益的;

(四)股东有不正当目的的其他情形。

第九条 公司章程、股东之间的协议等实质性剥夺股东依据公司法第三十三条、第九十七条规定查阅或者复制公司文件材料的权利,公司以此为由拒绝股东查阅或者复制的,人民法院不予支持。

四、优先认购权

优先认购权包括两方面内容:一是股东享有的同等条件下优先购买其他股东拟转让股权的权利,即转股优先购买权。该优先购买权是有限责任公司股东特有的一种法定权利。二是公司发行新股或可转债时老股东可以按原先持有股份数量的一定比例优先于他人进行认购的权利,即新股优先认购权。

参考法条

《公司法》

第八十四条 有限责任公司的股东之间可以相互转让其全部或者部分股权。

股东向股东以外的人转让股权的,应当将股权转让的数量、价格、支付方式和期限等事项书面通知其他股东,其他股东在同等条件下有优先购买权。股东自接到书面通知之日起三十日内未答复的,视为放弃优先购买权。两个以上股东行使优先购买权的,协商确定各自的购买比例;协商不成的,按照转让时各自的出资比例行使优先购买权。

公司章程对股权转让另有规定的,从其规定。

第二百二十七条 有限责任公司增加注册资本时,股东在同等条件下有权优先按照实缴的出资比例认缴出资。但是,全体股东约定不按照出资比例优先认缴出资的除外。

股份有限公司为增加注册资本发行新股时，股东不享有优先认购权，公司章程另有规定或者股东会决议决定股东享有优先认购权的除外。

《最高人民法院关于适用〈中华人民共和国公司法〉若干问题的规定（三）》

第十六条　股东未履行或者未全面履行出资义务或者抽逃出资，公司根据公司章程或者股东会决议对其利润分配请求权、新股优先认购权、剩余财产分配请求权等股东权利作出相应的合理限制，该股东请求认定该限制无效的，人民法院不予支持。

五、提案权

股东提案权，是指股东可以向股东会提出供股东会审议或表决的议题或者议案的权利。该项权利能够保证少数股东将其关心的问题提交给股东会讨论，有助于提高少数股东在股东会中的主动地位，实现对公司经营决策的参与、监督与纠正作用。提案权的具体内容如图1-4所示。

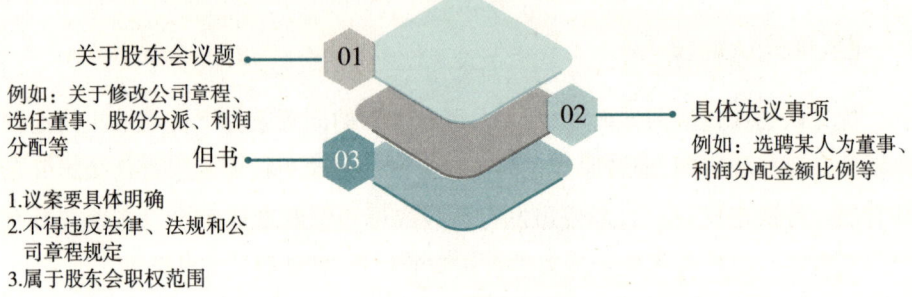

图1-4　提案权的具体内容

参考法条

《公司法》

第一百一十五条　召开股东会会议，应当将会议召开的时间、地点和审议的事项于会议召开二十日前通知各股东；临时股东会会议应当于会议召开十五日前通知各股东。

单独或者合计持有公司百分之一以上股份的股东，可以在股东会会议召开十日前提出临时提案并书面提交董事会。临时提案应当有明确议题和具体决议事项。董事会应当在收到提案后二日内通知其他股东，并将该临时提案提交股东会审议；但临时提案违反法律、行政法规或者公司章程的规定，或者不属于股东会职权范围的除外。公司不得提高提出临时提案股东的持股比例。

公开发行股份的公司,应当以公告方式作出前两款规定的通知。

股东会不得对通知中未列明的事项作出决议。

六、质询权

股东质询权,是公司股东重要的权利之一,是股东了解公司信息的重要渠道,是股东权的保障手段,是指公司股东有权就公司的经营情况向公司经营者提出质询。质询权包括以下两种(见图1-5)。

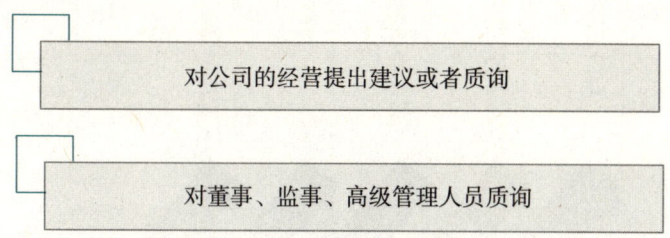

图1-5 质询权

参考法条

《公司法》

第一百一十条 股东有权查阅、复制公司章程、股东名册、股东会会议记录、董事会会议决议、监事会会议决议、财务会计报告,对公司的经营提出建议或者质询。

连续一百八十日以上单独或者合计持有公司百分之三以上股份的股东要求查阅公司的会计账簿、会计凭证的,适用本法第五十七条第二款、第三款、第四款的规定。公司章程对持股比例有较低规定的,从其规定。

股东要求查阅、复制公司全资子公司相关材料的,适用前两款的规定。

上市公司股东查阅、复制相关材料的,应当遵守《中华人民共和国证券法》等法律、行政法规的规定。

第一百八十七条 股东会要求董事、监事、高级管理人员列席会议的,董事、监事、高级管理人员应当列席并接受股东的质询。

七、诉权

股东诉权是指:(1)当股东会、董事会决议存在程序上或内容上违反法律或章程规定时,赋予中小股东提起撤销决议之诉、确认决议无效之诉或不成立之诉;(2)当公司其他股东或经营者违反法律或章程规定等损害了股东利益或公司利益的时候提起的损害赔偿之诉或代表之诉等,诉权五大种类如图1-6所示。

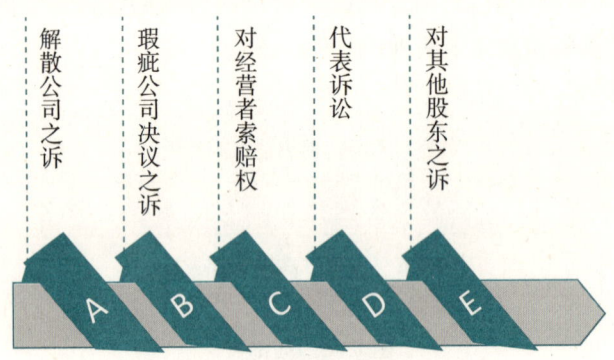

图1-6 诉权五大种类

(一)解散公司之诉

解散公司之诉,是指符合法定条件的股东因法定事由请求人民法院解散公司的诉讼,解散公司之诉的条件如图1-7所示。

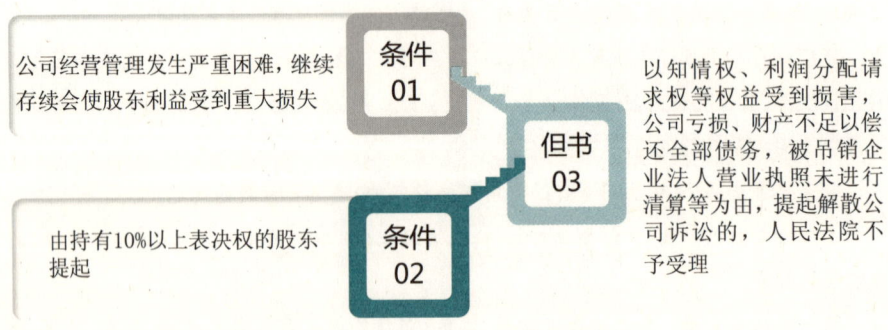

图1-7 解散公司之诉的条件

参考法条

《公司法》

第二百三十一条 公司经营管理发生严重困难,继续存续会使股东利益受到重大损失,通过其他途径不能解决的,持有公司百分之十以上表决权的股东,可以请求人民法院解散公司。

《最高人民法院关于适用〈中华人民共和国公司法〉若干问题的规定(二)》

第一条 单独或者合计持有公司全部股东表决权百分之十以上的股东,以下列事由之一提起解散公司诉讼,并符合公司法第一百八十二条规定的,人民法院应予受理:

(一)公司持续两年以上无法召开股东会或者股东大会,公司经营管理发生严重困难的;

(二)股东表决时无法达到法定或者公司章程规定的比例,持续两年以上不能做出有效的股东会或者股东大会决议,公司经营管理发生严重困难的;

(三)公司董事长期冲突,且无法通过股东会或者股东大会解决,公司经营管理发生严重困难的;

(四)经营管理发生其他严重困难,公司继续存续会使股东利益受到重大损失的情形。

股东以知情权、利润分配请求权等权益受到损害,或者公司亏损、财产不足以偿还全部债务,以及公司被吊销企业法人营业执照未进行清算等为由,提起解散公司诉讼的,人民法院不予受理。

(二)瑕疵公司决议之诉

瑕疵公司决议,是指股东会、董事会通过的决议内容或通过决议的程序违反了法律、行政法规和公司章程的情形。

在司法实践中,有关瑕疵公司决议的案由和情形如表1-2所示。

表1-2 瑕疵公司决议之诉的案由

案由	情形
无效之诉	决议内容违反法律、行政法规
撤销之诉	会议召集程序、表决方式违反法律、行政法规或者公司章程
	决议内容违反公司章程

续表

案由	情　形
不成立之诉	未召开会议作出决议的
	未对决议事项进行表决的
	出席会议的人数或者所持表决权数未达到公司法或者公司章程规定的
	会议的表决结果未达到公司法或者公司章程规定的通过比例的

参考法条

《公司法》

第二十五条　公司股东会、董事会的决议内容违反法律、行政法规的无效。

第二十六条　公司股东会、董事会的会议召集程序、表决方式违反法律、行政法规或者公司章程，或者决议内容违反公司章程的，股东自决议作出之日起六十日内，可以请求人民法院撤销。但是，股东会、董事会的会议召集程序或者表决方式仅有轻微瑕疵，对决议未产生实质影响的除外。

未被通知参加股东会会议的股东自知道或者应当知道股东会决议作出之日起六十日内，可以请求人民法院撤销；自决议作出之日起一年内没有行使撤销权的，撤销权消灭。

第二十七条　有下列情形之一的，公司股东会、董事会的决议不成立：

（一）未召开股东会、董事会会议作出决议；

（二）股东会、董事会会议未对决议事项进行表决；

（三）出席会议的人数或者所持表决权数未达到本法或者公司章程规定的人数或者所持表决权数；

（四）同意决议事项的人数或者所持表决权数未达到本法或者公司章程规定的人数或者所持表决权数。

第二十八条　公司股东会、董事会决议被人民法院宣告无效、撤销或者确认不成立的，公司应当向公司登记机关申请撤销根据该决议已办理的登记。

股东会、董事会决议被人民法院宣告无效、撤销或者确认不成立的，公司根据该决议与善意相对人形成的民事法律关系不受影响。

《最高人民法院关于适用〈中华人民共和国公司法〉若干问题的规定（四）》

第五条　股东会或者股东大会、董事会决议存在下列情形之一，当事人主张决议不成立的，人民法院应当予以支持：

（一）公司未召开会议的，但依据公司法第三十七条第二款或者公司章程规定可以不

召开股东会或者股东大会而直接作出决定,并由全体股东在决定文件上签名、盖章的除外;

(二)会议未对决议事项进行表决的;

(三)出席会议的人数或者股东所持表决权不符合公司法或者公司章程规定的;

(四)会议的表决结果未达到公司法或者公司章程规定的通过比例的;

(五)导致决议不成立的其他情形。

(三)对经营者的索赔权

公司的董事、高级管理人员作为公司经营管理的决策者和执行者,同时其一般是职业经理人,而职业经理人的利益与股东的利益在有些情况下并非统一,故有可能存在职业经理人有违法、违背公司章程规定的情况下作出损害股东利益的行为,而为了保护股东的合法利益而给予股东此权利,当然该条款所述的董事、高级管理人员不排除具有股东身份。

---- 参考法条 ----

《公司法》

第一百九十条 董事、高级管理人员违反法律、行政法规或者公司章程的规定,损害股东利益的,股东可以向人民法院提起诉讼。

(四)代表诉讼

股东代表诉讼,是指公司拒绝或者怠于通过诉讼追究公司董事、监事、高级管理人员、控股股东、实际控制人和第三人对公司所负的义务或者责任时,具备法定资格的股东依据法定程序以自己的名义,但为了公司利益而提出诉讼,其又称为"股东派生诉讼"。[1] 提出股东代表诉讼应满足的法定条件如表1-3所示。

---

[1] 参见刘俊海:《新公司法的制度创新:立法争点与解释难点》,法律出版社2006年版,第250~251页。

表 1-3　股东派生诉讼

项　目	内　容
实质要件	董事、监事、高级管理人员执行公司职务违反法律、行政法规或者公司章程的规定,给公司造成损失的
诉讼主体	有限责任公司的股东
	股份有限公司连续一百八十日以上单独或者合计持有公司百分之一以上股份的股东
程序要件	监事会或者董事会收到前款规定的股东书面请求后拒绝提起诉讼,或者自收到请求之日起三十日内未提起诉讼
紧急情况	情况紧急、不立即提起诉讼将会使公司利益受到难以弥补的损害的,前款规定的股东有权为了公司的利益以自己的名义直接向人民法院提起诉讼
其他情形	他人侵犯公司合法权益,给公司造成损失的,股东可以依照前两款的规定向人民法院提起诉讼
双重代表诉讼	公司全资子公司的董事、监事、高级管理人员有前条规定情形,或者他人侵犯公司全资子公司合法权益造成损失的,可以依照前三款规定书面请求全资子公司的监事会、董事会向人民法院提起诉讼或者以自己的名义直接向人民法院提起诉讼

> **参考法条**
>
> **《公司法》**
>
> **第一百八十八条**　董事、监事、高级管理人员执行职务违反法律、行政法规或者公司章程的规定,给公司造成损失的,应当承担赔偿责任。
>
> **第一百八十九条**　董事、高级管理人员有前条规定的情形的,有限责任公司的股东、股份有限公司连续一百八十日以上单独或者合计持有公司百分之一以上股份的股东,可以书面请求监事会向人民法院提起诉讼;监事有前条规定的情形的,前述股东可以书面请求董事会向人民法院提起诉讼。
>
> 监事会或者董事会收到前款规定的股东书面请求后拒绝提起诉讼,或者自收到请求之日起三十日内未提起诉讼,或者情况紧急、不立即提起诉讼将会使公司利益受到难以弥补的损害的,前款规定的股东有权为公司利益以自己的名义直接向人民法院提起诉讼。
>
> 他人侵犯公司合法权益,给公司造成损失的,本条第一款规定的股东可以依照前两款的规定向人民法院提起诉讼。

> 公司全资子公司的董事、监事、高级管理人员有前条规定情形,或者他人侵犯公司全资子公司合法权益造成损失的,有限责任公司的股东、股份有限公司连续一百八十日以上单独或者合计持有公司百分之一以上股份的股东,可以依照前三款规定书面请求全资子公司的监事会、董事会向人民法院提起诉讼或者以自己的名义直接向人民法院提起诉讼。

(五)对其他股东之诉

对其他股东之诉,是指其他股东未按照公司法、公司章程等相关规定及股东之间关于出资的约定而提起诉讼。对其他股东之诉的情形如图1-8所示。

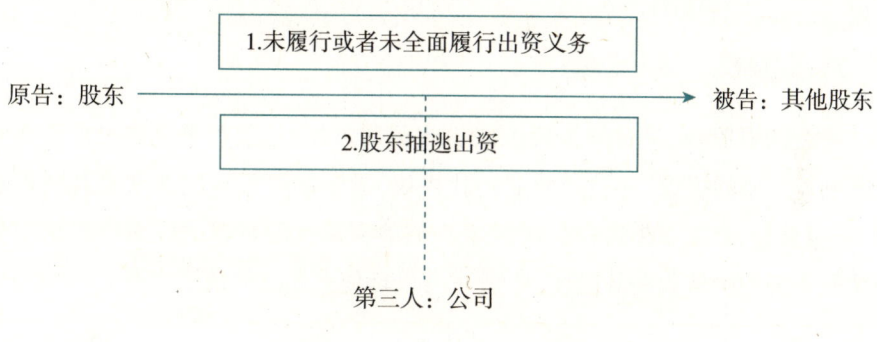

图1-8 对其他股东之诉的情形

参考法条

《最高人民法院关于适用〈中华人民共和国公司法〉若干问题的规定(三)》

第十三条 股东未履行或者未全面履行出资义务,公司或者其他股东请求其向公司依法全面履行出资义务的,人民法院应予支持。

公司债权人请求未履行或者未全面履行出资义务的股东在未出资本息范围内对公司债务不能清偿的部分承担补充赔偿责任的,人民法院应予支持;未履行或者未全面履行出资义务的股东已经承担上述责任,其他债权人提出相同请求的,人民法院不予支持。

股东在公司设立时未履行或者未全面履行出资义务,依照本条第一款或者第二款提起诉讼的原告,请求公司的发起人与被告股东承担连带责任的,人民法院应予支持;公司的发起人承担责任后,可以向被告股东追偿。

股东在公司增资时未履行或者未全面履行出资义务,依照本条第一款或者第二款提起诉讼的原告,请求未尽公司法第一百四十七条第一款规定的义务而使出资未缴足的董事、高级管理人员承担相应责任的,人民法院应予支持;董事、高级管理人员承担责任后,可以向被告股东追偿。

第十四条 股东抽逃出资,公司或者其他股东请求其向公司返还出资本息、协助抽逃出资的其他股东、董事、高级管理人员或者实际控制人对此承担连带责任的,人民法院应予支持。

公司债权人请求抽逃出资的股东在抽逃出资本息范围内对公司债务不能清偿的部分承担补充赔偿责任、协助抽逃出资的其他股东、董事、高级管理人员或者实际控制人对此承担连带责任的,人民法院应予支持;抽逃出资的股东已经承担上述责任,其他债权人提出相同请求的,人民法院不予支持。

八、退股权

股东的退股权,又称异议股东股份收买请求权,是指股东会作出严重影响股东利益关系的决议(如公司营业转让决议,为限制股份转让而变更章程的决议,公司合并、分立等决议)时,对股东会该项决议投反对票的股东可以请求公司按照合理的价格收购其股权。① 股东可以行使退股权的情形如图1-9所示。

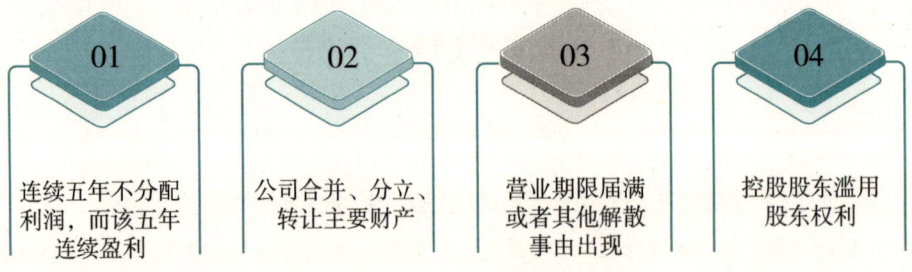

01 连续五年不分配利润,而该五年连续盈利

02 公司合并、分立、转让主要财产

03 营业期限届满或者其他解散事由出现

04 控股股东滥用股东权利

图1-9 股东行使退股权的情形

----- 参考法条 -----

《公司法》

第八十九条 有下列情形之一的,对股东会该项决议投反对票的股东可以请求公司按照合理的价格收购其股权:

---

① 刘俊海:《新公司法的制度创新:立法争点与解释难点》,法律出版社2006年版,第215页。

（一）公司连续五年不向股东分配利润，而公司该五年连续盈利，并且符合本法规定的分配利润条件；

（二）公司合并、分立、转让主要财产；

（三）公司章程规定的营业期限届满或者章程规定的其他解散事由出现，股东会通过决议修改章程使公司存续。

自股东会决议作出之日起六十日内，股东与公司不能达成股权收购协议的，股东可以自股东会决议作出之日起九十日内向人民法院提起诉讼。

公司的控股股东滥用股东权利，严重损害公司或者其他股东利益的，其他股东有权请求公司按照合理的价格收购其股权。

公司因本条第一款、第三款规定的情形收购的本公司股权，应当在六个月内依法转让或者注销。

第一百六十一条　有下列情形之一的，对股东会该项决议投反对票的股东可以请求公司按照合理的价格收购其股份，公开发行股份的公司除外：

（一）公司连续五年不向股东分配利润，而公司该五年连续盈利，并且符合本法规定的分配利润条件；

（二）公司转让主要财产；

（三）公司章程规定的营业期限届满或者章程规定的其他解散事由出现，股东会通过决议修改章程使公司存续。

自股东会决议作出之日起六十日内，股东与公司不能达成股份收购协议的，股东可以自股东会决议作出之日起九十日内向人民法院提起诉讼。

公司因本条第一款规定的情形收购的本公司股份，应当在六个月内依法转让或者注销。

第二百一十九条　公司与其持股百分之九十以上的公司合并，被合并的公司不需经股东会决议，但应当通知其他股东，其他股东有权请求公司按照合理的价格收购其股权或者股份。

公司合并支付的价款不超过本公司净资产百分之十的，可以不经股东会决议；但是，公司章程另有规定的除外。

公司依照前两款规定合并不经股东会决议的，应当经董事会决议。

第三节　股权类型图谱

根据《公司法》及其司法解释和行政法规等规定和交易习惯等，本书从五个方面对股权的表现形式进行分类,这些表现形式的集合构成了股权类型图谱。

一、是否注册:实股与虚股

根据是否在国家行政管理机构进行股权登记注册进行判断,在行政管理机构(市场监督管理部门)注册股东所持有的股权为实股,不在行政管理机构(市场监督管理部门)注册的股东所持有的股权为虚股。

二、是否自持:自持股与代持股

根据在国家行政管理机构进行股权登记注册的股份是不是自己所有的进行判断,如果是自己所有的则其所持有的股份是自持股,若该股份属于他人所有则是代持股(见图1-10)。

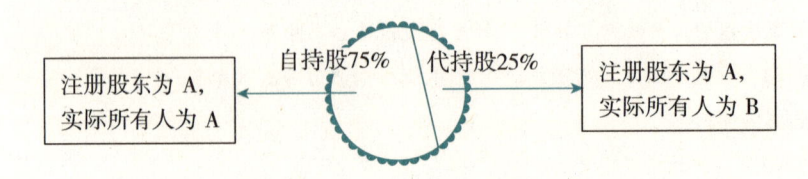

图1-10 自持股与代持股

三、权利范围:普通股、优先股与限制股

所谓权利范围,主要是指表决权和资产收益权,若表决权和资产收益权比例与股权比例相同的,则为普通股;若资产收益权优先,而无表决权的为优先股;若表决权和(或)资产收益权比例小于股权比例的为限制股。具体如图1-11所示。

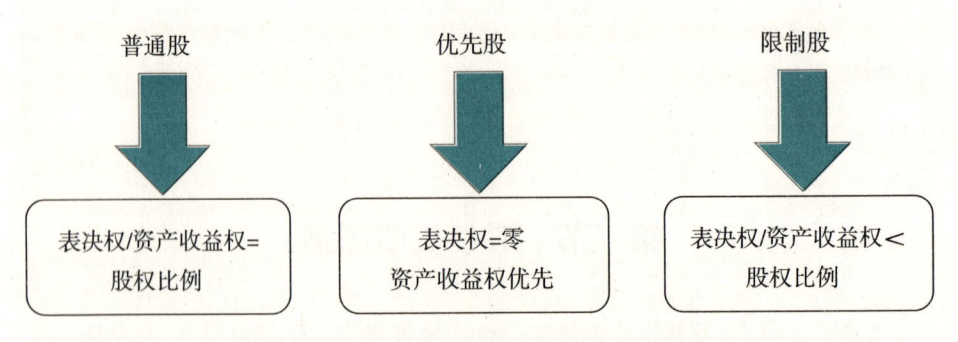

图1-11 普通股、优先股与限制股的权利范围

四、赠与方式：分红股与干股

根据获得赠与股份的方式不同进行判断，如果仅由受赠人与赠与人签订类似《股权赠与协议》而获得的股份，一般无须出资、无表决权等，仅享有分红权，本书称为协议赠与，为分红股，其是虚股的一种类型；如果由受赠人与赠与人签订类似《股权赠与协议》，而且又通过国家行政管理机构登记注册为股东，则其所享有的股权为干股，一般无须出资、无表决权，享有分红权，本书称为注册赠与，其是实股的一种类型（见图1-12）。

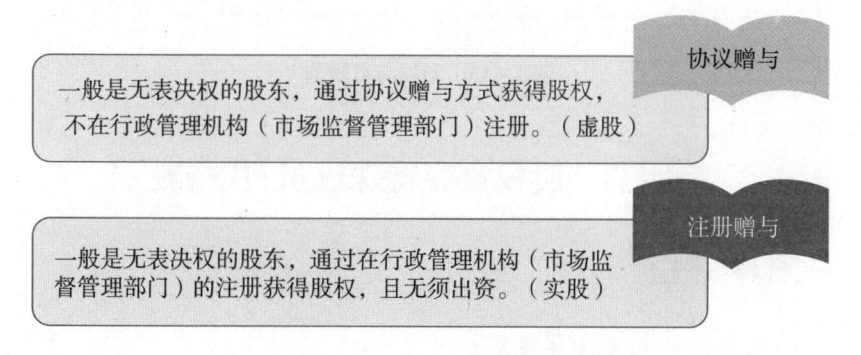

协议赠与：一般是无表决权的股东，通过协议赠与方式获得股权，不在行政管理机构（市场监督管理部门）注册。（虚股）

注册赠与：一般是无表决权的股东，通过在行政管理机构（市场监督管理部门）的注册获得股权，且无须出资。（实股）

图1-12 分红股与干股

五、表现方式：期权与可转债

期权和可转债在行权和转换之前表现的形式都不属于股权。期权，是指获得注册股东身份之前，一般仅享有对应股份比例的分红权，而且对期权持有者有一定的考核，只有在满足考核条件后才能获得行权权利，也只有在行权后才转换为股权；可转债，是指获得注册股东身份之前，其与目标公司之间是债权债务关系，一般是可转债持有人对目标公司进行条件设定，在一定条件下，持有人有权选择由债权转为股权，只有在满足一定的条件后并将债权转换成股份的时候才为股权（见图1-13）。

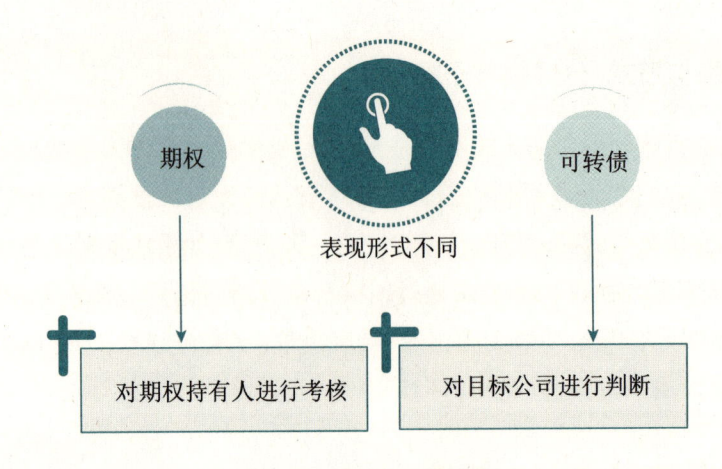

```
        期权                              可转债
         │        表现形式不同              │
         ↓                                ↓
  对期权持有人进行考核              对目标公司进行判断
```

图 1-13　期权与可转债

第四节　股权家族特殊成员：代持股

一、代持股概述

（一）代持股的相关法律规定

关于代持股的相关法律规定，在我国的法律、法规体系中并不多见，以下为相关内容。

1.《最高人民法院关于适用〈中华人民共和国公司法〉若干问题的规定（三）》（法释〔2014〕2号）

(1) 代持股协议的效力，分对内和对外两种情形判断

第二十四条　有限责任公司的实际出资人与名义出资人订立合同，约定由实际出资人出资并享有投资权益，以名义出资人为名义股东，实际出资人与名义股东对该合同效力发生争议的，如无合同法第五十二条规定的情形，人民法院应当认定该合同有效。

前款规定的实际出资人与名义股东因投资权益的归属发生争议，实际出资人以其实际履行了出资义务为由向名义股东主张权利的，人民法院应予支持。名义股东以公司股东名册记载、公司登记机关登记为由否认实际出资人权利的，人民法院不予支持。

实际出资人未经公司其他股东半数以上同意,请求公司变更股东、签发出资证明书、记载于股东名册、记载于公司章程并办理公司登记机关登记的,人民法院不予支持。

解读:首先,第一款,实际出资人与名义出资人之间签订的诸如《代持股协议》效力判断是依据《民法典》第三编第三章关于合同的效力的规定。

其次,第二、三款,《代持股协议》的效力分内部效力和外部效力进行判断。

(2) 被代持的股权被处分的效力,分对内和对外两种情形判断

第二十五条 名义股东将登记于其名下的股权转让、质押或者以其他方式处分,实际出资人以其对于股权享有实际权利为由,请求认定处分股权行为无效的,人民法院可以参照物权法第一百零六条的规定处理。

名义股东处分股权造成实际出资人损失,实际出资人请求名义股东承担赔偿责任的,人民法院应予支持。

解读:对于被代持的股权转让、抵押等处分的法律效力参照《民法典》第三百一十一条等之规定。

2.《最高人民法院关于审理外商投资企业纠纷案件若干问题的规定(一)》(法释〔2020〕18号)

(1) 实际投资人请求确认/变更股东身份的法律依据

第十四条 当事人之间约定一方实际投资、另一方作为外商投资企业名义股东,实际投资者请求确认其在外商投资企业中的股东身份或者请求变更外商投资企业股东的,人民法院不予支持。同时具备以下条件的除外:

(一) 实际投资者已经实际投资;

(二) 名义股东以外的其他股东认可实际投资者的股东身份;

(三) 人民法院或当事人在诉讼期间就将实际投资者变更为股东征得了外商投资企业审批机关的同意。

解读:在符合上述规定的情况下,实际投资人请求确认和变更股东身份的才能得到法律支持。

(2) 代持股协议的效力，分对内和对外两种情形判断

第十五条　合同约定一方实际投资、另一方作为外商投资企业名义股东，不具有法律、行政法规规定的无效情形的，人民法院应认定该合同有效。一方当事人仅以未经外商投资企业审批机关批准为由主张该合同无效或者未生效的，人民法院不予支持。

实际投资者请求外商投资企业名义股东依据双方约定履行相应义务的，人民法院应予支持。

双方未约定利益分配，实际投资者请求外商投资企业名义股东向其交付从外商投资企业获得的收益的，人民法院应予支持。外商投资企业名义股东向实际投资者请求支付必要报酬的，人民法院应酌情予以支持。

第十六条　外商投资企业名义股东不履行与实际投资者之间的合同，致使实际投资者不能实现合同目的，实际投资者请求解除合同并由外商投资企业名义股东承担违约责任的，人民法院应予支持。

第十七条　实际投资者根据其与外商投资企业名义股东的约定，直接向外商投资企业请求分配利润或者行使其他股东权利的，人民法院不予支持。

解读：关于代持股协议内部协议效力的判断、权利义务的履行及违约的相关规定。

(3) 投资价值的返还与分配

第十八条　实际投资者与外商投资企业名义股东之间的合同被认定无效，名义股东持有的股权价值高于实际投资额，实际投资者请求名义股东向其返还投资款并根据其实际投资情况以及名义股东参与外商投资企业经营管理的情况对股权收益在双方之间进行合理分配的，人民法院应予支持。

外商投资企业名义股东明确表示放弃股权或者拒绝继续持有股权的，人民法院可以判令以拍卖、变卖名义股东持有的外商投资企业股权所得向实际投资者返还投资款，其余款项根据实际投资者的实际投资情况、名义股东参与外商投资企业经营管理的情况在双方之间进行合理分配。

第十九条　实际投资者与外商投资企业名义股东之间的合同被认定无效，名义股东持有的股权价值低于实际投资额，实际投资者请求名义股东向其返还现有股权的等值价款的,人民法院应予支持;外商投资企业名义股东明确表示放弃股权或者拒绝继续持有股权的,人民法院可以判令以拍卖、变卖名义股东持有的外商投资企业股权所得向实际投资者返还投资款。

实际投资者请求名义股东赔偿损失的,人民法院应当根据名义股东对合同无效是否存在过错及过错大小认定其是否承担赔偿责任及具体赔偿数额。

解读:在代持股协议无效的情况下,分股权价值高于投资额和低于投资额两种情形的状况下,关于股权价值的返还和名义股东要求放弃股权或拒绝继续代持处理依据。

(4) 恶意串通,损害国家、集体或者第三人利益的代持情形

第二十条 实际投资者与外商投资企业名义股东之间的合同因恶意串通,损害国家、集体或者第三人利益,被认定无效的,人民法院应当将因此取得的财产收归国家所有或者返还集体、第三人。

(二) 代持股的原因分析

出现代持股情形的原因有许多,主要包括以下几种(见图1-14)。

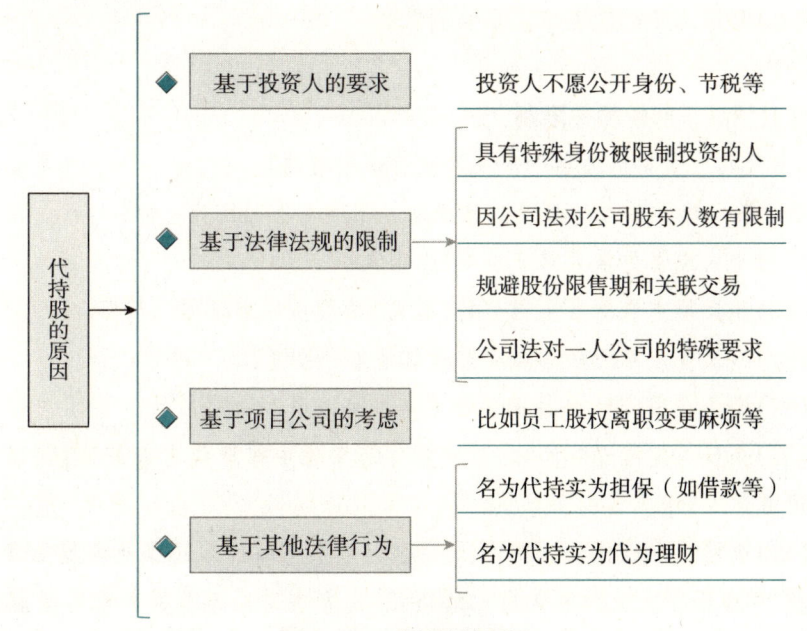

代持股的原因	原因类别	具体说明
	基于投资人的要求	投资人不愿公开身份、节税等
	基于法律法规的限制	具有特殊身份被限制投资的人
		因公司法对公司股东人数有限制
		规避股份限售期和关联交易
		公司法对一人公司的特殊要求
	基于项目公司的考虑	比如员工股权离职变更麻烦等
	基于其他法律行为	名为代持实为担保(如借款等)
		名为代持实为代为理财

图1-14 代持股的原因

1. 基于投资人的要求

基于投资人个人意愿或节约相关成本（如税务成本）或隐藏自己的财产收入而将股权交由他人代持。

2. 基于法律法规的限制

（1）具有特殊身份而被限制投资的人，有下述法律及相关规定：

①对公务员从事经营活动的限制：

《公务员法》

第五十九条　公务员应当遵守纪律，不得有下列行为：

……

（十六）违反有关规定从事或者参与营利性活动，在企业或者其他营利性组织中兼任职务；

……

②对事业单位工作人员的限制：

《事业单位人事管理条例》

第二十八条　事业单位工作人员有下列行为之一的，给予处分：

……

（三）利用工作之便谋取不正当利益的；

……

③对领导干部的相关限制：

《中国共产党党员领导干部廉洁从政若干准则》

第二条　禁止私自从事营利性活动。不准有下列行为：

（一）个人或者借他人名义经商、办企业；

（二）违反规定拥有非上市公司（企业）的股份或者证券；

（三）违反规定买卖股票或者进行其他证券投资；

（四）个人在国（境）外注册公司或者投资入股；

（五）违反规定在经济实体、社会团体等单位中兼职或者兼职取酬，以及从事有偿中介活动；

（六）离职或者退休后三年内，接受原任职务管辖的地区和业务范围内的民营企业、外商投资企业和中介机构的聘任，或者个人从事与原任职务管辖业务相关的营利性活动。

④**境外投资人为规避对外资限制准入领域的投资规定：**

《指导外商投资方向规定》（国务院令第346号）

第四条　外商投资项目分为鼓励、允许、限制和禁止四类。

鼓励类、限制类和禁止类的外商投资项目，列入《外商投资产业指导目录》。不属于鼓励类、限制类和禁止类的外商投资项目，为允许类外商投资项目。允许类外商投资项目不列入《外商投资产业指导目录》。

(2)**因公司法对股东人数的限制，有下述法律及相关规定：**

《公司法》

第四十二条　有限责任公司由一个以上五十个以下股东出资设立。

第九十二条　设立股份有限公司，应当有一人以上二百人以下为发起人，其中应当有半数以上的发起人在中华人民共和国境内有住所。

(3)**规避股份限售期和关联交易：**

《公司法》

第一百六十条　公司公开发行股份前已发行的股份，自公司股票在证券交易所上市交易之日起一年内不得转让。法律、行政法规或者国务院证券监督管理机构对上市公司的股东、实际控制人转让其所持有的本公司股份另有规定的，从其规定。

公司董事、监事、高级管理人员应当向公司申报所持有的本公司的股份及其变动情况，在就任时确定的任职期间每年转让的股份不得超过其所持有本公司股份总数的百分之二十五；所持本公司股份自公司股票上市交易之日起一年内不得转让。上述人员离职后半年内，不得转让其所持有的本公司股份。公司章程可以对公司董事、监事、高级管理人员转让其所持有的本公司股份作出其他限制性规定。

股份在法律、行政法规规定的限制转让期限内出质的，质权人不得在限制转让期限内行使质权。

《证券法》

第四十四条　上市公司、股票在国务院批准的其他全国性证券交易场所交易的公司持有百分之五以上股份的股东、董事、监事、高级管理人员，将其持有的该公司的股票或者其他具有股权性质的证券在买入后六个月内卖出，或者在卖出后六个月内又买入，由此所得收益归该公司所有，公司董事会应当收回其所得收益。但是,证券公司因购入包销售后剩余股票而持有百分之五以上股份,以及有国务院证券监督管理机构规定的其他情形的除外。

前款所称董事、监事、高级管理人员、自然人股东持有的股票或者其他具有股权性质的证券,包括其配偶、父母、子女持有的及利用他人账户持有的股票或者其他具有股权性质的证券。

公司董事会不按照第一款规定执行的,股东有权要求董事会在三十日内执行。公司董事会未在上述期限内执行的,股东有权为了公司的利益以自己的名义直接向人民法院提起诉讼。

公司董事会不按照第一款的规定执行的,负有责任的董事依法承担连带责任。

(4) 公司法对一个股东的公司的特殊规定:

《公司法》

第二十三条 公司股东滥用公司法人独立地位和股东有限责任,逃避债务,严重损害公司债权人利益的,应当对公司债务承担连带责任。

股东利用其控制的两个以上公司实施前款规定行为的,各公司应当对任一公司的债务承担连带责任。

只有一个股东的公司,股东不能证明公司财产独立于股东自己的财产的,应当对公司债务承担连带责任。

二、代持股法律风险管理

(一) 代持纠纷的类型

代持纠纷的常见类型包括以下几种(见图 1-15)。

代持纠纷的类型

01 股东资格认定
隐名股东要求显名

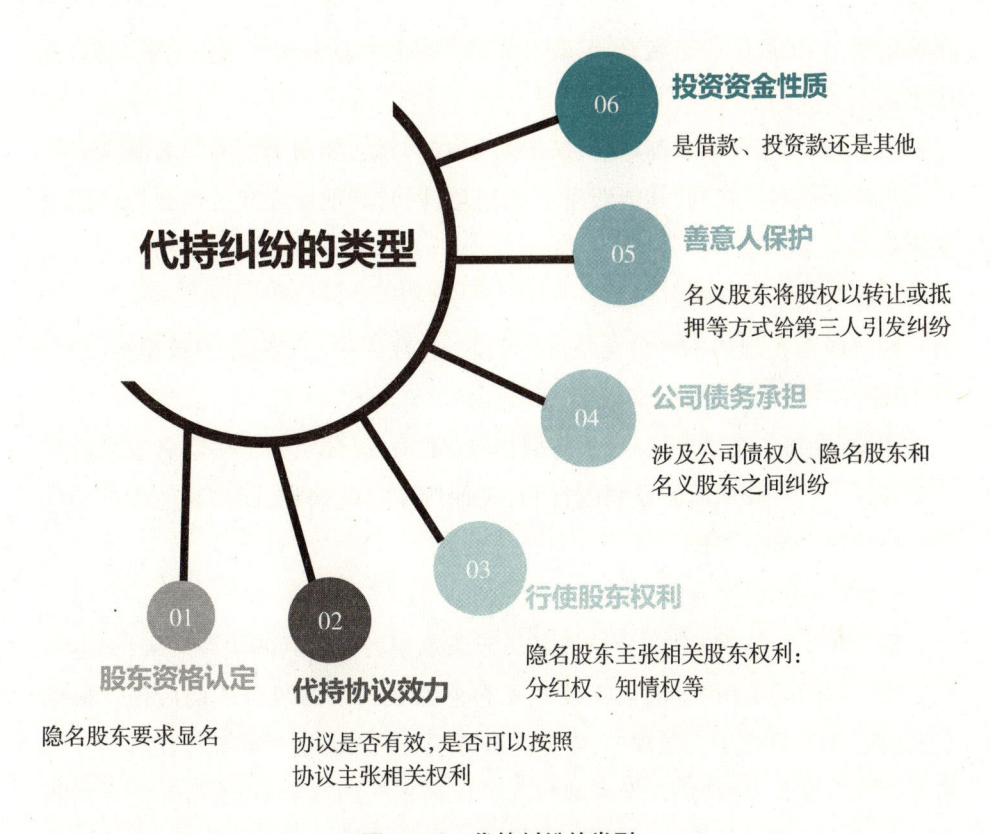

02 代持协议效力
协议是否有效，是否可以按照协议主张相关权利

03 行使股东权利
隐名股东主张相关股东权利：分红权、知情权等

04 公司债务承担
涉及公司债权人、隐名股东和名义股东之间纠纷

05 善意人保护
名义股东将股权以转让或抵押等方式给第三人引发纠纷

06 投资资金性质
是借款、投资款还是其他

图 1-15 代持纠纷的类型

上述仅为发生纠纷较多的一些类型，还有诸如名义股东不向实际投资人转交资产收益，名义股东滥用股东权利（重大决策事项未经协商），名义股东因纠纷其名下股份被法院强制执行，名义股东因离婚或去世其代持的股份被继承等，这些都会导致代持纠纷。这都是名义股东侵害实际出资人利益的情形。当实际投资人未履行出资义务时，名义股东可能承担补缴出资的义务，还有经营活动涉及的安全、消防、税务等相关不利法律后果都可能由名义股东承担。

（二）代持股纠纷的法律风险管控

1. 股东资格认定

隐名股东要求显名时，因为有限责任公司的"人合性"，根据《最高人民法院关于适用〈中华人民共和国公司法〉若干问题的规定（三）》第二十四条第三款的规定，实际出资人未经公司其他股东半数以上同意，请求公司变更股东、签发出资证明书、记载于股东名册、记载于公司章程并办理公司登记机关登记的,人民法院不予支持。

建议:在与名义股东签订《代持股协议》的时候,要明确写明隐名股东有在一定条件下显名的权利,其他股东对此同意,同时其他股东和公司在该协议上签字盖章。

2. 隐名股东行使股东权利

隐名股东在想要了解公司情况的时候,往往因为不是股东而被拒绝,从而发生法律纠纷,最主要的是知情权等。

建议:在与名义股东签订《代持股协议》的时候,要明确写明隐名股东有在一定条件下行使股东部分权利的权利,其他股东对此同意,同时其他股东和公司在该协议上签字盖章。

3. 名义股东想要退出公司

若公司经营状况不好,会导致名义股东承担各种不利的法律后果,如上述关于代持纠纷类型所列,故名义股东不再愿意代持实际投资人的股份。根据《民法典》第九百三十三条规定,委托人或者受托人可以随时解除委托合同。因解除合同造成对方损失的,除不可归责于该当事人的事由外,无偿委托合同的解除方应当赔偿因解除时间不当造成的直接损失,有偿委托合同的解除方应当赔偿对方的直接损失和合同履行后可以获得的利益。看似名义股东可以随时解除《代持股协议》,但是,根据《最高人民法院关于适用〈中华人民共和国公司法〉若干问题的规定(三)》第二十四条第三款的规定,其他过半数股东不同意情况发生,就会导致名义股东无法退出。

建议:在与实际投资人签订《代持股协议》的时候,要明确写明名义股东在一定条件下有退出公司的权利,其他股东对此同意,同时其他股东和公司在该协议上签字盖章。

三、代持股协议(范本)

代持股协议书

委托人(甲方):AAA

受托人(乙方):BBB

第一章 股权家族

鉴于：

CCC有限公司(以下简称CCC公司)设立和日后经营的需要,经甲、乙双方友好协商,委托人(甲方)将其所持CCC公司的部分股权交由受托方(乙方)代为持有。

为明确各自权利义务,甲乙双方签订代持股协议书如下：

一、本次代持标的

1.1 本次由乙方代持标的为甲方在CCC公司中占公司总股本×%的股份；

1.2 乙方在此声明并确认,认购代持股份的投资款系完全由甲方提供,只是由乙方以其自己的名义代为投入CCC公司,故代持股份的实际所有人应为甲方；乙方系根据本协议代甲方持有代持股份；

1.3 乙方在此进一步声明并确认,由代持股份产生的或与代持股份有关之收益(包括但不限于股息、红股等)、权益(包括但不限于新股认购权、送配股权等)、所得或收入(包括但不限于将代持股份转让或出售后取得的所得)之所有权亦归甲方所有,乙方持股期间上述收益、所得或收入仍为甲方所有,乙方仅代甲方持有股份。

二、本次代持的期限

2.1 甲方可随时结束代持股协议,乙方无条件无偿配合甲方将其代持的股份过户到甲方或甲方指定的第三方名下。

三、甲方的权利与义务

3.1 甲方作为标的股权的实际拥有者,以标的股权为限,根据CCC公司章程规定享受股东权利,承担股东义务。包括按投入公司的资本额拥有所有者权益、重大决策和选择管理者权利,包括表决权、查账权、知情权、参与权等章程和法律赋予的全部权利；

3.2 在代持期间,获得因标的股权而产生的收益,包括但不限于现金分红、送配股等,由甲方享有；

3.3 如CCC公司发生增资扩股之情形,甲方有权自主决定是否增资扩股。

四、乙方的权利与义务

4.1 在代持期间,乙方作为标的股权形式上的拥有者,以乙方的名义在工商股东登记中具名登记；

4.2 在代持期间,乙方代持标的股权所产生的收益仍由甲方直接收取；

4.3 在代持期间，乙方应保证所代持股权权属的完整性和安全性，非经甲方书面同意，乙方不得处置标的股权，包括但不限于转让、赠与、放弃或在该等股权上设定质押等；

4.4 乙方应当依照诚实信用的原则适当履行受托义务，并接受甲方的监督。

五、代持股费用

5.1 乙方为无偿代理，不向甲方收取代理费用；

5.2 乙方代持股期间，因代持股份产生的相关费用及税费（包括但不限于与代持股相关的律师费、审计费、资产评估费等）均由甲方承担；在乙方将代持股份转为由甲方或甲方指定的任何第三人持有时，所产生的变更登记费用也由甲方承担。

六、标的股权的转让

6.1 在代持期间，甲方可转让标的股权。甲方转让股权的，应当书面通知乙方，通知中应写明转让的时间、转让的价格、转让的股份数。乙方在接到书面通知之后，应当依照通知的内容办理相关手续；

6.2 若乙方为甲方代收股权转让款的，乙方应在收到受让方支付的股权转让款后5个工作日内将股权转让款转交给甲方。但乙方不对受让股东的履行能力承担任何责任，由此带来的风险由甲方承担；

6.3 因标的股权转让而产生的所有费用由甲方承担。

七、保密

7.1 未经对方书面同意，协议双方均不得向第三方透露有关本协议的任何内容。若因违反本条款给对方造成损失的，违约一方应当对由此给守约方造成的损失进行赔偿。

八、协议的生效与终止

8.1 本协议自签订之日起生效；

8.2 当乙方丧失进行本协议项下代持股之资质时，本协议将自动终止；

8.3 当法律法规及监管机构的相关文件明确甲方可以直接持有公司股权，且该等持有公司股权的行为不会影响公司合法存续和正常经营的，则本协议自动终止。本协议终止之后，乙方将履行必要的程序使目标股权恢复至甲方名下。

九、违约责任

9.1 本协议正式签订后,任何一方不履行或不完全履行本协议约定条款的,即构成违约。违约方应当负责赔偿其违约行为给守约方造成的一切直接和间接的经济损失。

9.2 任何一方违约时,守约方有权要求违约方继续履行本协议。

十、适用法律及争议解决

10.1 本协议适用中华人民共和国法律,其他作为本协议附件或补充协议的相关法律文件,以该等法律文件明确规定的适用法律为准;

10.2 凡因履行本协议所发生的或与本协议有关的任何争议,双方应友好协商解决;协商不成的,可向 CCC 公司注册地人民法院提起诉讼。

十一、协议生效及份数

11.1 本协议自双方签署后生效;

11.2 本协议一式 3 份,签署双方各执 1 份,由 CCC 公司留存一份,均具有同等法律效力;

11.3 本协议未尽事宜,可由双方以附件或签订补充协议的形式约定,附件或补充协议与本协议具有同等法律效力。

(以下无正文)

(本页无正文,仅为代持股协议书的签字、盖章页)

委托方(甲方):

签署日期:　　年　月　日

受托方(乙方):

授权代表:

签署日期:　　年　月　日

第五节　股权家族特殊成员：优先股

一、优先股的概念和特征

优先股，是指依照《公司法》在一般规定的普通种类股份之外，另行规定的其他种类股份，其股份持有人优先于普通股股东分配公司利润和剩余财产，但参与公司决策管理等权利受到限制。

本书所述优先股是参考《国务院关于开展优先股试点的指导意见》（国发〔2013〕46号）、《中国证券监督管理委员会优先股试点管理办法》（2023年2月17日修订　证监会令第209号）和中国证监会有关部门负责人就优先股试点答记者问（2013年12月13日）等相关内容。

优先股既像债券，又像股票，其"优先"主要体现在：一是通常具有固定的股息（类似债券），并须在派发普通股股息之前派发；二是在破产清算时，优先股股东对公司剩余资产的权利先于普通股股东，但在债权人之后。

当然，优先股股东在享受上述两方面"优先"权利时，其他一些股东权利是受限的。一般来讲，优先股股东对公司日常经营管理事务没有表决权，仅在与之利益密切相关的特定事项上享有表决权，优先股股东对公司经营的影响力要小于普通股股东（见图1-16）。

- 固定的股息优先支付
- 剩余财产优先分配
- 日常经营管理事务无表决权

例外：
1. 与优先股股东自身利益直接相关的特定事项参与表决
2. 如果公司在约定的时间内未按规定支付股息，优先股股东按约定恢复表决权

图1-16　优先股股东权利

优先股通常具有以下四个特征：固定收益、先派息、先清偿、权利小。具体而言，有以下几点。

一是优先股收益相对固定。由于优先股股息率事先规定，所以优先股的股息一般不会根据公司经营情况而增减，而且一般也不再参与公司普通股的分红。当然，公司经营情况复杂多变，如果公司当年没有足够利润可以向优先股股东支付股息，优先股股东当年的固定收益也就落空了。

二是优先股可以先于普通股获得股息。也就是说，公司可分配的利润先分给优先股股东，剩余部分再分给普通股股东。

三是优先股的清偿顺序先于普通股，而次于债权人。也就是说，一旦公司破产清算，剩余财产先分给债权人，再分给优先股股东，最后分给普通股股东。但与公司债权人不同，优先股股东不可以要求无法支付股息的公司进入破产程序，不能向人民法院提出企业重整、和解或者破产清算申请。

四是优先股的权利范围小。优先股股东对公司日常经营管理的一般事项没有表决权；仅在股东大会表决与优先股股东自身利益直接相关的特定事项时有表决权，例如，修改公司章程中与优先股相关的条款，优先股股东才有投票权。同时，为了保护优先股股东利益，如果公司在约定的时间内未按规定支付股息，优先股股东按约定恢复表决权；如果公司支付了所欠股息，已恢复的优先股表决权终止。

二、优先股与其他股债混合产品的区别

股债混合型证券（Hybrid securities）是具有股权和债务不同特点组合的证券形式。市场中的股债混合产品目前主要有可转债、永续债券等产品，优先股与该类产品的区别（见图1-17）。

区别
1. 优先股没有固定期限，且未必含有转股条款
2. 可转债一般期限不超过6年，其投资者转股前作为债券持有人、转股后作为普通股股东在股东表决权、利润分配及剩余财产分配上均劣于优先股股东

区别
1. 优先股股东具有在一定条件下恢复表决权的权利，而永续债一般不具有这一特点
2. 从破产清算时剩余财产的清偿顺序来看，永续债券的偿还顺序先于优先股
3. 从发行人角度，支付的永续债券利息可在税前扣除，而优先股股息不能在税前扣除

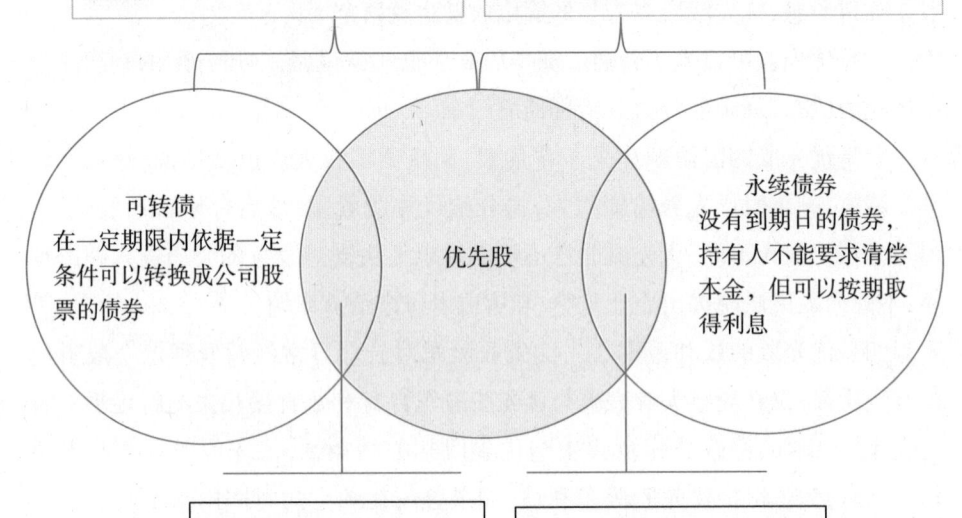

可转债
在一定期限内依据一定条件可以转换成公司股票的债券

优先股

永续债券
没有到期日的债券，持有人不能要求清偿本金，但可以按期取得利息

优先股在附有转股条款时，类似于含可预期股息（固定或浮动）的可转债
（其实没有交叉，仅类似）

在没有转股条款且股息可预期时，类似于永续债券
（其实没有交叉，仅类似）

图1-17　优先股与可转债、永续债券的区别

（一）优先股与债券

1. 优先股与债券的相似之处

首先，从获得收益的角度来看，由于投资者每期收益获得的现金流相对固定，优先股与债券同属于固定收益类产品，市场价格会受到市场利率波动的影响，属于利率敏感型产品。一般来说，利率下跌，优先股价格上涨；利率上涨，优先股价格下跌。

其次，类似于债券，境外市场的优先股也由评级机构进行评级。

2. 优先股与债券的不同之处

首先，两者的根本区别在于其法律属性不同，优先股的法律属性还是股票。

当然，根据我国现行的会计准则和国际做法，发行人优先股作为权益或者负债入账需要由公司和会计师视优先股的不同条款，对是否符合负债或权益的本质进行判断。这种灵活性也为满足不同发行人的需求提供了空间，发行人可以通过不同的条款设计实现公司优先股在权益或负债认定方面的不同需求。

其次，优先股没有到期的概念，发行人没有偿还本金的压力；而除了永续债券这种特殊的混合型证券外，绝大多数债券都需要到期还本付息。

再次，在公司出现亏损或者利润不足以支付优先股股息时，优先股股东相应的保障机制包括：如有约定，可将所欠股息累积到下一年度；恢复表决权直至公司支付所欠股息。对于债券持有人而言，定期还本付息属于公司必须履行的强制义务，如果公司不能按时还本付息会构成违约事件，公司有破产风险。因此，从风险角度来说，优先股的股息收益不确定性大于债券。

最后，优先股的股息一般来自可分配税后利润，而债券的利息来自税前利润。

（二）优先股与可转债

可转债（Convertible bond）是在一定期限内依据一定条件可以转换成公司股票的债券。转股权是可转债投资者享有的、一般债券所没有的选择权。可转换债券在发行时就明确约定，债券持有人可按照发行时约定的价格将债券转换成公司的普通股股票。如果债券持有人不想转换，则可以继续持有债券，直到偿还期满时收取本金和利息，或者在流通市场出售变现。如果持有人看好可转债发行人股票增值潜力，则在转换期内可以行使转股权，按照预定转换价格将债券转换为股票。正因为具有可转换性，可转换债券利率一般低于普通公司债券利率，企业发行可转换债券可以降低筹资成本。可转换债券投资者还享有在一定条件下将债券回售给发行人的权利，发行人在一定条件下拥有强制赎回债券的权利。

与可转债相比，优先股没有固定期限，且未必含有转股条款。可转债一般期限不超过6年，其投资者转股前作为债券持有人、转股后作为普通股股东在股东表决权、利润分配及剩余财产分配上均不同于优先股股东。

(三)优先股与永续债券

永续债券(Perpetual bond)是没有到期日的债券,一般由主权国家、大型企业发行,持有人不能要求清偿本金,但可以按期取得利息,是偏好超长期高回报的投资者青睐的投资工具。永续债的特点体现在高票息、长久期、附加赎回条款并伴随利率调整条款。

与永续债相比,优先股股东具有在一定条件下恢复表决权的权利,而永续债一般不具有这一特点;从破产清算时剩余财产的清偿顺序来看,永续债券的偿还顺序先于优先股;从发行人角度,支付的永续债利息可在税前扣除,而优先股股息不能在税前扣除。

优先股在附有转股条款时,类似于含可预期股息(固定或浮动)的可转债,在没有转股条款并股息可预期时,又类似于永续债。但由于优先股介于永续债和可转债之间,赋予了发行人根据具体情况设计条款的权利,因此更加灵活。

三、优先股的种类

《优先股试点管理办法》规定优先股股东按照约定的票面股息率,优先于普通股股东分配公司利润。公司应当以现金的形式向优先股股东支付股息,在完全支付约定的股息之前,不得向普通股股东分配利润。那么,根据不同的股息分配方式,优先股可以分为多个种类(见表1-4)。

表1-4 优先股的种类

A 类型	分类标准	B 类型
固定股息率优先股	股息率是否调整	浮动股息率优先股
强制分红优先股	在有可分配税后利润时是否必须分配	非强制分红优先股
可累积优先股	当年可分配利润不足,差额部分是否累积到下一会计年度	非累积优先股
参与优先股	分配股息后,是否有权同普通股股东一起参加剩余税后利润分配	非参与优先股
可转换优先股	是否可以转换成普通股	不可转换优先股
可回购优先股	根据发行人或优先股股东是否享有要求公司回购优先股的权利	不可回购优先股

（一）固定股息率优先股和浮动股息率优先股

股息率优先股存续期内不做调整的，称为固定股息率优先股；根据约定的计算方法进行调整的，称为浮动股息率优先股。

（二）强制分红优先股和非强制分红优先股

公司可以在章程中规定，在有可分配税后利润时必须向优先股股东分配利润的，是强制分红优先股。否则即非强制分红优先股。

（三）可累积优先股和非累积优先股

根据公司因当年可分配利润不足而未向优先股股东足额派发股息，差额部分是否累积到下一会计年度，可分为累积优先股和非累积优先股。累积优先股是指公司在某一时期所获盈利不足，导致当年可分配利润不足以支付优先股股息时，则将应付股息累积到次年或以后某一年盈利时，在普通股股息发放之前，连同本年优先股股息一并发放。非累积优先股则是指公司不足以支付优先股的全部股息时，对所欠股息部分，优先股股东不能要求公司在以后年度补发。

（四）参与优先股和非参与优先股

根据优先股股东按照确定的股息率分配股息后，是否有权同普通股股东一起参加剩余税后利润分配，可分为参与优先股和非参与优先股。持有人只能获取一定股息但不能参加公司额外分红的优先股，称为非参与优先股。持有人除可按规定的股息率优先获得股息外，还可与普通股股东分享公司的剩余收益的优先股，称为参与优先股。

（五）可转换优先股和不可转换优先股

根据优先股是否可以转换成普通股，可分为可转换优先股和不可转换优先股。可转换优先股是指在规定的时间内，优先股股东或发行人可以按照一定的转换比率把优先股换成该公司普通股。否则是不可转换优先股。

（六）可回购优先股和不可回购优先股

根据发行人或优先股股东是否享有要求公司回购优先股的权利，分为可回购优先股和不可回购优先股。可回购优先股是指允许发行公司按发行价加上一定比例的补偿收益回购优先股。公司通常在认为可以用较低股息率发行新的优先股时，就可用此方法回购已发行的优先股股票。而不附有回购条款的优先股则被称为不可回购优先股。

四、案例：浦发银行发行优先股

2014年12月18日，浦发银行优先股在上海证券交易所正式挂牌转让，代码360003，成为国内银行业第三家和股份制商业银行第一家成功发行优先股的银行。根据浦发银行公告，该行2014年度非公开发行的150亿元优先股于11月28日完成发行。

浦发银行方面介绍，自2013年起，浦发银行就启动了优先股研究工作，屡次与境内外资质较好、经验丰富的投行进行交流，也与相关咨询机构就所涉及的会计和税务处理等事宜进行探讨，期间参加了监管机构召集的优先股试点的多次调研工作。

考虑到优先股在补充资本、缓解融资压力、降低融资成本、稳定市场、保护中小投资者利益等方面所具有的优势，该行精心设计发行方案，于2014年4月28日召开董事会，审议通过了本次优先股发行的相关议案，成为首家披露优先股发行方案的银行。

随后，该行紧锣密鼓、高效推进优先股发行工作：2014年8月14日浦发银行优先股发行取得银保监会批复，11月24日取得证监会批文，11月28日发行，12月3日完成缴款，12月18日实现挂牌转让，成功实现资本工具创新突破。

上海浦东发展银行股份有限公司
非公开发行优先股募集说明书（节选）

三、本次发行优先股的股息分配安排

（一）票面股息率确定原则

本次发行的优先股采用分阶段调整的票面股息率，即在一个5年的股息率调整期内以固定股息率支付股息。在重定价日,将确定未来新的一个5年股息率调整期内的票面股息率水平,确定方式为根据重定价日的基准利率加首次定价时所确定的固定溢价得出。

票面股息率包括基准利率和固定溢价两个部分,其中首期基准利率为发行期首日前20个交易日(不含当日)中央国债登记结算有限责任公司(或承继其职责的相关单位)编制的中债银行间固定利率国债到期收益率曲线[目前在中国债券信息网(www.chinabond.com.cn公布)中,待偿期为5年的国债收益率算术平均值(四舍五入计算到0.01%)。固定溢价以本次发行时确定的票面股息率扣除发行时的基准利率后确定,一经确定不再调整。

(二)股息发放条件

1. 在确保资本充足率满足监管要求的前提下,公司在依法弥补亏损、提取法定公积金和一般准备后,有可分配税后利润(当年母公司报表的净利润,加年初未分配利润余额,在依法弥补亏损、提取法定公积金和一般准备后的可供分配税后利润金额)的情况下,可以向优先股股东分配股息,公司将按照相关法规和会计准则等要求实施上述股息分配。优先股股东分配股息的顺序在普通股股东之前。

由于发行人合并报表归属于母公司股东的净利润99%以上来自母公司报表净利润,故截至目前母公司以及合并报表口径的未分配利润并不存在显著差异。但未来如发生母公司报表净利润不足以支付优先股股息而合并报表归属于母公司净利润有余额的情况,发行人可在履行内部决策后通过控股子公司进行分红的方式,以缩小母公司、合并报表口径的未分配利润的差距。

2. 优先股股息的支付不与公司自身的评级挂钩,也不随评级变化而调整。

3. 为满足其他一级资本工具合格标准的监管要求,公司有权全部或部分取消优先股股息的宣派和支付,且不构成违约事件。公司在行使上述权利时将充分考虑优先股股东的权益。公司董事会每年将审议优先股派息方案,如果公司拟全部或部分取消优先股派息的,应由董事会做出明确的决议并提交股东大会审议,同时在付息日前至少十个工作日通知优先股股东。

4. 由于未来普通股分红时间不确定,优先股付息日存在晚于当年普通股付息日的可能。公司在每年董事会审议通过足额派发当年优先股股息之前,将不向普通股股东分配利润。

（三）股息支付方式

公司以现金方式支付优先股股息，采用每年付息一次的付息方式，每年的付息日为本次优先股发行的缴款截止日每满一年的当日。

（四）股息累积方式

本次发行的优先股采取非累积股息支付方式，即在特定年度未向优先股股东派发股息部分或未足额派发股息的差额部分，不累积到下一年度，且不构成违约事件。

（五）剩余利润分配

本次发行的优先股由优先股股东按照约定的票面股息率获得分配后，不再同普通股股东一起参加剩余利润分配。

四、本次发行优先股的回购

本次发行的优先股的回购选择权为公司所有，即公司拥有赎回权。本次优先股存续期间，在满足相关要求的情况下，如得到中国银保监会的批准，公司有权在优先股发行日期满5年之日起于每年的优先股股息支付日行使赎回权，赎回全部或部分本次发行的优先股。

本次发行的优先股不设置股东回售条款，优先股股东无权向公司回售其所持有的优先股。

五、本次发行优先股的强制转股

（一）强制转股触发条件

当公司发生下述强制转股触发事件时，经中国银保监会批准，公司本次发行并仍然存续的优先股将全部或部分转为公司普通股：

1. 当公司核心一级资本充足率降至5.125%（或以下）时，由公司董事会决定，本次发行的优先股应按照强制转股价格全额或部分转为公司A股普通股，并使公司的核心一级资本充足率恢复至5.125%以上。

2. 当公司发生二级资本工具触发事件时，本次发行的优先股应按照强制转股价格全额转为公司A股普通股。

如果发生上述强制转股事项，本次优先股的股东将不能再按照约定的股息率优先取得股息收入，也不再拥有优先于公司普通股股东的剩余财产分配权。

(二)强制转股的价格及调整方式

本次优先股强制转股价格为本次发行董事会决议公告日前最近一个会计年度末(2013年12月31日)公司合并报表口径经审计的归属于母公司所有者的每股净资产,即10.96元/股。

自公司董事会通过本次优先股发行方案之日起,当公司因派送股票股利、转增股本、增发新股(不包括因公司发行的带有可转为普通股条款的融资工具转股而增加的股本,如优先股、可转换公司债券等)或配股等情况使公司普通股股份发生变化时,将按下述公式进行转股价格的调整:

送红股或转增股本:$P_1 = P_0 \div (1+n)$

增发新股或配股:$P_1 = P_0 \times [N + Q \times (A \div M)] \div (N+Q)$

式中,P_0为调整前有效的强制转股价格,n为该次送股率或转增股本率,Q为该次增发新股或配股的数量,N为该次增发新股或配股前公司普通股总股本数,A为该次增发新股价或配股价,M为该次增发新股或配股的新增股份登记日前一交易日A股普通股收盘价,P_1为调整后有效的强制转股价格。

强制转股条款的具体情况参见本募集说明书"第三节 本次发行的优先股"之"一、本次发行方案"之"(九)强制转股条款"。

六、本次发行优先股的表决权限制及表决权恢复

除以下事项外,优先股股东不出席股东大会,所持股份没有表决权:1.修改《公司章程》中与优先股相关的内容;2.公司一次或累计减少公司注册资本超过百分之十;3.公司的合并、分立、解散或者变更公司形式;4.发行优先股;5.法律、行政法规、部门规章及《公司章程》规定的其他情形。

公司累计三个会计年度或连续两个会计年度未按约定支付优先股股息的,自股东大会批准当年不按约定支付优先股股息之次日起,优先股股东有权出席股东大会与普通股股东共同表决。

表决权恢复后,当公司已全额支付当年度优先股股息的,则自全额付息之日起优先股股东根据表决权恢复条款取得的表决权终止,但法律法规、《公司章程》另有规定的除外。

每股优先股股份享有的普通股表决权计算公式如下:

$$N = V \div P_n$$

式中,V为优先股股东持有的优先股票面总金额;模拟转股价格P_n为本次

发行董事会决议公告日前最近一个会计年度末(2013年12月31日)公司合并报表口径经审计的归属于母公司所有者的每股净资产(10.96元/股)根据下款规定进行调整后有效的模拟转股价格。恢复的表决权份额以去尾法取一的整数倍。

在公司董事会通过本次优先股发行方案之日起，当公司因派送股票股利、转增股本、增发新股(不包括因公司发行的带有可转为普通股条款的融资工具转股而增加的股本，如优先股、可转换公司债券等)或配股等情况使公司普通股股份发生变化时，将按下述公式进行表决权恢复时模拟转股价格的调整：

送红股或转增股本：$P_1 = P_0 \div (1+n)$

增发新股或配股：$P_1 = P_0 \times [N + Q \times (A \div M)] \div (N+Q)$

式中：P_0 为调整前有效的模拟转股价格，n 为该次送股率或转增股本率，Q 为该次增发新股或配股的数量，N 为该次增发新股或配股前公司普通股总股本数，A 为该次增发新股价或配股价，M 为增发新股或配股新增股份上市前一交易日A股普通股收盘价，P_1 为调整后有效的模拟转股价格。

表决权恢复条款的具体情况参见本募集说明书"第三节　本次发行的优先股"之"一、本次发行方案"之"(十一)表决权恢复"。

第六节　股权家族除名制度

股权除名，也即股东资格除名，是指有限责任公司根据法律规定、公司章程、股东协议、董事会或股东会的决议等解除某股东的资格，通过强制转让强制注销被除名股东的全部股权，被除名股东退出公司的一种制度。我国《公司法》第五十二条首次通过立法的形式明确提出股东未履行出资义务的失权规定。2010年12月6日通过的《最高人民法院关于适用〈中华人民共和国公司法〉若干问题的规定(三)》第十七条第一次规定了股东资格除名制度，该条款对股东除名的法定事由、适用前提、行使方式、实现方式、法律后果等进行了明确规定，总体上确立了股东资格除名制度。但上述2024年《公司法》的修订条款和司法解释条款也只有当公司股东未履行全部出资义务或者抽逃全部出资时才能启动股东除名程序，该条规定除名事由过于单一，无法满足司法实践中股东除名纠纷的多样性和差异性,同时没有明确公司章程约定除名事由的法律效力,无疑给法官断案增加了难度。这也造成个案司法尺度不统一。

一、法定除名

(一)《公司法》的相关依据

《公司法》第五十二条规定,股东未按照公司章程规定的出资日期缴纳出资,公司依照前条第一款规定发出书面催缴书催缴出资的,可以载明缴纳出资的宽限期;宽限期自公司发出催缴书之日起,不得少于六十日。宽限期届满,股东仍未履行出资义务的,公司经董事会决议可以向该股东发出失权通知,通知应当以书面形式发出。自通知发出之日起,该股东丧失其未缴纳出资的股权。依照前款规定丧失的股权应当依法转让,或者相应减少注册资本并注销该股权;六个月内未转让或者注销的,由公司其他股东按照其出资比例足额缴纳相应出资。股东对失权有异议的,应当自接到失权通知之日起三十日内,向人民法院提起诉讼。

《最高人民法院关于适用〈中华人民共和国公司法〉若干问题的规定(三)》第十七条规定,有限责任公司的股东未履行出资义务或者抽逃全部出资,经公司催告缴纳或者返还,其在合理期间内仍未缴纳或者返还出资,公司以股东会决议解除该股东的股东资格,该股东请求确认该解除行为无效的,人民法院不予支持。

在前款规定的情形下,人民法院在判决时应当释明,公司应当及时办理法定减资程序或者由其他股东或者第三人缴纳相应的出资。在办理法定减资程序或者其他股东或者第三人缴纳相应的出资之前,公司债权人依照本规定第十三条或者第十四条请求相关当事人承担相应责任的,人民法院应予支持。

即股东违反上述的法定义务,公司其他股东可以将其除名,有限责任公司股东资格除名的一般规定如表1-5所示。

表1-5 有限责任公司股东资格除名的一般规定

类别	一般规定
法定事由	未履行出资义务或抽逃全部出资
程序条件	公司催告

续表

类别	一般规定
行使方式	《公司法》董事会、司法解释(三)股东会
实现方式	减资、股权转让(包括对内和对外)、其他股东实缴
法律后果	未履行出资义务的:1.该股东交足并赔偿损失;2.设立时其他股东在不足范围内连带;3.董事赔偿责任;4.失权 抽逃出资的:1.该股东返还;2.负有责任的董监高与该股东连带赔偿

参考法条

《公司法》

第四十九条 股东应当按期足额缴纳公司章程规定的各自所认缴的出资额。

股东以货币出资的,应当将货币出资足额存入有限责任公司在银行开设的账户;以非货币财产出资的,应当依法办理其财产权的转移手续。

股东未按期足额缴纳出资的,除应当向公司足额缴纳外,还应当对给公司造成的损失承担赔偿责任。

第五十条 有限责任公司设立时,股东未按照公司章程规定实际缴纳出资,或者实际出资的非货币财产的实际价额显著低于所认缴的出资额的,设立时的其他股东与该股东在出资不足的范围内承担连带责任。

第五十一条 有限责任公司成立后,董事会应当对股东的出资情况进行核查,发现股东未按期足额缴纳公司章程规定的出资的,应当由公司向该股东发出书面催缴书,催缴出资。

未及时履行前款规定的义务,给公司造成损失的,负有责任的董事应当承担赔偿责任。

第五十二条 股东未按照公司章程规定的出资日期缴纳出资,公司依照前条第一款规定发出书面催缴书催缴出资的,可以载明缴纳出资的宽限期;宽限期自公司发出催缴书之日起,不得少于六十日。宽限期届满,股东仍未履行出资义务的,公司经董事会决议可以向该股东发出失权通知,通知应当以书面形式发出。自通知发出之日起,该股东丧失其未缴纳出资的股权。

依照前款规定丧失的股权应当依法转让,或者相应减少注册资本并注销该股权;六个月内未转让或者注销的,由公司其他股东按照其出资比例足额缴纳相应出资。

股东对失权有异议的,应当自接到失权通知之日起三十日内,向人民法院提起诉讼。

> **第五十三条** 公司成立后,股东不得抽逃出资。
> 违反前款规定的,股东应当返还抽逃的出资;给公司造成损失的,负有责任的董事、监事、高级管理人员应当与该股东承担连带赔偿责任。

(二)《民法典》的相关依据

《民法典》第五百六十三条规定:"有下列情形之一的,当事人可以解除合同:(一)因不可抗力致使不能实现合同目的;(二)在履行期限届满前,当事人一方明确表示或者以自己的行为表明不履行主要债务;(三)当事人一方迟延履行主要债务,经催告后在合理期限内仍未履行;(四)当事人一方迟延履行债务或者有其他违约行为致使不能实现合同目的;(五)法律规定的其他情形。"

其实,新《公司法》第五十二条、《最高人民法院关于适用〈中华人民共和国公司法〉若干问题的规定(三)》第十七条所列法定事由全部未履行出资义务或抽逃全部出资两种情形正是《民法典》第五百六十三条第(二)、(三)、(四)项的情形。

二、章程约定除名

章程约定除名,是指公司章程约定某事件发生,则公司或公司控股股东等有权将相关股东的股份回购、转让到自己或其他人名下,这里的章程包括股东协议、股东会决议等形式。笔者认为,章程约定除名制度有以下两个方面的法律和理论依据。

(一)《公司法》的相关规定

《公司法》第八十四条规定:"有限责任公司的股东之间可以相互转让其全部或者部分股权。股东向股东以外的人转让股权的,应当将股权转让的数量、价格、支付方式和期限等事项书面通知其他股东,其他股东在同等条件下有优先购买权。股东自接到书面通知之日起三十日内未答复的,视为放弃优先购买权。两个以上股东行使优先购买权的,协商确定各自的购买比例;协商不成的,按照转让时各自的出资比例行使优先购买权。公司章程对股权转让另有规定的,从其规定。"

（二）《民法典》的相关规定

《民法典》第五百六十二条规定："当事人协商一致，可以解除合同。当事人可以约定一方解除合同的事由。解除合同的事由发生时，解除权人可以解除合同。"

公司章程与股东会决议的部分内容、股东协议等形成的法律关系也是契约关系，当然受《民法典》的约束，所以关于股东之间权利义务的约定效力判断应当按照《民法典》第五百六十二条之规定尊重当事人之间的约定。

（三）被除名股东没有同意除名条款的情形

案例：公司章程条款规定，股东会会议于每季度召开1次，股东应当参加，如因特殊原因不能参加的，应委托代理人参加。如股东连续3次或连续两年内累计4次不参加股东会会议，且未委托代理人参加的，公司有权召开股东会会议，经过除该股东外的其他代表三分之二以上表决权的股东通过取消其股东资格。股东被除名后，其股份由除该股东的其他股东按持股比例受让。受让的股权价格以该股东原实际出资的金额计算。

问题：该条款的法律效力如何？

分析：有限责任公司兼具资合及人合的双重属性，故笔者认为对该条款的效力分析应当兼顾以下两个方面的属性。

第一，表现为人合属性的时候，裁判者应当具备"合伙思维"，着重考虑该条款如果不执行是否不利于公司继续发展，比如该条款运用在公司核心创始人，如果该核心创始人违反了上述股东会会议制度，则严重不利于公司向前发展，只有让其出局，另寻其他合伙人替代其位置才对公司和其他股东最有利。

第二，表现为资合属性的时候，作为裁判者应当具备"合同思维"，着重考虑该条款是否双（多）方的真实意思表示，是否有《民法典》所述的合同无效、效力待定、可撤销或不成立等情形。比如，该章程条款若只是经过股东会决议时部分股东同意，则对于未同意的股东是不产生法律效力的，因为其涉及的是股东个人利益，不能仅仅以代表二分之一或三分之二表决权通过为理由强制转让其股份。

三、案例与启示

（一）案例

1. 再审申请人杨玉泉、丛良日、江培君、丛龙海因与再审被申请人山东鸿源水产有限公司（以下简称鸿源公司）请求公司收购股份纠纷案

案号： 最高人民法院（2015）民申字第2819号民事裁定书

争议焦点： 鸿源公司对再审申请人的股权进行回购是否合法

最高人民法院认为，关于鸿源公司对再审申请人的股权进行回购是否合法的问题，申请人于2004年1月成为鸿源公司股东时签署了"公司改制征求意见书"，该"公司改制征求意见书"约定"入股职工因调离本公司，被辞退、除名、自由离职、退休、死亡或公司与其解除劳动关系的，其股份通过计算价格后由公司回购"。有限责任公司可以与股东约定《公司法》第七十四条规定之外的其他回购情形。《公司法》第七十四条并未禁止有限责任公司与股东达成股权回购的约定。本案的"公司改制征求意见书"由申请人签字，属于真实的意思表示，内容上未违背公司法及相关法律的强行性规范，应属有效。故鸿源公司依据公司与申请人约定的"公司改制征求意见书"进行回购，并无不当。

2. 申请再审人仇定荣因与被申请人江苏扬农化工集团有限公司工会委员会（以下简称扬农工会）、江苏扬农化工集团有限公司（以下简称扬农集团）、江苏扬农化工股份有限公司（以下简称扬农股份）请求公司收购股份纠纷案

案号： 江苏省高级人民法院（2015）苏审二商申字第00441号民事裁定书

争议焦点： 2003年持股会章程是否有效

江苏省高级人民法院认为，2003年持股会章程合法有效，应当作为本案纠纷的适用依据。根据该章程相关规定，基于仇定荣的离职行为，其已不再是持股会会员，仇定荣关于扬农工会购回其股权并支付对价及逾期利息的请求无事实和法律依据。职工持股会作为一项改革试点制度，我国法律、法规目前尚无明确规定，供企业参照适用的是1996年暂行办法和1999年暂行办法两个规范性文件，1999年暂行办法第二十四条规定："职工持股会章程须经职工持股会员大会表决通过。"其基本精神在于持股会章程的通过须经过民主审议程序。扬农集团经过民主选举产生职工代表，并将持股的职工代表确定为持股会会员代表,结合企业自身员工众多、职代会代表与持股会代表人员重合的特点,合并召开职工代表大会和持股会会员代表大会,在2003年1月18日十七届一次职工暨三届一次持股会会员代表大会上以鼓掌方式审议、表决通过2003年持股会章程,合乎民主审议这一程序性本质要求,能反映全体持股会会员的民意。企业职工持股的本质是企业给予在职员工的福利,是建立在企业与职工间劳动关系基础上的激励机制。2003年持股会章程第十九条规定:"职工在辞职、解除或终止劳动合同时,其所持股份中的量化和奖励股份视为自动放弃,由持股会收回,个人出资认购的股份由持股会按其出资额购回,均转作预留股份。"该章程对离职职工股的处理体现了企业职工持股的本质特征,符合前述文件规定及相关精神。因此,2003年持股会章程应当认定为合法有效并对所有持股职工具有约束力。《职工持股卡》仅仅是股东权利的记载凭证,股权内容及行使方式应当遵守章程规定,依据2003年持股会章程,基于仇定荣离职行为,其所持量化、奖励股份被无偿收回,出资股份已经被购回,所应得的价款冲抵了其欠公司的购房补贴借款,仇定荣认为持股会章程因通过主体、程序与内容违法而无效,其未退出持股会,扬农工会应购回其所持股份并支付对价及利息的请求无事实和法律依据。

(二)启示

1.明确并量化可以除名的情形

因有限责任公司兼具资合及人合的双重属性,如果股东之间缺少了资合属性或人合属性则都应可以启动股东资格除名程序,否则就会导致公司陷于僵局或解散。为了避免这样的不利后果,《公司法》和《最高人民法院关于适用〈中华人民共和国公司法〉若干问题的规定(三)》已经将资合属性的情形作了明确规定,那么对于人合属性并没有在任何法律法规和司法解释中提及。上述案例都支持了章程约定除名制度。故,笔者认为,如果股东之间缺乏信任或其他情形,应当使用章程约定除名制度,在立法没有完善的情况下,笔者建议,股东可以通过公司章程、股东协议等形式进行约定。例如,可以约定如下具体情形(见表1-6)。

表1-6 可以约定的股东除名情形

分类	标准
1. 故意或重大过失给公司造成重大损失的	需要具体量化标准
2. 被司法机关确认为犯罪的	
3. 长期不履行股东义务的	
4. 有损害公司或其他股东名誉的行为的	
5. 违反竞业限制的	
6. 侵占公司财产的	
7. 被最高人民法院加入失信名单的	
8. 其他对公司或其他股东不利情形的	

2. 明确股权回购的程序

上述是关于实体方面的约定,为避免纠纷,同时应在公司章程或股东协议等类型文本中清晰量化,比如重大损失具体什么标准、长期不履行股东义务达到多久、具体表现是什么等,并要规定好如下操作方法、程序等(见图1-18)。

1. 生效的股东会决议、章程等 → 2. 明确量化标准 → 3. 明确回购程序 → 4. 明确回购主体 → 5. 回购的价格合理

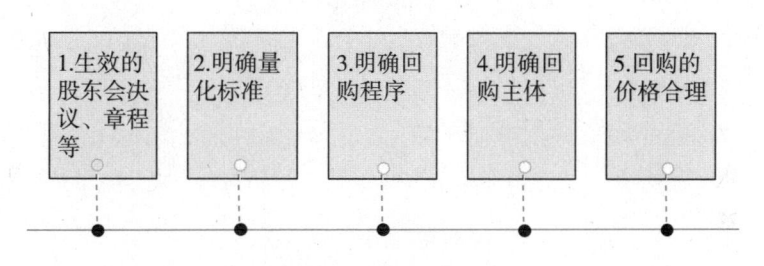

图1-18 股权回购的程序

(1) 生效的股东会决议、章程等,包括股东协议等文件,事先约定触发股东资格除名的情形,尽量罗列穷尽。

(2) 明确量化标准,是指前述所列的除名情形应当是可以量化的,比如拒不召开股东会几次,同时要具有可操作性。

(3) 明确回购程序,例如临时股东会召开的程序、通知时间、方式、投票方式、回避制度、表决比例等都应约定明确。

(4) 明确回购主体,因为回购主体既可以是大股东、控股股东,也可以是公

司,但是如果涉及公司减资法定程序,则较为复杂,所以建议以大股东名义收购较为妥当。

(5)回购的价格合理,例如,如果被除名股东当时出资10万元人民币购买了对应5%的股份,现在被除名股东在没有给公司造成任何损失的情况下离职而被除名,回购价为1元人民币,我们就会认为不合理。

第二章 股权架构设计

第一节 股权架构设计概述

一、股权架构设计的原则

股权架构设计的原则是股权设计的理念和指导思想,也是衡量股权设计质量的标准,本书认为,股权架构设计有五大基本原则(见图 2-1)。

图 2-1 股权架构设计的原则

(一)公平感

股权架构设计首要的就是让所有合伙人和暂时未进入合伙人队伍的工作

人员都感觉是公平的。绝对的公平当然是不存在的,但是相对的公平感一定要找到,不管是出钱、出资源、出技术、出管理的,一定是在大家充分协商的基础上达成的股权分配比例,而不是带头大哥拍脑袋自己决定的。大家可以将各自所出的资金、资源、技术、管理等分别作价,套用作价工具进行分配。人们往往是不患寡而患不均,所以我们在分配股权之前要有一个合理的分配标准和方案,这个分配标准要能够公平地对待所有的成员,并且达成共识。

（二）保持创始人控制权

公司控制权是企业家掌控企业的根本权利,它决定了公司战略方向、经营管理方针,决定公司的命运。而在当下的中国,有关公司控制权的鲜活案例可谓不胜枚举,其中不乏成功的案例,同时亦存在许多失败案例。诸如,虽然阿里的马云、京东的刘强东虽然持股比例较少,但是通过间接控制和 AB 股等方式对公司牢牢把握了控制权,令公司发展蓬勃。也有诸如太子奶、大娘水饺、永乐电器等失败案例。

（三）动态考核机制

基于公司在发展的不同阶段所需要的人才、能力和贡献都是不同的,同时人员在不同的时期所具备的能力、心态等也不同,为了公司能够持续健康地发展,公司应当设计动态的考核机制,通过这一机制针对不同的人、不同的部门、不同的企业发展阶段进行评判,找到适合公司发展阶段及适合某工作岗位的人,最终达到使公司所有人愿意持续贡献的目的。

（四）动态股权系统方案

动态股权系统方案包括两个方面的内容:一方面是动态的股权分配机制,股份比例不是一成不变的,而是根据贡献度、动态考核机制进行调整的;另一方面是指,这不仅仅是一份协议、一份方案,而是一个系统,包括但不限于宗旨、标准、评定主体、评定工具、期限等。

（五）退出机制

退出的情形比较多,比如发生矛盾、离职、有重大过错、继承、离婚等都有可能导致所授予的股权不再有任何意义,在股权设计的时候必须进行预防,总共100%的股权,资源是有限的,所以必须将有限的股份资源留给对公司未来有贡献的人。

二、股权架构的类型

根据股权的集中与分散程度,股权架构可分为以下三种类型(见图2-2)。

分类标准：
第一大股东持股比例

股权高度集中
（＞50%）

股权高度分散
（＜10%）

相对集中分散
（10%~50%）

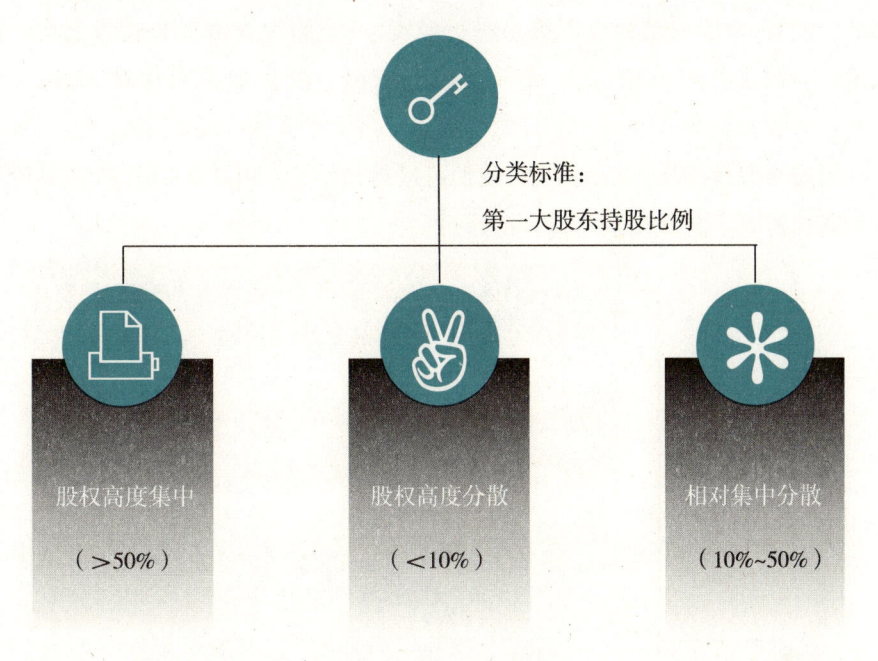

图2-2 股权架构类型

1. 股权高度集中

一般是大股东持股比例超过50%,对公司拥有绝对的控制权,高度集中的股权架构类型,决策和行动效率都比较高,但是,绝对控股股东对股东会、董事会和监事会等也绝对控制,从而导致相关制约和监督机制可能流于形式,中小股东利益就可能受到侵害。

2. 股权高度分散

即所有股东的持股比例都在10%以下,而且股东数量较多,则公司没有大股东,一般股权高度分散的公司所有权和经营权是分离的,会出现"经理人革命"和"经理人控制"的风险。而且股东数量较多,比如没有大股东的众筹,则会造成小股东"搭便车"心理状态和无法决策等不利情况,此类型公司在上市公司中比较多见。

3. 相对集中分散

公司有较大的持股股东,也有相对较大的股东,前几位股东的股权比例集中在10%~50%,股东之间可以形成有效的制约,但是如果发生矛盾将很难解决,如果其中有相对较大的股东退出情况发生,则可能对公司的影响是非常巨大的。同时,该股权结构也不容易进行融资,一是因为投资人会觉得公司无控股股东会造成公司不稳定,二是从股东层面担心股份被再次稀释,无法掌控公司。

通过对股权结构类型的分析,我们可以得出结论(见图2-3),这些结论可以让我们清晰了解股权架构设计的作用。

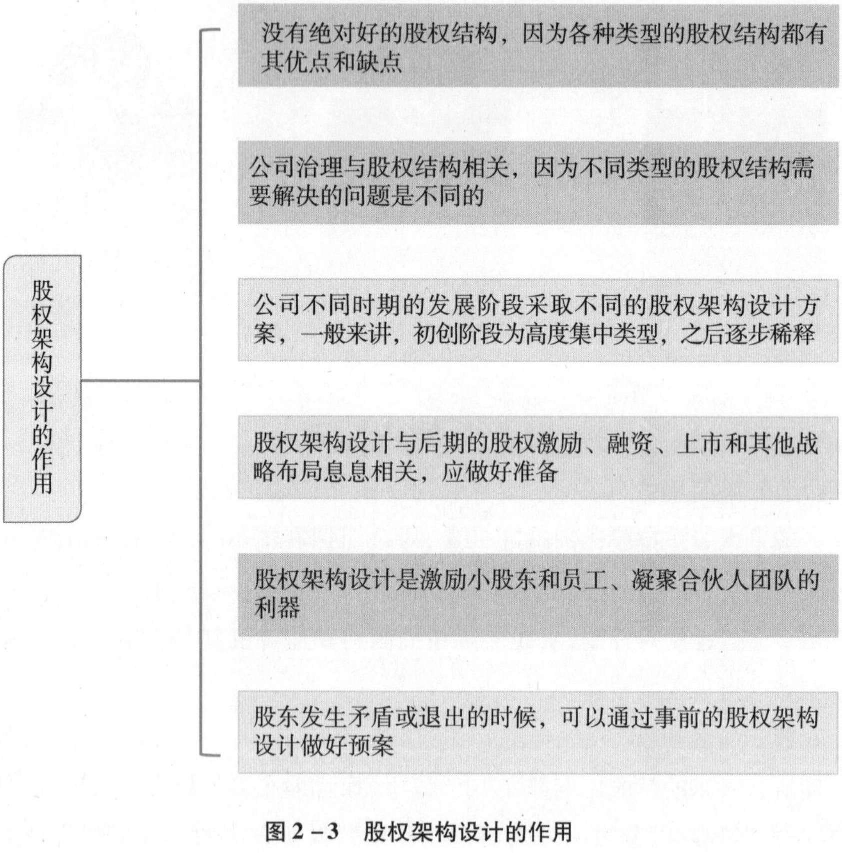

```
                    ┌─ 没有绝对好的股权结构,因为各种类型的股权结构都有
                    │  其优点和缺点
                    │
                    ├─ 公司治理与股权结构相关,因为不同类型的股权结构需
                    │  要解决的问题是不同的
                    │
股权架构设计的作用 ─┼─ 公司不同时期的发展阶段采取不同的股权架构设计方
                    │  案,一般来讲,初创阶段为高度集中类型,之后逐步稀释
                    │
                    ├─ 股权架构设计与后期的股权激励、融资、上市和其他战
                    │  略布局息息相关,应做好准备
                    │
                    ├─ 股权架构设计是激励小股东和员工、凝聚合伙人团队的
                    │  利器
                    │
                    └─ 股东发生矛盾或退出的时候,可以通过事前的股权架构
                       设计做好预案
```

图2-3 股权架构设计的作用

三、股权架构设计的核心问题

在进行股权架构设计前,我们要弄懂其核心是什么,设计的基石是什么,笔者在多年的股权业务工作中总结出两个核心问题:股权比例分配与股权权能分配,只有掌握了这两个核心内容的相关法律、法规及内涵与外延才能做好股权架构设计(见图2-4)。

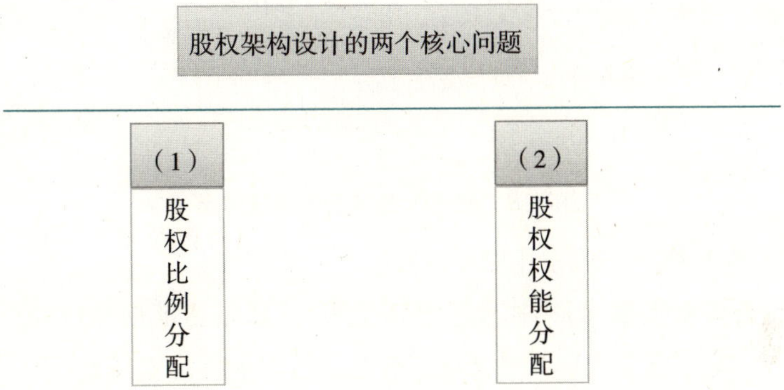

图2-4 股权架构设计的核心问题

(一)比例分配

所谓比例分配,是指各合伙人基于出资和能力(技术水平、管理能力、销售能力和渠道等)等应当取得的股权比例。

——相关法律规定(七条关键股权比例线)

在进行股权比例分配的时候我们需要了解几个关键股权比例所对应的股权内容的影响(见图2-5)。

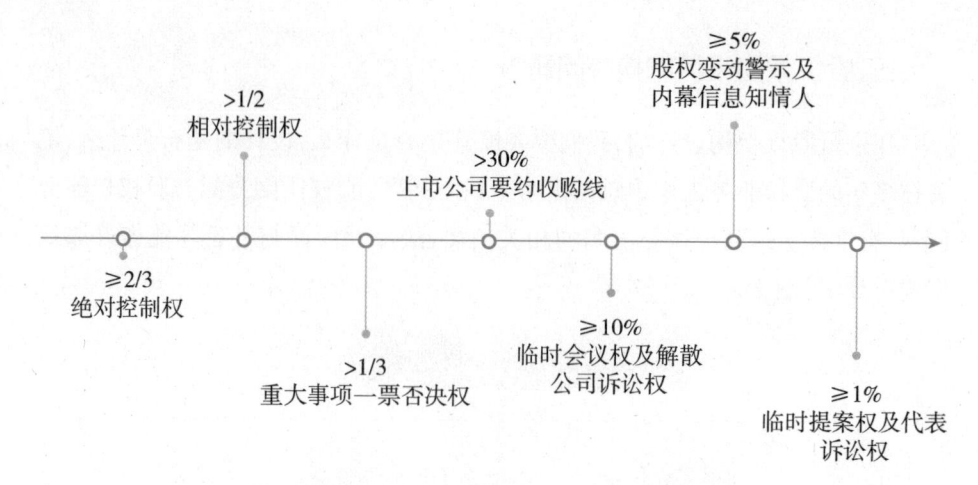

```
                                              ≥5%
                                              股权变动警示及
                                              内幕信息知情人
              >1/2
              相对控制权
                              >30%
                              上市公司要约收购线
    ─────○──────○──────○──────○──────○──────○──────○─────▶
    ≥2/3                                                        
    绝对控制权                    ≥10%
                                 临时会议权及解散
                 >1/3             公司诉讼权
                 重大事项一票否决权                      ≥1%
                                                        临时提案权及代表
                                                        诉讼权
```

图 2-5　股权比例对应的股权内容

1. 绝对控制权——股权比例≥2/3

解读：公司重大事项，诸如修改公司章程，注册资金的增加或减少，公司合并、分立、解散，变更公司形式等必须经代表2/3以上表决权通过。

参考法条

《公司法》

第六十六条　股东会的议事方式和表决程序，除本法有规定的外，由公司章程规定。

股东会作出决议，应当经代表过半数表决权的股东通过。

股东会作出修改公司章程、增加或者减少注册资本的决议，以及公司合并、分立、解散或者变更公司形式的决议，应当经代表三分之二以上表决权的股东通过。

第一百一十六条　股东出席股东会会议，所持每一股份有一表决权，类别股股东除外。公司持有的本公司股份没有表决权。

股东会作出决议，应当经出席会议的股东所持表决权过半数通过。

股东会作出修改公司章程、增加或者减少注册资本的决议，以及公司合并、分立、解散或者变更公司形式的决议，应当经出席会议的股东所持表决权的三分之二以上通过。

第一百三十五条　上市公司在一年内购买、出售重大资产或者向他人提供担保的金额超过公司资产总额百分之三十的，应当由股东会作出决议，并经出席会议的股东所持表决权的三分之二以上通过。

第一百四十六条　发行类别股的公司，有本法第一百一十六条第三款规定的事项等可能影响类别股股东权利的，除应当依照第一百一十六条第三款的规定经股东会决议外，

> 还应当经出席类别股股东会议的股东所持表决权的三分之二以上通过。
>
> 公司章程可以对需经类别股股东会议决议的其他事项作出规定。
>
> **第二百三十条** 公司有前条第一款第一项、第二项情形,且尚未向股东分配财产的,可以通过修改公司章程或者经股东会决议而存续。
>
> 依照前款规定修改公司章程或者经股东会决议,有限责任公司须经持有三分之二以上表决权的股东通过,股份有限公司须经出席股东会会议的股东所持表决权的三分之二以上通过。

2. 相对控制权——股权比例>1/2

解读:公司一般事项,主要为经营管理方面事项,诸如决定公司的经营方针和投资计划,选举和更换非由职工代表担任的董事、监事,决定有关董事、监事的报酬事项,审议批准董事会、监事会等。必须经出席会议的股东所持表决权过半数通过。对于有限责任公司,《公司法》没有作出规定,授权公司章程自由约定股东会表决通过比例。

参考法条

《公司法》

第十五条 公司向其他企业投资或者为他人提供担保,按照公司章程的规定,由董事会或者股东会决议;公司章程对投资或者担保的总额及单项投资或者担保的数额有限额规定的,不得超过规定的限额。

公司为公司股东或者实际控制人提供担保的,应当经股东会决议。

前款规定的股东或者受前款规定的实际控制人支配的股东,不得参加前款规定事项的表决。该项表决由出席会议的其他股东所持表决权的过半数通过。

第六十六条 股东会的议事方式和表决程序,除本法有规定的外,由公司章程规定。

股东会作出决议,应当经代表过半数表决权的股东通过。

股东会作出修改公司章程、增加或者减少注册资本的决议,以及公司合并、分立、解散或者变更公司形式的决议,应当经代表三分之二以上表决权的股东通过。

第一百零三条 募集设立股份有限公司的发起人应当自公司设立时应发行股份的股款缴足之日起三十日内召开公司成立大会。发起人应当在成立大会召开十五日前将会议日期通知各认股人或者予以公告。成立大会应当有持有表决权过半数的认股人出席,方可举行。

以发起设立方式设立股份有限公司成立大会的召开和表决程序由公司章程或者发起人协议规定。

第一百零四条 公司成立大会行使下列职权：

（一）审议发起人关于公司筹办情况的报告；

（二）通过公司章程；

（三）选举董事、监事；

（四）对公司的设立费用进行审核；

（五）对发起人非货币财产出资的作价进行审核；

（六）发生不可抗力或者经营条件发生重大变化直接影响公司设立的，可以作出不设立公司的决议。

成立大会对前款所列事项作出决议，应当经出席会议的认股人所持表决权过半数通过。

第一百一十六条 股东出席股东会会议，所持每一股份有一表决权，类别股股东除外。公司持有的本公司股份没有表决权。

股东会作出决议，应当经出席会议的股东所持表决权过半数通过。

股东会作出修改公司章程、增加或者减少注册资本的决议，以及公司合并、分立、解散或者变更公司形式的决议，应当经出席会议的股东所持表决权的三分之二以上通过。

3.重大事项一票否决权——股权比例＞1/3

解读：该权利享有的股东持有股权比例大于1/3，这与绝对控制权相对应。与绝对控制权依据的是同一法条。

4.上市公司要约收购线——股权比例＞30%

参考法条

《证券法》

第六十五条 通过证券交易所的证券交易，投资者持有或者通过协议、其他安排与他人共同持有一个上市公司已发行的有表决权股份达到百分之三十时，继续进行收购的，应当依法向该上市公司所有股东发出收购上市公司全部或者部分股份的要约。

收购上市公司部分股份的要约应当约定,被收购公司股东承诺出售的股份数额超过预定收购的股份数额的,收购人按比例进行收购。

5.临时会议权及解散公司诉讼权——股权比例≥10%

解读:临时会议权包括提议召开股东会和董事会,提起解散公司诉讼的权利。

参考法条

《公司法》

第六十二条 股东会会议分为定期会议和临时会议。

定期会议应当按照公司章程的规定按时召开。代表十分之一以上表决权的股东、三分之一以上的董事或者监事会提议召开临时会议的,应当召开临时会议。

第一百一十三条 股东会应当每年召开一次年会。有下列情形之一的,应当在两个月内召开临时股东会会议:

(一)董事人数不足本法规定人数或者公司章程所定人数的三分之二时;

(二)公司未弥补的亏损达股本总额三分之一时;

(三)单独或者合计持有公司百分之十以上股份的股东请求时;

(四)董事会认为必要时;

(五)监事会提议召开时;

(六)公司章程规定的其他情形。

第一百一十四条 股东会会议由董事会召集,董事长主持;董事长不能履行职务或者不履行职务的,由副董事长主持;副董事长不能履行职务或者不履行职务的,由过半数的董事共同推举一名董事主持。

董事会不能履行或者不履行召集股东会会议职责的,监事会应当及时召集和主持;监事会不召集和主持的,连续九十日以上单独或者合计持有公司百分之十以上股份的股东可以自行召集和主持。

单独或者合计持有公司百分之十以上股份的股东请求召开临时股东会会议的,董事会、监事会应当在收到请求之日起十日内作出是否召开临时股东会会议的决定,并书面答复股东。

第一百二十三条 董事会每年度至少召开两次会议,每次会议应当于会议召开十日前通知全体董事和监事。

代表十分之一以上表决权的股东、三分之一以上董事或者监事会,可以提议召开临时董事会会议。董事长应当自接到提议后十日内,召集和主持董事会会议。

董事会召开临时会议,可以另定召集董事会的通知方式和通知时限。

第二百三十一条 公司经营管理发生严重困难,继续存续会使股东利益受到重大损失,通过其他途径不能解决的,持有公司百分之十以上表决权的股东,可以请求人民法院解散公司。

《最高人民法院关于适用〈中华人民共和国公司法〉若干问题的规定(二)》

第一条 单独或者合计持有公司全部股东表决权百分之十以上的股东,以下列事由之一提起解散公司诉讼,并符合公司法第一百八十二条规定的,人民法院应予受理。(有限责任公司、股份有限公司)

6. 股权变动警示及内幕信息知情人——股权比例≥5%

解读: 持有百分之五以上股份的股东:(1)股份发生变更时向国务院证券监督管理机构和证券交易所报送临时报告,并予公告,法律后果。(2)为证券交易内幕信息的知情人。(3)限制交易时间。

参考法条

《证券法》

第三十六条 依法发行的证券,《中华人民共和国公司法》和其他法律对其转让期限有限制性规定的,在限定的期限内不得转让。

上市公司持有百分之五以上股份的股东、实际控制人、董事、监事、高级管理人员,以及其他持有发行人首次公开发行前发行的股份或者上市公司向特定对象发行的股份的股东,转让其持有的本公司股份的,不得违反法律、行政法规和国务院证券监督管理机构关于持有期限、卖出时间、卖出数量、卖出方式、信息披露等规定,并应当遵守证券交易所的业务规则。

第四十四条 上市公司、股票在国务院批准的其他全国性证券交易场所交易的公司持有百分之五以上股份的股东、董事、监事、高级管理人员,将其持有的该公司的股票或者其他具有股权性质的证券在买入后六个月内卖出,或者在卖出后六个月内又买入,由此所得收益归公司所有,公司董事会应当收回其所得收益。但是,证券公司因购入包销售后剩余股票而持有百分之五以上股份的,以及有国务院证券监督管理机构规定的其他情形的除外。

前款所称董事、监事、高级管理人员、自然人股东持有的股票或者其他具有股权性质的证券,包括其配偶、父母、子女持有的及利用他人账户持有的股票或者其他具有股权性质的证券。

公司董事会不按照第一款规定执行的,股东有权要求董事会在三十日内执行。公司董事会未在上述期限内执行的,股东有权为了公司的利益以自己的名义直接向人民法院提起诉讼。

公司董事会不按照第一款的规定执行的,负有责任的董事依法承担连带责任。

第五十三条 证券交易内幕信息的知情人和非法获取内幕信息的人,在内幕信息公开前,不得买卖该公司的证券,或者泄露该信息,或者建议他人买卖该证券。

持有或者通过协议、其他安排与他人共同持有公司百分之五以上股份的自然人、法人、非法人组织收购上市公司的股份,本法另有规定的,适用其规定。

内幕交易行为给投资者造成损失的,应当依法承担赔偿责任。

第六十三条 通过证券交易所的证券交易,投资者持有或者通过协议、其他安排与他人共同持有一个上市公司已发行的有表决权股份达到百分之五时,应当在该事实发生之日起三日内,向国务院证券监督管理机构、证券交易所作出书面报告,通知该上市公司,并予公告,在上述期限内不得再行买卖该上市公司的股票,但国务院证券监督管理机构规定的情形除外。

投资者持有或者通过协议、其他安排与他人共同持有一个上市公司已发行的有表决权股份达到百分之五后,其所持该上市公司已发行的有表决权股份比例每增加或者减少百分之五,应当依照前款规定进行报告和公告,在该事实发生之日起至公告后三日内,不得再行买卖该上市公司的股票,但国务院证券监督管理机构规定的情形除外。

投资者持有或者通过协议、其他安排与他人共同持有一个上市公司已发行的有表决权股份达到百分之五后,其所持该上市公司已发行的有表决权股份比例每增加或者减少百分之一,应当在该事实发生的次日通知该上市公司,并予公告。

违反第一款、第二款规定买入上市公司有表决权的股份的,在买入后的三十六个月内,对该超过规定比例部分的股份不得行使表决权。

第八十条 发生可能对上市公司、股票在国务院批准的其他全国性证券交易场所交易的公司的股票交易价格产生较大影响的重大事件,投资者尚未得知时,公司应当立即将有关该重大事件的情况向国务院证券监督管理机构和证券交易场所报送临时报告,并予公告,说明事件的起因、目前的状态和可能产生的法律后果。

前款所称重大事件包括：

（一）公司的经营方针和经营范围的重大变化；

（二）公司的重大投资行为，公司在一年内购买、出售重大资产超过公司资产总额百分之三十，或者公司营业用主要资产的抵押、质押、出售或者报废一次超过该资产的百分之三十；

（三）公司订立重要合同、提供重大担保或者从事关联交易，可能对公司的资产、负债、权益和经营成果产生重要影响；

（四）公司发生重大债务和未能清偿到期重大债务的违约情况；

（五）公司发生重大亏损或者重大损失；

（六）公司生产经营的外部条件发生的重大变化；

（七）公司的董事、三分之一以上监事或者经理发生变动，董事长或者经理无法履行职责；

（八）持有公司百分之五以上股份的股东或者实际控制人持有股份或者控制公司的情况发生较大变化，公司的实际控制人及其控制的其他企业从事与公司相同或者相似业务的情况发生较大变化；

（九）公司分配股利、增资的计划，公司股权结构的重要变化，公司减资、合并、分立、解散及申请破产的决定，或者依法进入破产程序、被责令关闭；

（十）涉及公司的重大诉讼、仲裁，股东大会、董事会决议被依法撤销或者宣告无效；

（十一）公司涉嫌犯罪被依法立案调查，公司的控股股东、实际控制人、董事、监事、高级管理人员涉嫌犯罪被依法采取强制措施；

（十二）国务院证券监督管理机构规定的其他事项。

公司的控股股东或者实际控制人对重大事件的发生、进展产生较大影响的，应当及时将其知悉的有关情况书面告知公司，并配合公司履行信息披露义务。

7. 临时提案权

（1）临时提案权——股权比例≥1%

解读：临时提案权指股东可以向股东大会提出供大会审议或表决的议题或者议案的权利。该项权利能够保证少数股东将其关心的问题提交给股东大会讨论，有助于提高少数股东在股东大会中的主动地位，实现对公司经营的决策参与、监督与纠正作用。比如选任董事、公司经营方针等，具体可以参照《公司法》和本公司的《公司章程》中股东大会的职权内容进行提案。

第二章 股权架构设计

> **参考法条**
>
> **《公司法》**
>
> **第一百一十五条** 召开股东会会议,应当将会议召开的时间、地点和审议的事项于会议召开二十日前通知各股东;临时股东会会议应当于会议召开十五日前通知各股东。
>
> 单独或者合计持有公司百分之一以上股份的股东,可以在股东会会议召开十日前提出临时提案并书面提交董事会。临时提案应当有明确议题和具体决议事项。董事会应当在收到提案后二日内通知其他股东,并将该临时提案提交股东会审议;但临时提案违反法律、行政法规或者公司章程的规定,或者不属于股东会职权范围的除外。公司不得提高提出临时提案股东的持股比例。
>
> 公开发行股份的公司,应当以公告方式作出前两款规定的通知。
>
> 股东会不得对通知中未列明的事项作出决议。

(2) 股东请求诉讼及代表诉讼权——股权比例≥1%

解读：股东代表诉讼,一般是指当公司怠于通过诉讼追究公司机关成员责任或实现其他权利时,由具备法定资格的股东为了维护公司利益,并出于追究这些成员责任或实现这些权利的目的,依据法定程序代表公司提起的诉讼。目的是确保董事、监事、高级管理人员违反上述义务后得到追究,更有力地保护公司和股东的利益。

> **参考法条**
>
> **《公司法》**
>
> **第一百八十九条** 董事、高级管理人员有前条规定的情形的,有限责任公司的股东、股份有限公司连续一百八十日以上单独或者合计持有公司百分之一以上股份的股东,可以书面请求监事会向人民法院提起诉讼;监事有前条规定的情形的,前述股东可以书面请求董事会向人民法院提起诉讼。
>
> 监事会或者董事会收到前款规定的股东书面请求后拒绝提起诉讼,或者自收到请求之日起三十日内未提起诉讼,或者情况紧急、不立即提起诉讼将使公司利益受到难以弥补的损害,前款规定的股东有权为公司利益以自己的名义直接向人民法院提起诉讼。
>
> 他人侵犯公司合法权益,给公司造成损失的,本条第一款规定的股东可以依照前两款的规定向人民法院提起诉讼。

公司全资子公司的董事、监事、高级管理人员有前条规定情形,或者他人侵犯公司全资子公司合法权益造成损失的,有限责任公司的股东、股份有限公司连续一百八十日以上单独或者合计持有公司百分之一以上股份的股东,可以依照前三款规定书面请求全资子公司的监事会、董事会向人民法院提起诉讼或者以自己的名义直接向人民法院提起诉讼。

——疑难问题

◆ 不按出资比例计算股权——人力资本出资的相关规定

《市场主体登记管理条例》

第十三条 除法律、行政法规或者国务院决定另有规定外,市场主体的注册资本或者出资额实行认缴登记制,以人民币表示。

出资方式应当符合法律、行政法规的规定。公司股东、非公司企业法人出资人、农民专业合作社(联合社)成员不得以劳务、信用、自然人姓名、商誉、特许经营权或者设定担保的财产等作价出资。

《国务院关于印发进一步深化中国(广东)自由贸易试验区改革开放方案的通知》(国发〔2018〕13号 2018年5月4日)

(十)推动人才管理改革。探索将有关境外人才省级管理权限赋予自贸试验区。开展外国高层次人才服务"一卡通"试点,建立安居保障、子女入学和医疗保健服务通道。创新人力资本入股办法,鼓励企业实施股权分红激励措施。

《国务院关于印发进一步深化中国(天津)自由贸易试验区改革开放方案的通知》(国发〔2018〕14号 2018年5月4日)

(九)创新要素市场配置机制……创新人力资本入股办法,鼓励企业实施股权分红激励措施……

《横琴新区管委会办公室关于印发〈中国(广东)自由贸易试验区珠海横琴新区片区人力资本出资管理办法(试行)〉的通知》(珠横新办〔2016〕44号 2016年12月30日)

第二条 【人力资本定义】本办法所称人力资本,是指依附于公司股东人身,在一定期限内以劳动、服务等形式提供给公司,能够为公司带来一定预期经济效益的人力资源,通过法定形式转化而成的资本,表现为技术人才、管理人才、营销人才的研发技能、管理才能等。

第三条 【适用范围】在横琴自贸片区登记的有限责任公司,其自然人股东可以人力资本作价出资。

第四条 【人力资本出资比例限制】人力资本出资额不得超过公司注册资本的三分之一。

第五条 【劳动合同或者服务合同】以人力资本出资的,股东应当与公司签订劳动合同、服务合同等。

第六条 【对章程的要求】以人力资本出资的,公司章程应当载明人力资本股东姓名、人力资本内容、出资额、出资期限等。

《中共湖北省委、湖北省人民政府关于加快东湖国家自主创新示范区建设的若干意见》(鄂发〔2010〕4号 2010年3月18日)

三、深化改革,先行先试,建立和完善有利于自主创新的体制机制

(一)开展股权激励和科技成果转化奖励试点。支持允许以专利、标准等知识产权、研发技能、管理经验等人力资本作价出资创办、联办高新技术企业。

《中共温州市委办公室、温州市人民政府办公室关于印发〈温州市人力资本出资登记试行办法〉和〈温州市人力资本出资入股认定试行办法〉的通知》(温委办〔2006〕6号 2006年2月15日)

二、本办法所称人力资本指依附在投资者身上,能够给公司带来预期经济效益的人才资源,通过法定形式转化而成的资本。表现为:管理人才、技术人才、营销人才的知识、技能、经验等。

三、适用范围:

(一)适用区域范围:在温州市龙湾区和温州经济技术开发区内登记注册的有限责任公司。

(二)适用行业范围:人力资本较为集中及科技含量较高的先进制造业、现代服务业和创新创意性产业。

(三)适用登记类别:上述企业的设立登记、变更(股权转让、注册资本变更)和注销登记。

四、人力资本出资必须经法定评估机构评估作价,报经市人力资本出资试点工作领导小组确认后一次性投资入股。人力资本出资企业注册资本最低限额为人民币100万元,出资比例不得超过公司注册资本总额30%。

《上海市工商行政管理局、浦东新区人民政府关于印发〈浦东新区人力资本出资试行办法〉的通知》(沪工商办〔2005〕60号 2005年3月18日)

一、人力资本的定义:指依附在投资者身上,能够给公司带来预期经济效益的人才资源,通过法定形式转化而成的资本。表现为:管理人才、技术人才、营销人才的知识、技能、经验等。

二、在浦东新区范围内登记注册的有限责任公司和股份有限公司(不含外商投资企业),属于以金融为核心的现代服务业、以高新技术为主导的先进制造业、以自主知识产权为特征的创新创意产业的,可以人力资本作价投资入股。以人力资本作价出资的金额不得超过公司注册资本的35%。

公司《营业执照》的注册资本栏中应注明货币出资的数额。

三、人力资本可经法定评估机构评估作价,也可经全体股东协商作价并出具由全体股东签字同意的作价协议。

人力资本作价入股应当提交由法定验资机构出具的验资证明。

《江苏省科学技术委员会、省经济体制改革委员会印发〈关于推进技术股份化的若干意见〉的通知》(苏科成〔1999〕517号 1999年10月29日)

二、鼓励科技人员持大股

应用开发类的科研院所在改制时,骨干科技人员可以持大股。以应用开发类项目的转化应用为主的中小型企业,骨干科技人员的持股比例可以不低于总股本的50%。关系企业生存发展的核心科技人员,可以采用人力资本作价入股的形式。人力资本作价入股,必须由具备相应资质的评估机构采用国际上成熟的人力资本评估方法进行评估,且作价入股的比例不得超过总股本的35%。

(二)如何实现不按照出资比例分配股份比例

1. 通过股权激励的模式,签订《股权激励协议》

案例:股权按照不实际出资的激励对象在公司工作的年限逐步兑现。不实际出资的激励对象所应获得的股份分4年成熟,每年成熟25%。若在其间离职,无任何股权和收益。

2. 以较低的价格或象征性的价格进行股权转让,签订《股权转让协议》

案例:某公司注册资本100万元,分为100股,每股1万元,原始股东为A,全部出资到位,A股东想吸纳B,并准备给其10%的股份,按照股价为10万元,但是B仅支付了1元象征性的股权转让款,即占了公司10%的股份。

3. 以代缴出资的方式,签订《股权分配协议》

案例:某公司注册资本100万元,股东为A和B,A为实际出资人,占股90%,实际出资100万元,B为人力资本投入者,占股10%,A与B签订《股权分配协议》约定:B应出资的10万元由A代为缴纳。

4. 以增资扩股的方式,签订《增资扩股协议》

案例:某公司注册资本100万元,分为100股,每股1万元,原始股东为A,全部出资到位,A股东想吸纳B,并准备给其10%的股份,按照股价为10万元,但是B只能出1万元,双方签订《增资扩股协议》约定:B共计出资1万元,占公司10%的股份。完成交易后,公司合计股本金101万元,B占股10%,股价10.1万元,A占股90%,股价90.9万元。

(三)权能分配

所谓权能分配,也就是本书第一章所述的股权权利内容,在八项股权权利中,最基础,也是最核心的权利内容为表决权和资产收益权(最主要的为分红权)。

在进行股权设计和股权分配的时候,可以通过设计表决权和(或)分红权与股权比例不相对应的方式来调整一些比较难解决的股权分配问题,当然也可以进行动态调整,即在达到某一"里程碑"事件的时候,表决权和(或)分红权发生变换。

关于这两项权利的详细内容本书第一章和第五章及其他章节都做了比较详细的描述,此处不再赘述,参考下面案例。

范例:《股东协议》

第二章 股东股权比例及出资方式、股东权利义务

2.1 双方一致商定持股比例以及出资方式为:

2.1.1 甲方将其持有的公司股份的其中3%(对应的资本金没有实缴)无偿转让给乙方,乙方受让后,甲方持有公司股权比例为73%(公司还有其他股东);乙方持有公司股权比例为3%。

2.1.2 乙方3%股权对应的出资额中的15万元由甲方无偿替乙方到账,待乙方获得分红后按照甲方实际替乙方出资额支付给甲方。如果乙方没有获

得分红,或者获得分红不足,甲方无权对不足部分向乙方索要。在乙方以分红支付给甲方足额15万元后,乙方按照3%取得分红。

2.2 在乙方以分红支付给甲方足额15万元前,乙方无表决权;在乙方以分红支付给甲方足额15万元后,乙方按照3%享有表决权。

四、华为公司股权分配政策

华为的股权分配和股权激励模式不是套用传统的模式,而是根据其公司的具体情况进行创新设计的,更不是一成不变的,本书在其他章节做了详细阐述,下文只节选其部分股权分配政策,该政策对于我们的传统企业有着较大的实际操作指导作用。

华为公司股权分配政策(节选)

一、宗旨

(1)共同持股,共担责任与风险,结成企业与员工的利益与命运共同体。

(2)通过股权结构的合理调整和配股倾斜,形成企业的核心层、中坚层。

(3)在内部契约的基础上形成股权的动态分配——企业持续发展的动力机制,并使人力资本不断增值。

(4)普惠认同华为的模范员工,培养主人翁意识。

(5)激励导向——吸纳优秀人才。

二、评定要素

(1)可持续性贡献;

(2)职位价值;

(3)工作能力;

(4)对企业的认同程度;

(5)个人品格。

三、评定标准

1.可持续性贡献(对当前及长远目标的贡献)

(1)对优秀人才的举荐;(2)对产品的优化和技术的创新;(3)对关键技术的创新;(4)对主导产品的优化;(5)对战略性市场的开拓;(6)对管理基础工作的推动;(7)对企业文化的传播。

2. 职位价值

(1)职位重要性:对企业的影响度;管理跨度;人员类别。

(2)职责难度:任职资格要求(知识、经验、技能);任务性质(创造性、复杂性和不确定性);环境(压力、风险、工作条件);沟通性质(频率、技巧、对象)。

(3)可替代性:成才的周期及成本;社会劳动力市场紧缺的程度;涉及公司持续发展的重要岗位所需的专门人才;公司的特殊人力资本(组织积累资源的承载者)。

3. 工作能力

(1)思维能力:分析、判断、开拓、创新、决策能力。

(2)人际技能:影响、组织、协调、沟通、控制能力。

(3)业务技能:运用有效的技术与方法从事本职工作的能力。

4. 对企业的认同

(1)对公司事业的认同;(2)集体奋斗;(3)认同企业的价值评价和价值分配的准则;(4)归属感。

5. 个人品格

(1)责任意识;(2)敬业精神;(3)积极心态;(4)不断进取、举贤让能;(5)廉洁、自律。

四、股权分布曲线规则

1. 鼓励可持续贡献的优秀员工,在不同的基础上实行动态分配。

评议等级与配股基准额关系图。

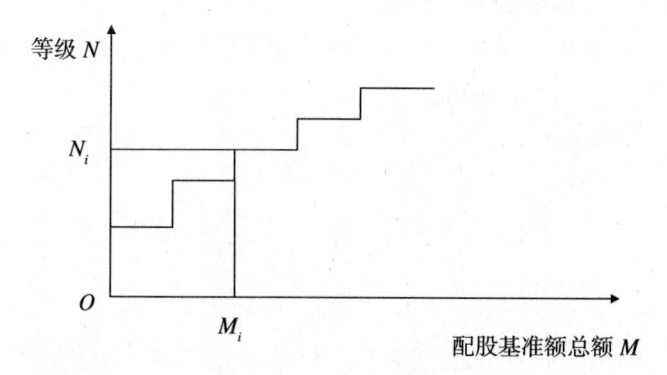

某员工当年的股金评定等级为 N_i,其对应配股额为 P_i,其对应的认股基准额为 M_i。M_i 根据历史累加股金等级确定。

假设 1#、2#、3# 的三位员工当年评定等级都为 P_i，其历史认股额分别为 A_1、A_2、A_3，则允许新认股分别为 B_1、B_2、B_3，如下图所示。

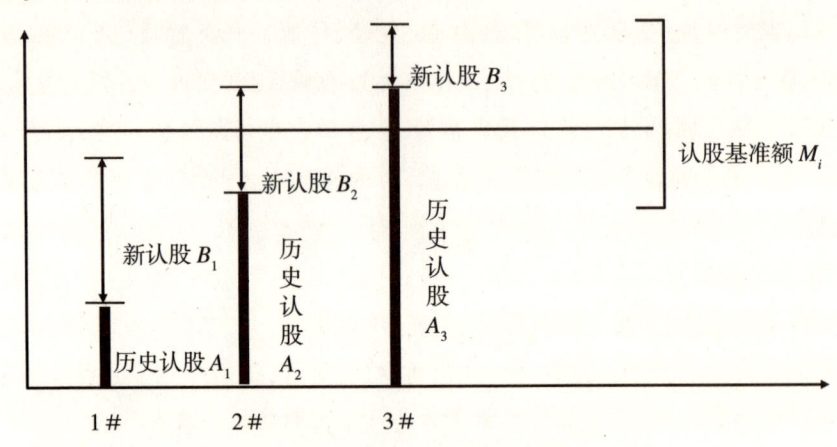

其中：

(1) $B_1 > B_2 > B_3$。

(2) 认股基准额 M_i 对应于等级 P_i。

2. 实行配股额年增长总额控制。

根据公司总体效益确定配股总额 T

$$T = \sum_{i=1}^{n} P_i L_i$$

其中：P_i 为每级配股额度；

L_i 为每级评定人数。

3. 对核心层实行每年评议值配股。

4. 各等级配股额实行级差配股，即配股额不呈线性分布。同时要考虑分布值为连续曲线。

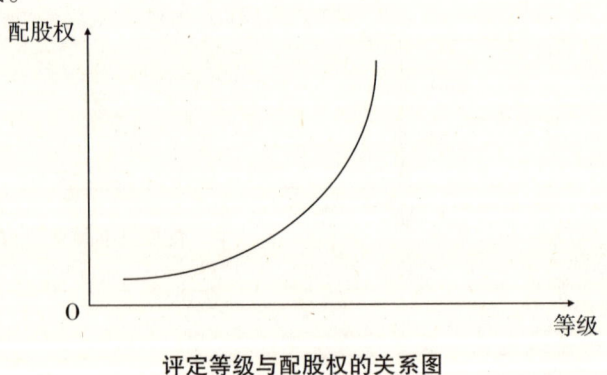

评定等级与配股权的关系图

五、管理政策

1. 只有本企业正式员工才拥有股权,离职人员一律不保留股权。
2. 向为企业作出可持续性贡献的骨干倾斜。
3. 对优秀新员工股权配置,以其对企业的认同及未来发展潜力为主。
4. 对持续优秀的基层员工,最低配股额×。
5. 对新员工给予买平议股的政策。
6. 不分岗位、不分职别,劳动态度在 C 以上者,均有资格享受股权评定。

六、附表

表1 评定要素与分配要素对应关系

分配要素	工作能力	职位价值	对目标的贡献	劳动态度	发展潜力
工　资	★	√	√		
奖　金	√	√	★		
股　金	★	√	★		★
退休金			√	★	
晋　升	√		√	√	
机　会	√	√	√	★	

表2 各职能级评议要素及重点

主要评定要素		高层	中层	基层
发展潜力		√√√	√√√	√
对目标的贡献		√√	√√	√√
工作能力	思维能力	√√√	√√	√
	人际技能	√√	√√	
	业务技能	√	√√	√√√
劳动态度		√	√	√√

表3　各类人员评议标准

人员类别	高层	中层	低层
管理			
技术			
营销			
业务			
事务			

（注：本案例来源于互联网）

第二节　顶层股权架构设计中的"三板斧"

一、以出资比例确定股权比例可能存在的问题

A公司注册资金100万元，有4名股东，股东甲和乙，系全职自然人股东，因为他们经济状况不好，只能各出资10万元；股东丙为一家大型企业的老板，因为看好A公司的项目，同时觉得股东甲和乙是两位不错的人才，故愿意出资50万元帮助甲和乙把项目做好；股东丁为法人，因为该法人能够为A项目提供相关辅助工作及办公场地等，同时又愿意出资30万元帮助甲和乙把项目做好。根据公司法和常识，习惯性地就把4名股东的股权比例设定为10%、10%、50%、30%，具体如表2-1所示。

表2-1　股东出资占股比例

股东	身份	工作性质	是否参与经营管理	股权/%
股东甲	自然人	全职	参与	10
股东乙	自然人	全职	参与	10
股东丙	自然人	兼职	较少	50
股东丁	法人	无	不参与	30

问题1：股东甲和股东乙股份太少，投资人（股东丙和股东丁）股份太多，那么股东甲和股东乙的积极性就不大，项目就有可能做不起来，对于投资人来讲这可能就是一个失败的投资。

问题2：股东甲和股东乙负责公司经营管理，但股份相同，没有大股东，会造成僵局。

针对这两个问题，4名股东其实也都各自心知肚明，但又提不出解决办法，只能先把公司按照上述股权架构设立了，并且各方都已出资到位，先运作起来再说。

对于上述现状，我们建议，股东丙和其他所有股东一起开会讨论具体解决方案，因为如果这个问题不能解决，那么这个项目在有盈利的情况下很可能就会失败。一旦盈利，股东甲和股东乙觉得分配不公等一系列问题会出现。经过我们三次会议讨论，我们在股东协议/公司章程里作了如下三个方面的约定，以保证项目继续进行下去，我们总结了三个方面的约定为顶层股权架构设计中的"三板斧"，希望这"三板斧"能够为其他企业在遇到类似问题时提供一类解决方案。

二、"三板斧"之分红权调整规则

《公司法》第二百一十条第四款规定，"公司弥补亏损和提取公积金后所余税后利润，有限责任公司按照股东实缴的出资比例分配利润，全体股东约定不按照出资比例分配利润的除外；股份有限公司按照股东所持有的股份比例分配利润，公司章程另有规定的除外。"

这一但书条款给了我们一个解决上述问题1的机会，解决方案如表2-2所示。

表2-2 分红调整解决方案

单位：%

股东	股权比例	分红比例	
		投资人收回80%投资前	投资人收回80%投资后
股东甲	10	18	34
股东乙	10	18	34
股东丙	50	40	20
股东丁	30	24	12

1. 投资人收回80%投资前，是指股东丙和股东丁原来分别投资50万元和

30万元,如果该项目在经过一段时间开始盈利了,另考虑到股东甲和股东乙的付出和经济条件不是太好,则大家一致同意可以在投资人股东丙和股东丁在分别收回投资款40万元和24万元之前,按照18%、18%、40%、24%比例进行分红。

2. 如果项目持续盈利,为了激励股东甲和股东乙,则所有股东同意在投资人股东丙和股东丁收回投资款40万元和24万元之后,按照34%、34%、20%、12%比例进行分红。

三、"三板斧"之表决权委托规则

所谓委托投票权,是指股东在股东大会召开之前已经在某些问题上进行了投票或把投票权转让给出席股东大会的其他人来行使。一般表决权委托,是排他性地授予核心创始人。

《公司法》第六十五条规定,股东会会议由股东按照出资比例行使表决权;但是,公司章程另有规定的除外。

这一但书条款给了我们一个解决上述问题2的机会,解决方案见表2-3。

表2-3 表决权委托解决方案

单位:%

股东	股权比例	表决权比例	
		股权变动前	股权变动后
股东甲	10	51	以实际变动后的股权比例为基础确定
股东乙	10	40	
股东丙	50	9	
股东丁	30	0	

1. 因股东甲在公司战略和能力方面都明显高于股东乙,故4名股东同意由股东甲担任公司老大,股东甲和股东丙有很强的信任关系,故股东丙将41%的表决权委托给股东甲,即股东甲拥有51%的表决权。股东乙和股东丁有很强的信任关系,故股东丁将30%的表决权全部委托给股东乙,即股东乙拥有40%的表决权。

2. 在公司章程里同时约定:A类事项经代表超过半数表决权通过;B类事

项经代表60%(含本数)表决权通过;C类事项必须经代表100%表决权通过。

3. 公司章程又约定股东甲或股东乙在违反公司规定、损害公司利益等一些不利于公司、不利于股东丙和股东丁的情况下,表决权收回。

4. 公司章程还约定在公司股东发生变化等情况下,表决权收回或另行委托。

四、"三板斧"之股权比例变动规则

《公司法》第八十四条规定,"有限责任公司的股东之间可以相互转让其全部或者部分股权。股东向股东以外的人转让股权的,应当将股权转让的数量、价格、支付方式和期限等事项书面通知其他股东,其他股东在同等条件下有优先购买权。股东自接到书面通知之日起三十日内未答复的,视为放弃优先购买权。两个以上股东行使优先购买权的,协商确定各自的购买比例;协商不成的,按照转让时各自的出资比例行使优先购买权。公司章程对股权转让另有规定的,从其规定。"

这一但书条款给了我们一个长期解决上述问题1和问题2的机会,解决方案如表2-4所示。

表2-4 股权比例变动解决方案

单位:%

股东	股权比例			
	A情况发生前	A情况发生后	B情况发生后	C、D、E、F…情况发生后
股东甲	10	20	28	+丙×20…
股东乙	10	16	20.8	+丁×20…
股东丙	50	40	32	×80…
股东丁	30	24	19.2	×80…

1. A/B/C……情况发生,比如:(1)公司营业收入达到×××万元;(2)公司资产达到×××万元;(3)公司进行首轮融资,并且融资金额达到×××万元,公司估值达到×××万元等。

2. 公司章程同时约定,股东甲和股东乙在其他方面进行考核。

3. 当发生上述情况时且考核≥80分时,投资人股东丙和股东丁股权比例在上一次股权的基础上×80%,其余的股份分别由股东丙无偿转让其剩余的全部股份给股东甲,股东丁转让其剩余的全部股份给股东乙。

五、总结

1. 股权及股权比例不应当是一成不变的,而是可以根据项目进展、公司发展情况和合伙人能力及贡献等相应地进行调整。

2. 公司章程和股东协议应在公司设立起初就要预留可以调整的约定;否则,之后再协商调整就会很难。

3.《公司法》更多表现出来的是一部程序法,具体实质内容需要所有股东自行约定清楚,《公司法》的很多条款也只是指导性和参考性条款,即在股东没有另行约定之下生效,股东应当利用这些条款设计对自己公司和项目行之有效的条款。

第三节 一种普遍适用的股权设计方案

一、"四层三平台"股权架构

所谓"四层三平台"股权架构,是指一种普遍适用的几乎解决了股权设计中可能遇到的绝大部分问题的设计方案,具体包括:四层的控股层、融资层、附属层和经营层,三平台的变现平台、融智平台和融资平台的股权架构,具体如图2-6所示,一般企业根据各自情况不同可以截取其中部分结构,也可以变动使用。

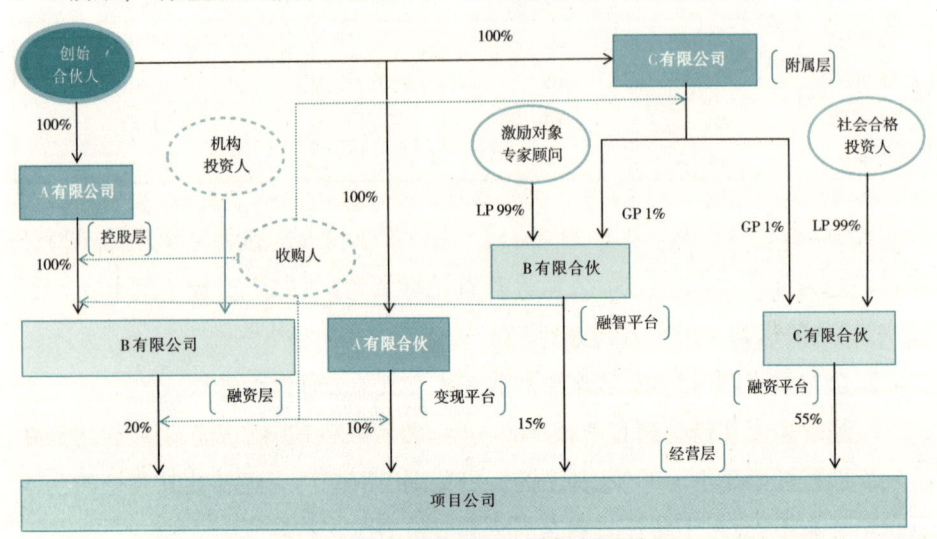

图2-6 一种普遍适用的股权设计方案

（一）控股层

本书所述控股层,是指公司的创始股东为了实现公司控制权、实现融资放大等而设立的用于对外投资的非经营性公司主体。图 2-6 中的 A 有限公司即控股层公司,控股层公司保持相对稳定,不受外界因素影响,这也是金字塔持股结构的其中一个部分。红星美凯龙股权架构即是如此,见图 2-7（根据 2019 年 11 月 25 日公开资料显示:红星美凯龙控股集团有限公司对外投资 57 家子公司,本书列举部分）。

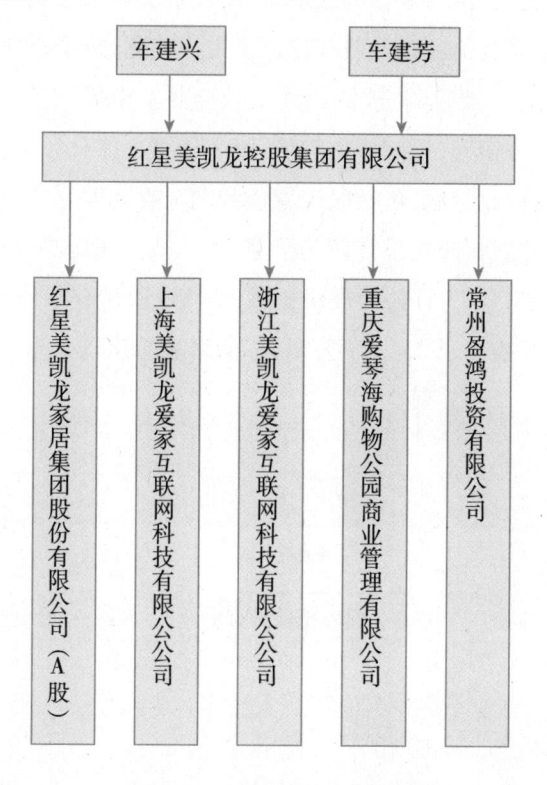

```
        车建兴              车建芳
          │                  │
          ▼                  ▼
    ┌─────────────────────────────┐
    │    红星美凯龙控股集团有限公司    │
    └─────────────────────────────┘
      │      │      │      │      │
      ▼      ▼      ▼      ▼      ▼
   ┌────┐ ┌────┐ ┌────┐ ┌────┐ ┌────┐
   │红星│ │上海│ │浙江│ │重庆│ │常州│
   │美凯│ │美凯│ │美凯│ │爱琴│ │盈鸿│
   │龙家│ │龙爱│ │龙爱│ │海购│ │投资│
   │居集│ │家互│ │家互│ │物公│ │有限│
   │团股│ │联网│ │联网│ │园商│ │公司│
   │份有│ │科技│ │科技│ │业管│ │    │
   │限公│ │有限│ │有限│ │理有│ │    │
   │司  │ │公司│ │公司│ │限公│ │    │
   │(A股)│ │    │ │    │ │司  │ │    │
   └────┘ └────┘ └────┘ └────┘ └────┘
```

图 2-7 红星美凯龙股权架构

上述的红星美凯龙控股集团有限公司,即本书所述的控股层公司,设置控股层公司可以达到如下作用。

1. 保持稳定,由创始合伙人共同设立,一般保持相对稳定,不管是股权激励还是股权融资和增加新的合伙人都相对保持该控股层的股东结构保持不变。

2. 合法避税,用于沉淀来自各项目公司的利润,这些利润可以不直接分配到自然人,所以不用缴纳个人所得税。

3. 利润积累可再次投资,积累的利润可以继续投资到其他项目,特别适合需要开设多点发展的项目。

(二)融资层

在控股层和项目公司之间设置融资层(图2-6中的B有限公司),以独立的公司形式存在有利于实现以下三个目的。

1. 实现资本放大,进行项目股权融资,由投资类有限公司全资控股,便于融资,且保持主体公司其他股东及股权比例不发生变化,减少谈判成本。

2. 便于项目公司被收购、被资产重组或合并上市等,实现创始人的投资目标,有利于与收购方谈判,谈判成本较低,因为谈判主体只有控股层一个主体。

3. 合法避税,被收购后,包括股权置换和现金收购等方式,便于节税。

这类融资层的股权架构设计较为普遍,猪八戒公司即是如此,如图2-8所示(根据2019年11月25日公开资料显示:猪八戒股份有限公司21位自然人股东和机构股东对外投资了23家子公司,本书列举部分)。

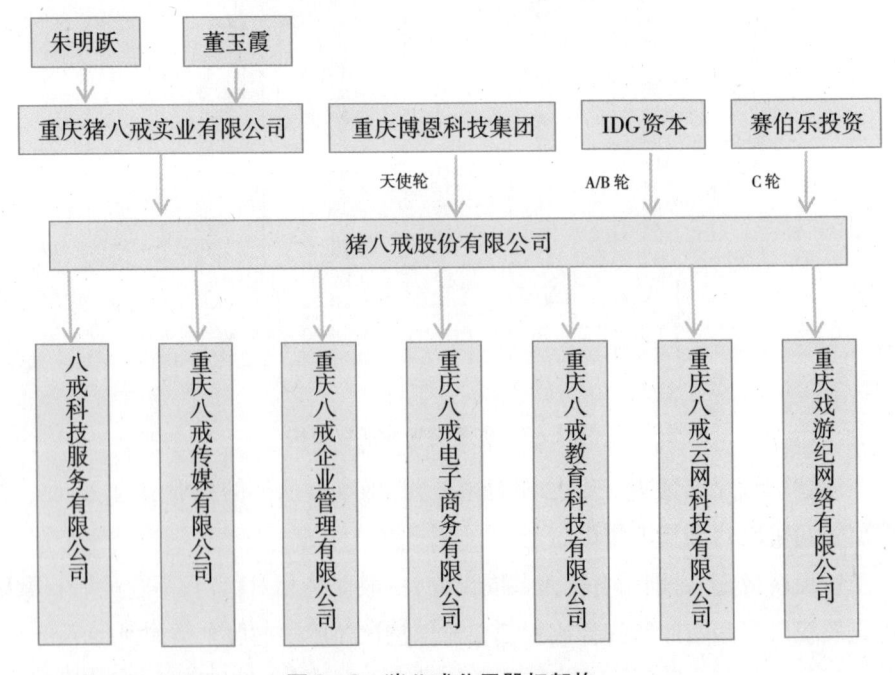

图2-8 猪八戒公司股权架构

（三）附属层

本书之所以称 C 有限公司为附属层，主要是因为该层级仅用于创始人持股便于操作股权激励和社会闲散资本的聚集及保持控制权的手段，不具有经营目的。该层用有限公司而不用有限合伙企业，主要是因为根据《合伙企业法》的相关规定，其担任无限责任人(GP)就会承担无限连带责任，以有限公司的形式持股，根据《公司法》的相关规定，其股东以其出资额为限承担有限责任，参考蚂蚁金服股权架构，见图 2-9，该层级设置有以下功能。

```
                        ┌──────┐
                        │ 马云 │
                        └──┬───┘
                           │
    ┌────────┐    ┌────────▼──────────────┐    ┌────────┐
    │员工团队│    │杭州云铂投资咨询有限公司GP│    │员工团队│
    └───┬────┘    └──┬─────────────────┬──┘    └───┬────┘
        │            │                 │           │
┌──────┐│  ┌─────────▼────────────┐  ┌─▼──────────────────┐
│马云等││  │杭州君洁股权投资合伙企业│  │杭州君澳股权投资合伙企业│
└──┬───┘│  └──────────┬───────────┘  └──────────┬─────────┘
   │    │             │                         │
   ▼    ▼             ▼                         │
┌────────────────────────────────┐              │
│    杭州君瀚股权投资合伙企业     │              │
└────────────────┬───────────────┘              │
                 │                              │
                 ▼                              ▼
        ┌─────────────────────────────────────────┐
        │浙江蚂蚁小微企金融服务集团股份有限公司     │
        └─────────────────────────────────────────┘
```

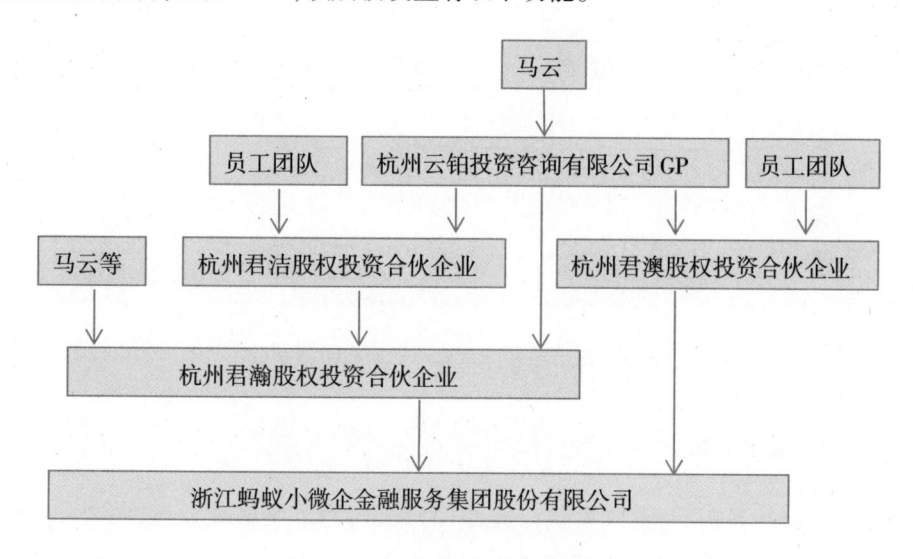

图 2-9　蚂蚁金服股权架构

1. 便于进行股权激励，调动员工积极性，同时在该层级担任 GP，保持公司也就是创始人的控制权，因为 GP 是该有限合伙企业的执行合伙人，对合伙企业有决对的话语权和决策权。

2. 便于社会资本进入，若因为项目较多，投资较大，社会资本看好，为了聚集社会资本，由该层级有限公司担任 GP，则既能达到融资目的也能保持公司的控制权。

蚂蚁金服的股权架构显示，马云 100% 持股杭州云铂投资咨询有限公司，杭州云铂投资咨询有限公司担任杭州君洁股权投资合伙企业(有限合伙)、杭州君澳股权投资合伙企业(有限合伙)、杭州君瀚股权投资合伙企业(有限合伙)的无限合伙人(GP)，从而达到融资、对内部员工的股权激励和有效控制的目的。

(四)变现平台

变现平台(A 有限合伙)可以有限合伙企业的形式设立,也可以创始人自然人身份或有限公司的形式设立。形式不同,各有利弊,具体参考本节第二部分内容。之所以称为变现平台,是因为在目标公司分红或出售的时候可以通过该平台直接支付给创始合伙人(参考案例:国家市场监督管理总局公开资料2019年11月26日显示:江苏电视台著名主持人孟非部分持股公司的股权架构,见图 2-10)。

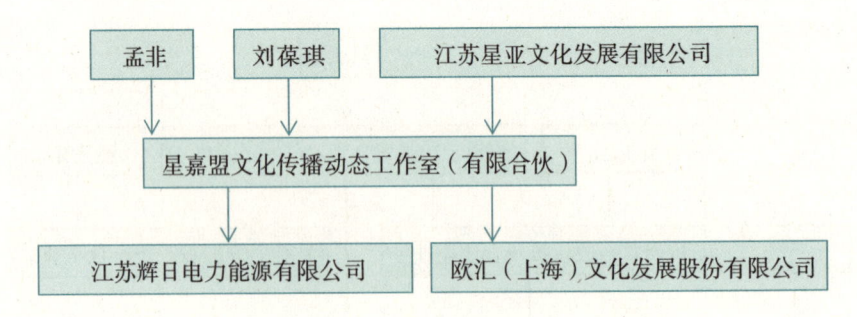

```
    孟非        刘葆琪      江苏星亚文化发展有限公司
      ↓           ↓                ↓
        星嘉盟文化传播动态工作室(有限合伙)
              ↓                    ↓
    江苏辉日电力能源有限公司     欧汇(上海)文化发展股份有限公司
```

图 2-10 孟非部分持股公司的股权架构

(五)融智平台

所谓融智平台(B 有限合伙),是指项目公司为了更好地发展,将公司内部的关键岗位的关键人才(包括但不限于技术人员、销售人员、采购人员、内部审计、高级管理人员等)和外部专家顾问以股权激励或直接出售/赠与股份的方式留在项目公司为公司提供长期智力支持和专业服务。

图 2-6 股权架构中虚线到 B 有限合伙是指该融智平台同时可以适用到项目公司的母公司,在考虑是放在项目公司还是母公司的时候,首先要考虑的是被激励对象是对母公司还是项目公司能够提供智力和专业服务,其次要考虑资产情况等。

(六)融资平台

该融资平台(C 有限合伙)区别于上述融资层,本书所述融资层主要向投资机构融资,而本融资平台主要向社会合格投资人融资,比如创始人身边的亲朋好友,亲朋好友愿意支持创始人的创业活动,创始人愿意和亲朋好友分享创业成果。在这样的情况下,需要以该方式进行融资,以实现融资目的和保持公司控制权。

(七)经营层

所谓经营层,是指参与市场经济活动的经营组织,"四层三平台"股权架构中目标公司共四个股东,创始合伙人股权比例不大,即使再如何调整比例,也能保持创始合伙人100%的控制权。有利于创始人用很少的资金撬动巨大的社会资本,这个撬动金额几乎无上限。

二、持股平台形式

(一)有限公司

有限责任公司,简称有限公司,中国的有限责任公司是指根据《公司法》规定登记注册,由50个以下的股东出资设立,每个股东以其所认缴的出资额为限对公司承担有限责任,公司法人以其全部资产对公司债务承担全部责任的经济组织。有限责任公司包括国有独资公司以及其他有限责任公司。有限公司的组织机构有股东会、董事会、监事会(监事)、经理、法定代表人。

在《公司法》中还有一类公司类型是股份有限公司,有限责任公司与股份有限公司的区别主要表现在以下几点。

1. 是人合还是资合

有限责任公司是在对无限公司和股份有限公司两者的优点兼收并蓄的基础上产生的。它将人合性和资合性统一起来:一方面,它的股东以出资为限,享受权利,承担责任,具有资合的性质,与无限公司不同;另一方面,因其不公开招股,股东之间关系较密切,具有一定的人合性质,因而与股份有限公司又有区别。股份有限公司是彻底的资合公司。其本身的组成和信用基础是公司的资本,与股东的个人人身性(信誉、地位、声望)没有联系,股东个人也不得以个人信用和劳务投资,这种完全的资合性与无限公司和有限责任公司均不同。

2. 股份是否为等额

有限责任公司的全部资产不必分为等额股份,股东只需按协议确定的出资比例出资，并以此比例享受权利，承担义务。一般来说，股份有限公司必须将股份化作等额股份，这不同于有限责任公司。这一特性也保证了股份有限公司的广泛性、公开性和平等性。

3. 股东人数不同

有限责任公司因其具有一定的人合性，以股东之间一定的信任为基础，所以其股东数额不宜过多。我国《公司法》规定为1~50人。有限责任公司股东数额上限有规定，股份有限公司则规定了发起人的人数应当有1个以上200个以下为发起人，那么发起设立后，则只有下限规定，即只规定最低限额发起人，实际只规定股东最低法定人数，而对股东的上限则不做规定，这就使股份有限公司的股东具有最大的广泛性和相当的不确定性。

4. 募股集资是公开还是封闭

有限责任公司只能在出资者范围内募股集资，公司不得向社会公开招股集资，公司为出资人所发的出资证明亦不同于股票，不得在市场上流通转让。募股集资的封闭性决定了有限责任公司的财务会计无须向社会公开。与有限责任公司的封闭性不同，股份有限公司募股集资的方式是开放的，无论是发起设立还是募集设立，都须向社会公开或在一定范围内公开募集资本，招股公开，财务经营状况亦公开。

5. 股份转让方式不同

有限责任公司的出资证明不能转让流通。股东的出资可以在股东之间相互转让，也可向股东以外的人转让；但由于人合性质，决定了其转让要受到严格限制。按照《公司法》的规定，在同等条件下，其他股东有优先购买权。股份有限公司股份的表现形式为股票。这种在经济上代表一定价值，在法律上体现一定资格和权利义务的有价证券。一般来说，与持有者人身并无特定联系，法律允许其自由转让，这就必然加强了股份有限公司的活跃性和竞争性，同时也必然带来盲目性和投机性。

(二) 有限合伙企业

有限合伙企业是由普通的合伙人和有限合伙人组成的。《合伙企业法》第二条第三款规定："有限合伙企业是由普通合伙人和有限合伙人组成，普通合伙人对合伙企业的债务承担无限连带责任，有限合伙人以其认缴的出资额为限对合伙企业债务承担责任。"该种合伙企业不同于普通合伙企业,其由普通合伙人与有限合伙人组成,前者负责合伙的经营管理,并对合伙债务承担无限连带责任,后者不执行合伙事务,仅以其出资额为限对合伙债务承担有限责任。相对于普通合伙企业,有限合伙企业允许投资者以承担有限责任的方式参加合伙成为有限合伙人,有利于刺激投资者的积极性,并且可以使资本与智力得到有效地结合,使资源得到整合,对市场经济的发展起到积极的促进作用。有限合伙企业具有以下特征。

1. 有限合伙企业人数

《合伙企业法》规定,有限合伙企业由2个以上50个以下合伙人设立;但是,法律另有规定的除外。有限合伙企业至少应当有1个普通合伙人。按照规定,自然人、法人和其他组织可以依照法律规定设立有限合伙企业,但国有独资公司、国有企业、上市公司以及公益性的事业单位、社会团体不得成为有限合伙企业的普通合伙人。

有限合伙企业仅剩有限合伙人的,应当解散;有限合伙企业仅剩普通合伙人的,应当转为普通合伙企业。

2. 有限合伙人出资形式

《合伙企业法》规定,有限合伙人可以用货币、实物、知识产权、土地使用权或者其他财产权利作价出资。有限合伙人不得以劳务出资。

3. 有限合伙企业事务执行人

《合伙企业法》规定,有限合伙企业由普通合伙人执行合伙事务。有限合伙人不执行合伙事务,不得对外代表有限合伙企业。

另外,《合伙企业法》规定,第三人有理由相信有限合伙人为普通合伙人并与其交易的,该有限合伙人对该笔交易承担与普通合伙人同样的责任。有限合伙人未经授权以有限合伙企业名义与他人进行交易,给有限合伙企业或者其他合伙人造成损失的,该有限合伙人应当承担赔偿责任。

4. 有限合伙偏重于人合性

有限合伙兼具人合性与资合性,且偏重于人合性。有限合伙集普通合伙的人合性与有限责任公司的资合性于一身,它是由人合与资合两种因素有机结合而成的一种合伙形式,其属性更侧重于人合性。

案例: 苏宁控股集团有限公司设立了南京润贤企业管理中心(有限合伙企

业)作为持股平台,部分股权架构如图 2-11 所示。

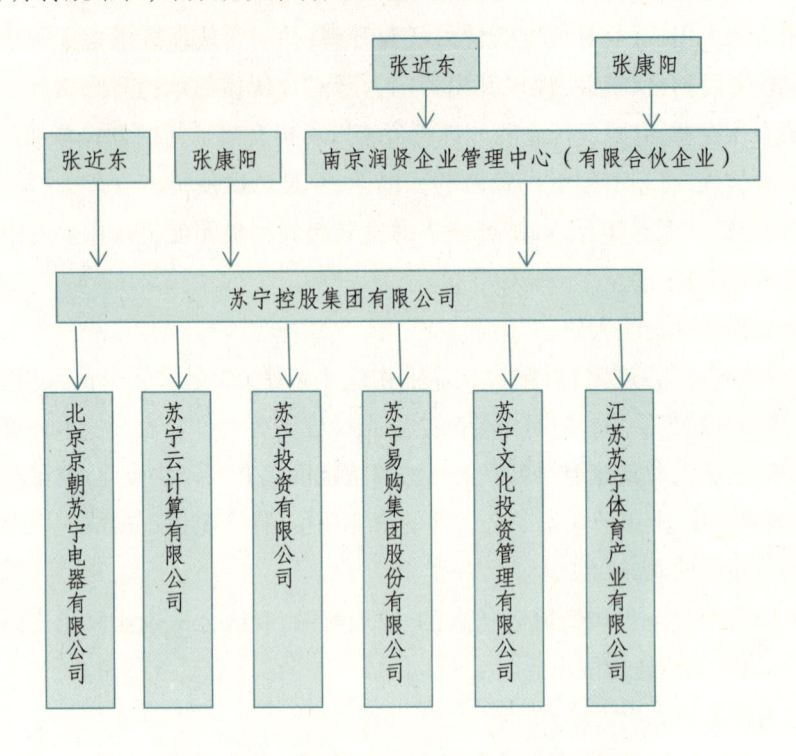

```
                    张近东          张康阳
                      │              │
    张近东    张康阳   │              │
      │        │      ▼              ▼
      │        │    南京润贤企业管理中心(有限合伙企业)
      │        │              │
      ▼        ▼              ▼
    ┌─────────────────────────────────┐
    │      苏宁控股集团有限公司        │
    └─────────────────────────────────┘
       │     │     │     │     │     │
       ▼     ▼     ▼     ▼     ▼     ▼
     北京  苏宁  苏宁  苏宁  苏宁  江苏
     京朝  云计  投资  易购  文化  苏宁
     苏宁  算有  有限  集团  投资  体育
     电器  限公  公司  股份  管理  产业
     有限  司          有限  有限  有限
     公司                公司  公司  公司
```

图 2-11 南京润贤企业管理中心的股权架构

第四节 众筹模式的有效股权架构设计

众筹,翻译自国外 crowdfunding 一词,即大众筹资或群众筹资,我国香港特区译作"群众集资",我国台湾地区译作"群众募资"。顾名思义,就是利用众人的力量,集中大家的资金、能力和渠道,为创业募资、艺术创作、软件开发、设计发明、科学研究等提供必要的资金援助。由发起人、跟投人和平台构成。具有低门槛、丰富性、依靠大众力量、注重创意的特征。一般而言是通过网络上的平台连接赞助者与提案者。尽管股权众筹发展迅速,但是我国法律对股权众筹的规定完全是空白。

一、众筹的关键问题

众筹的最大问题是决策和执行的效率低下。因为股东人数众多,大家都是小股东,没有带头人,各自都说了不算,另外,各位股东都有自己的工作和事业,各股东投资又较少,不上心和"搭便车"等不利现象常有发生,笔者身边的很多众筹均以失败告终。但是众筹又有很多的优点,比如,融资能力较大、推广营销较方便,所以虽然很多众筹失败了,但参与者大有人在。

二、解决方案

为了解决决策和执行效率低下的问题,我们设置了股权结构(见图2–12)和公司治理结构(见图2–13)。

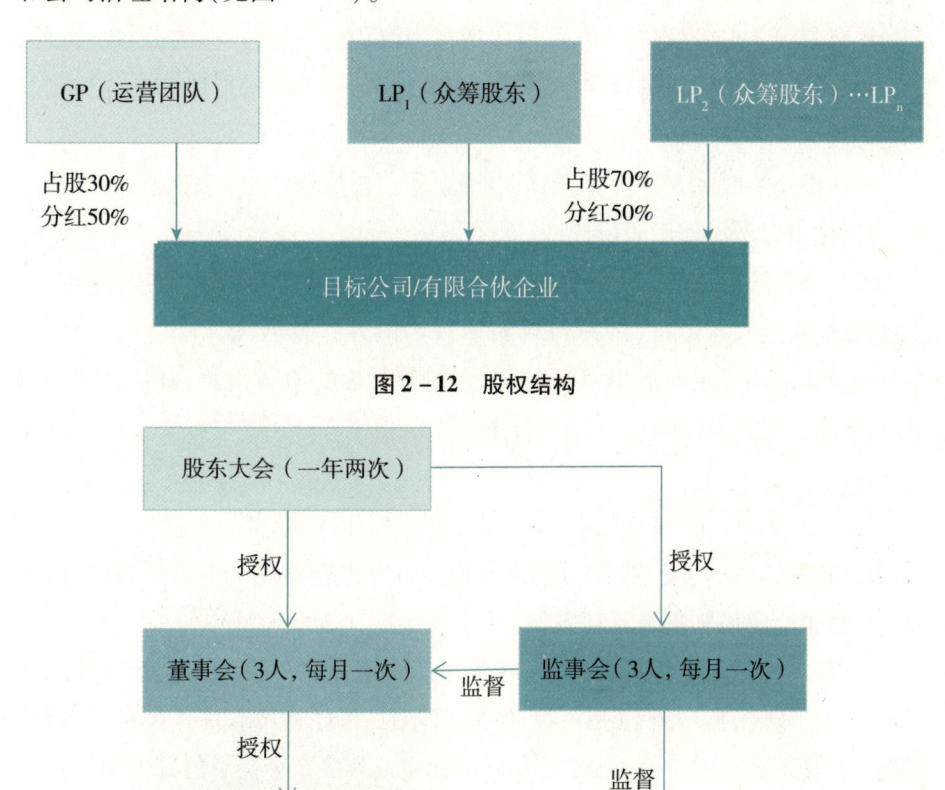

图2–12 股权结构

图2–13 公司治理结构

(一)股权结构

1.按照基金管理的模式执行,图2–12中普通合伙人(GP)和其他有限合伙人(LP)共同发起设立有限合伙企业,以有限合伙企业的形式作为主体运营众筹项目。

2. 根据《合伙企业法》与《合伙协议》,GP作为有限合伙企业的执行合伙人,可以代表合伙企业执行合伙事务,负责合伙企业的经营管理,进而提高了决策和执行的效率。

3. GP由主要从事合伙企业相关业务的团队组建,并全职为合伙企业服务,可以从众筹股东中产生,也可以是引进的外来团队,这样解决了众筹股东可能对主营业务不专业的问题。

4. 运营团队占股虽然较少,但可以通过协议约定,获得较多的分红。另外,持股和分红比例可以通过设定一定的触发条件,条件变化则持股和分红比例发生变化。

5. 如果众筹股东人数较多,则可以设立若干合伙企业平台把众筹股东放进去,当然也可以考虑使用股份代持。

6. 如果众筹项目以有限责任公司的形式作为运营主体,则仍然按照上述方式执行,即所有股东签订《股东协议》,协议的内容参照《合伙协议》的内容,不参与经营管理的股东不承担亏损,由负责经营管理的团队代表公司,执行公司事务,承担公司亏损。

(二)公司治理结构

1. 按照公司法的规定设立:董事会作为日常经营管理的决策层,设立监事会监督董事会成员和高级管理人员。

2. 可以考虑授予更多的权力给董事会,从而实现权力集中(参考《公司法》第六十七条规定,有限责任公司设董事会,本法第七十五条另有规定的除外。董事会行使下列职权:……(十)公司章程规定或者股东会授予的其他职权)。

3. 当然也可以考虑采用协议的模式,约定某些众筹股东组成核心管理合伙人,其他众筹股东不参与经营管理,授予核心管理合伙人一定的权限,保证决议效率高、执行有效。

关于众筹模式下如何设置股权架构或公司治理模式,其实方法很多,本书只以最简单的方式讲述,以达抛砖引玉之效。

第五节 中小企业事业合伙人计划实施的模式

一、事业合伙人的概念

所谓的合伙人有两种：一种是法律意义上的合伙人，我们称其为投资合伙人，投资人有两类：第一类是既投钱，也参与运营管理；第二类是财务投资人，只投钱，不参与运营管理。另一种是管理学上的合伙人，主要是参与企业经营管理活动，同时与公司有共同的价值观，愿意与公司共创、共担和共享的人，我们将其定义为事业合伙人。这两类合伙人有重叠，重叠的部分就是既是股东也参与经营管理活动的人（见图2-14）。

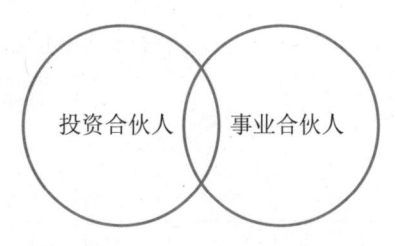

图2-14 投资合伙人与事业合伙人

本书所述的事业合伙人是管理学意义上的合伙人，包括两类：一是参与经营管理活动的投资人；二是虽然没有投资，但是与公司共创、共担和共享的人。

二、事业合伙人模式分析

（一）整体型模式（华为模式）

所谓整体型模式，是指公司绝大部分参与到事业合伙人计划中，公司根据员工的岗位、入职时间、历史贡献、未来价值和出资多少等方式确定他们的股权比例。

案例：华为公司2013年开始实施的Time Unit Plan，直译为"时间单位计划"，该计划与其之前实施的2001年虚拟受限股、2003年降薪配股、2008年饱和制配股已将公司绝大部分员工纳入合伙人计划，下面详细介绍时间单位计划。

时间单位计划是现金奖励的递延分配,属于一种中长期激励模式,相当于预先授予一个获取收益的权利,但收益需要在未来 N 年中逐步兑现(也可以跟业绩挂钩)。这与股票不属同一个类别。华为 5 年 TUP 计划,采取的是"递延+递增"的分配方案。

操作方法举例如下:假如 2014 年给你 TUP 的授予资格,配了 10000 个单位,虚拟面值假如为 1 元。2014 年(第一年),没有分红权;2015 年(第二年),获取 10000×1/3 分红权;2016 年(第三年),获取 10000×2/3 分红权;2017 年(第四年),全额获取 10000 个单位的 100% 分红权;2018 年(第五年),在全额获取分红权的同时,另外进行升值结算,如果面值升值到 5 元,则第五年获取的回报是:全额分红+10000×(5−1)。同时对这 10000 个 TUP 单位进行权益清零(见表 2−5)。

表 2−5 华为合伙人计划的操作方法

年　份	员工的收益(以授予 10000 股为例)
2014 年(第一年授予)	0
2015 年(第二年授予)	10000×1/3 分红权
2016 年(第三年授予)	10000×2/3 分红权
2017 年(第四年授予)	10000 个单位的 100% 分红权
2018 年(第五年授予)	10000 个单位的 100% 分红权+面值升值 10000 个 TUP 单位进行权益清零

(二)多层次事业合伙计划(万科模式)

多层次事业合伙计划是指公司将员工分为多个层级,各层级采取不同的合伙方式,各层级采取不同合伙内容,承担不同义务和享受不同的权利。

案例: 万科事业合伙人的三个层次:持股计划、跟投机制、事件合伙人(见图 2−15)。

第二章 股权架构设计

```
        持股计划
       跟投机制
      事件合伙人
```

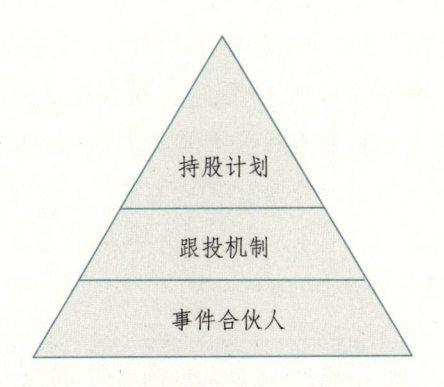

图2-15 万科事业合伙人的三个层次

1. 持股计划(管理层收购):万科各级员工的年终奖等放入盈安合伙企业(持股平台),盈安合伙企业在二级市场收购万科股份,进而实现对万科的持股。

2. 跟投机制:要求项目操作团队必须跟投自己的项目,员工可以自愿跟投自己的项目,即根据级别、岗位、与项目的关系等分为强制跟投和自愿跟投,同时设定好跟投范围、金额、比例、退出、分配等相关制度进行落实。

3. 事件合伙人:为解决一个问题或完成一项工作/项目等成立一个工作组,该工作组成员来源于公司各部门,并推选最有发言权的人担任组长。

(三)独立经营单位模式

独立经营单位模式,是指将独立经营单位进行独立核算,在该经营单位内的员工因自己的努力工作,诸如消除浪费、增加营收和其他措施而享有红利的模式。

案例:永辉超市合伙人制度的核心内容是总部与经营单位(合伙人代表,一般以门店或柜组为一个经营单位)根据历史数据和销售预测制定一个业绩标准,如果实际经营业绩超过了设立的标准,增量部分的利润按照比例在总部和合伙人之间进行分配。至于如何分配,由总部与经营单位进行协商,双方同意即可,每个经营单位谈判的结果都有可能不同。

(四)渠道/区域合伙人模式

渠道/区域合伙人模式一般适用于销售类企业或经营单位,采取整合下游渠道商、经销商或将自己公司原区域销售团队进行改编成为独立的经营单位,总公司对独立的经营单位参股或控股等方式。

案例：泸州老窖——柒泉模式，泸州老窖将上游品牌资源、下游渠道商资源、供应链资源以及营销团队整合成一个有机整体，成立与各个个体都相关的合伙人平台公司，这些公司都命名为×××柒泉×××有限公司，故本书称为柒泉模式。通过这样的方式，改变原来上游只想压货、压利润，下游渠道商只想要政策支持的博弈局面（见图2-16）。

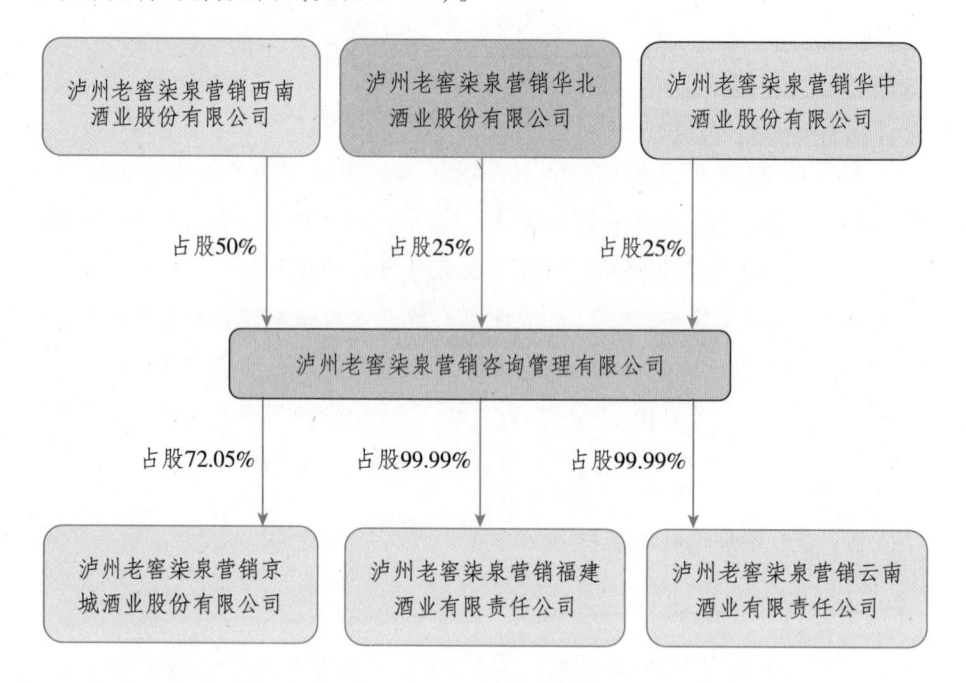

```
┌──────────────┐  ┌──────────────┐  ┌──────────────┐
│泸州老窖柒泉营销│  │泸州老窖柒泉营销│  │泸州老窖柒泉营销│
│西南酒业股份  │  │华北酒业股份  │  │华中酒业股份  │
│有限公司      │  │有限公司      │  │有限公司      │
└──────┬───────┘  └──────┬───────┘  └──────┬───────┘
   占股50%           占股25%           占股25%
        │                 │                 │
        └─────────────────┼─────────────────┘
                          ▼
          ┌────────────────────────────────┐
          │泸州老窖柒泉营销咨询管理有限公司│
          └────────────────────────────────┘
   占股72.05%        占股99.99%         占股99.99%
        │                 │                 │
        ▼                 ▼                 ▼
┌──────────────┐  ┌──────────────┐  ┌──────────────┐
│泸州老窖柒泉  │  │泸州老窖柒泉  │  │泸州老窖柒泉  │
│营销京城酒业  │  │营销福建酒业  │  │营销云南酒业  │
│股份有限公司  │  │有限责任公司  │  │有限责任公司  │
└──────────────┘  └──────────────┘  └──────────────┘
```

图 2-16　泸州老窖部分股权结构

资料来源：国家市场监督管理局，2018年12月28日。

（五）部门/岗位合伙人模式

部门/岗位合伙人模式是指以部门/岗位作为单位参与到事业合伙人计划，部门/岗位合伙人一般由业绩突出或对公司有重大贡献的人担任。

案例：乔家大院模式，乔致庸设计的身股制度，从1厘到10厘，共分为19个等级。大掌柜（总经理）一般可以顶1股（10厘），也就是说，伙计不是股东但享有1%分红权；以此类推，二掌柜、三掌柜（副总经理等）顶7~8厘；伙计顶1~4厘（见图2-17）。

第二章　股权架构设计

```
大掌柜（总经理）顶10厘
二掌柜（副总经理）顶8厘
三掌柜顶7厘
伙计顶1~4厘
```

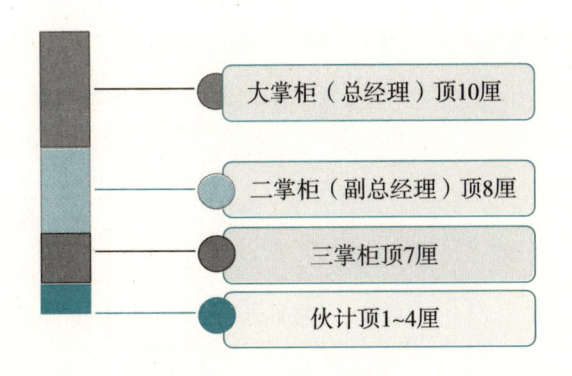

图 2-17　乔家大院模式

同时等级的晋升，完全由业绩或贡献的大小决定；如果业绩不佳，身股的数量会相应减少。其中掌柜的身股数量由东家（董事长或控股股东）决定；而伙计的身股数量则由东家和掌柜共同决定。①

（六）产品合伙人模式

产品合伙人模式，是指本公司员工可以利用公司的资源（部分工作或休闲的时间、设备、原材料和其他员工的配合等）研发相关产品，如果该产品能够走向市场，则公司可以参股或控股等方式进行投资，并设立子公司，公司同时以采购、销售、人脉、资金、先进的管理方法、先进的技术等各种资源给予该项目支持。

案例： 海尔张瑞敏打造了"员工创客化平台"，海尔目前做的就是把员工从雇佣者、执行者转变为创业者、合伙人，如著名的雷神游戏本。2013年年末，一款名为雷神的游戏本进入市场；2014年1月15日，雷神游戏本在京东上市，20分钟3000台游戏本被抢购一空；2014年7月24日雷神911上市，单型号10秒钟就销售了3000台；2014年雷神科技实现2.5亿元销售额和近1300万元的净利润跃升为国内游戏笔记本销售第二名，并拿到了500万元的创投，估值1亿元到1.5亿元左右；2015年经过A轮融资之后，雷神科技真正开始独立运作，海尔的股份降到50%以下。雷神科技是海尔内部员工创业企业，创始人路凯林及其三名合伙人（海尔的员工），海尔推行内部变革的时候，成为海尔内部小微

---

① 参见郑指梁、吕永丰：《合伙人制度——有效激励而不失控制权是怎样实现的》，清华大学出版社2017年版，第67~69页。

主并成功创办了雷神科技(见图2-18)。

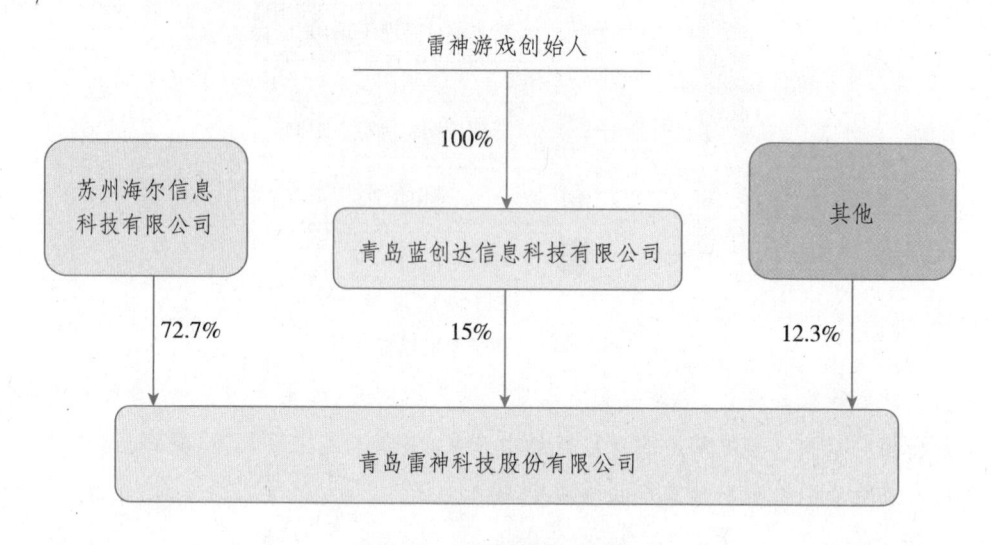

```
                    雷神游戏创始人
                         │
                        100%
                         ▼
┌──────────┐      ┌──────────────┐      ┌──────┐
│苏州海尔信息│      │青岛蓝创达信息 │      │ 其他 │
│科技有限公司│      │科技有限公司  │      │      │
└─────┬────┘      └───────┬──────┘      └───┬──┘
    72.7%              15%                12.3%
      │                  │                  │
      ▼                  ▼                  ▼
      ┌──────────────────────────────────────┐
      │      青岛雷神科技股份有限公司         │
      └──────────────────────────────────────┘
```

图2-18 雷神科技股权架构

资料来源:国家市场监督管理总局,2015年3月24日。

三、启示

事业合伙人的模式各式各样,但其本质是不变的:事业合伙人是高度认同组织价值观,接受组织的愿景和使命,并承诺全力为组织目标努力的一群人。事业合伙人制度的建立和实施也正是围绕这一本质而开展的。

事业合伙人的计划也是不断变化的,随着宏观政策和经济环境、中观行业等环境及微观组织本身的变动而变动。企业不应是照搬其中某一模式,而是将其作为参考,可能是将其中的多种模式进行糅合,也可能是模式创新,最终找到一个适合自己公司业务的事业合伙人计划模式。

第六节 如何打造生态链合伙人平台

一、生态链合伙人的概念

所谓生态链合伙人,是指企业的客户、供应商、经销商和与企业有利益关系的非股东和非员工参与企业经营活动,且高度认同本企业价值观,接受本企业的愿景和使命,并承诺全力为本企业目标努力的一群人,是事业合伙人的一种。

在众多的明星企业中,有很多企业实施了"生态链合伙人机制",而且,通过这一机制,这些明星企业实现了巨大的发展,我们主要关注了中国茅台集团、老板电器、索菲亚、温氏股份、泸州老窖和OPPO/vivo等。下面我们列举其中部分明星企业的做法,寄期望给其他企业一些启示。

二、生态链合伙人机制的案例

(一)定制家具行业的领头企业(索菲亚)——经销商合伙人机制

索菲亚于2017年实行员工持股计划,并于2018年1月2日晚公告。公司控股股东、实际控制人江淦钧为支持实施公司员工、经销商持股计划,分别于2017年12月18日、2018年1月2日通过深圳证券交易所大宗交易方式减持所持有的公司无限售条件股份1846.79万股,减持股份占公司总股本的1.9999%。

根据公告,2018年1月2日,江淦钧以大宗交易方式减持1251.6万股,占公司总股本1.3554%,减持均价为33.12元/股,这些股份全部由公司经销商持股计划"华鑫国际信托有限公司——华鑫信托·国鑫38号集合资金信托计划"购入。"经销商专卖店"为索菲亚主要的销售模式,线下门店是其提供家具定制服务的支点,同时也是家居体验经济时代重要的实现场所。因此,绑定经销商资源将保障索菲亚大家居战略的终端执行力。为支持经销商持股计划的实施,索菲亚以29.6元/股的价格向该资管计划转让股票。经销商持股计划涉及的标的股票总数量约为1230.51万股,占公司现有股本总额的2.79%。截至2016年年底,索菲亚实现了营业收入约45.30亿元,比上期增长41.75%;归属于上市公司股东的净利润6.64亿元,比上期增长44.74%(见图2-19)。同时顶住了房地产行业宏观调控、市场竞争加剧以及原材料和人力成本上涨的压力,凭借在品牌、柔性化制造以及大数据运营等方面综合塑造的竞争优势,全年为近50万户家庭提供了全屋定制的空间解决方案,进一步巩固了成本、规模、渠道和品牌的优势,在消费市场和资本市场均收获了良好口碑。

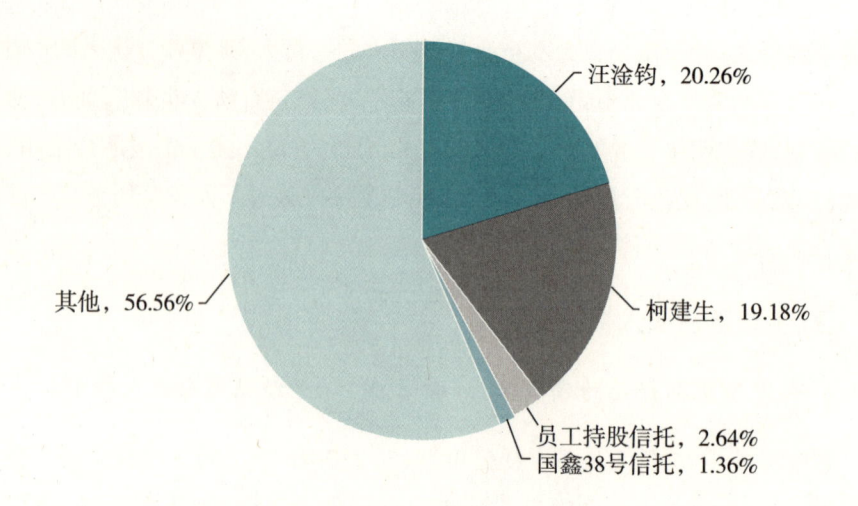

图 2-19 索菲亚股权比例

资料来源:国家市场监督管理总局企业查询系统,截至 2018 年 7 月 26 日。

图 2-19 所列除了"其他",汪淦钧等均系前 10 大股东,其中国鑫 38 号信托计划持股 1.36%,为经销商持股,其持股数为 1251.60 万股。

(二)畜禽养殖行业的领头企业(温氏股份)——供应商合伙人机制

广东温氏食品集团股份有限公司(以下简称温氏股份),创立于 1983 年,现已发展成一家以畜禽养殖为主业、配套相关业务的跨地区现代农牧企业集团。2015 年 11 月 2 日,温氏股份在深交所挂牌上市(股票代码:300498)。截至 2017 年 12 月 31 日,温氏股份已在全国 20 多个省(自治区、直辖市)拥有 262 家控股公司、5.54 万户合作家庭农场、5 万多名员工。2017 年温氏股份上市生猪 1904.17 万头、肉鸡 7.76 亿只、肉鸭 3098 万只,总销售收入 556.57 亿元。

温氏股份通过生态链合伙制,构建了 6800 多个股东、5.6 万多个家庭农场的齐创共享的合伙机制。并将合伙机制延伸到产业价值链,通过建立平台,把 5.6 万个家庭农场用互联网链接在一起,实现了"公司+农户"模式。温氏"公司+农户"的合作政策是:农户建好鸡舍,缴纳一定的合作互助金,领取鸡苗、药物、饲料进行肉鸡饲养。公司在一定区域范围内设立一个服务中心,为每 20~30 个养鸡户安排一个联络员(养户管理员),为农户提供全方位的技术指导和服务,最后由公司负责收购。

温氏股份很早就实行了合伙人制度,其发展历程如图 2-20 所示。

第二章 股权架构设计

1985年：30多名员工投资入股

1989~1992年：1989年发行内部股1万股,面值100元；1992年,按370元/股收回原股票,又发行面值1000元的内部股

1994年：设AB股,每股100元。其中A股达21万股,共担风险,分红不封顶；B股达3.6万股,养殖户与推销户也可认购

图 2-20 温氏股份合伙人制度

（三）OPPO/vivo——经销商合伙人机制

OPPO/vivo 25 万家门店都不是自己投资,但都在统一的信息平台上。OPPO/vivo 通过相互参与,建立合伙机制,把 25 万家门店统一到一起,链接到一起,也实现了轻资产、规模化运营、平台化管理,解决了责任心和独立核算的问题。2016 年,OPPO/vivo 纯利润达到销售额的 15%。具体操作方式如图 2-21 所示。

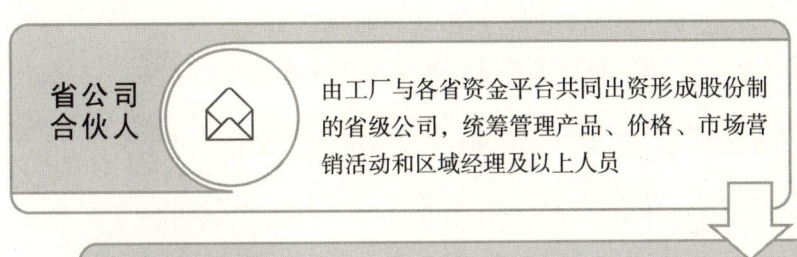

省公司合伙人：由工厂与各省资金平台共同出资形成股份制的省级公司,统筹管理产品、价格、市场营销活动和区域经理及以上人员

市公司合伙人：由vivo 内部员工或原步步高承销商出资或入股省公司成立地市一级的市公司,管理隶属省公司

区公司合伙人：区公司合伙人与当地零售商直接签署供销协议,区公司合伙人将为零售商全程提供产品、促销、售后、调换货等方面的服务

图 2-21 OPPO/vivo 合伙人机制

三、生态链合伙人的启示和风险

（一）生态链合伙人模式是多种多样的，不建议照搬其他企业模式

因各企业所处行业、存续时间、经营模式和发展阶段等不同，企业就会有不同的需求，故此，即使很多的企业实施了"生态链合伙人机制"并且取得了巨大成功，我们也要三思而后行，那些模式并不一定适合自己的公司。当然，如果已经选定了适合自己公司的模式，一定要有各种制度、流程和文书等保证；否则会造成企业控制权丧失、成本上升和经营业绩下滑等不利后果。

（二）对合伙人经销商和供应商等管理与分配容易造成不公平

因为经销商和供应商原本都是独立的个人或组织，有其自己特色的经营管理方法和模式，如果全国各地经销商和供应商等都必须按照主体公司的方式进行经营管理，必须使用统一的评价标准、约束机制和分配机制，有可能"水土不服"，也可能会造成不公平。

（三）非合伙人经销商和供应商等缺少先天的竞争优势

生态链合伙人模式下可能会导致非合伙人经销商转到竞争对手那里，因为非合伙人供应商可能无法获得最优的配套服务和产品。

第七节　动态股权实施方案分析

一、引言

股权分配的公平很重要，要让参与其中的每位股份持有者和以后可能参与其中的人都感受到公平，这样才能让所有的人全心全意为公司服务，而是否能实现公平，需要相对公平的标准和保证按照这一标准去严格执行的措施。

通常来讲，公司创立之初，几个好友、几个同学、几个老乡或各种熟悉或不太熟悉的人组织到一起准备创业，这个时候最头疼的事情就是如何分配股份，大家可能因为情面等对股权的分配没有过多的争取，可能就是大家坐到一起喝茶就随意把股份比例定了，然后分配各自负责的工作内容和应当承担的责任。

但是，半年或1年后，可能出现以下情形：一种情形是因公司发展需要，又有新的合伙人加入，或因其他原因，某些创始人可能要离开创业团队等，这个时候就发生新的创始人如何加入，其股份的来源和价格如何确认，退出的股东如何退出，以什么价格退出的问题；另一种情形是当时某些人负责某块事务因能力或精力有限没有做好，而另一些人负责的某块事务，现在成为公司关键事务，缺其不可。这些情形就涉及大家的股份是否增加或减少问题，为了让大家在经历过一段实间后仍然感觉股权分配是公平的，就需要对股权进行调整，这也是本节主要要解决的问题。

二、动态股权的具体内容

何为动态股权，笔者认为有以下三种分类，根据股东人数的变化分为：从无到有，即股东加入和从有到无，即股东退出。根据股份比例的变化分为：从少到多，即股份增持和从多到少，即股份减持。另外，因股权权益主要包括表决权和分红权两大类，所以，虽然股份没有发生变化，若股权权益发生变化，笔者认为也属于动态股权的内容，具体主要包括分红权和表决权的变化，具体如图2-22所示。

本部分所述的动态股权内容将在下文关于动态股权设计的三种情形中具体阐述。

股东人数变化
1.股东加入（从无到有）
2.股东退出（从有到无）

01

02

股份比例变化
1.股份增持
2.股份减持

03

股权权益变化
1.分红权变化
2.表决权变化

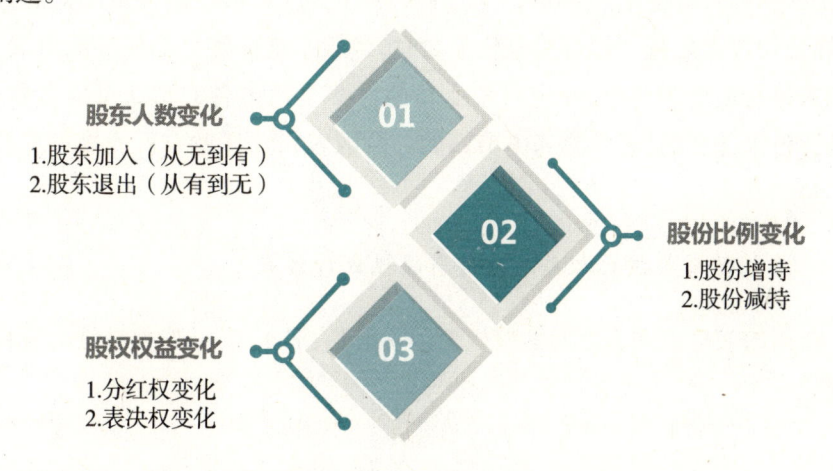

图2-22 动态股权设计

三、动态股权设计的三种情形

在设计动态股权的时候,我们一般将涉及股权的各方进行如下分类:一是联合创始人;二是投资人;三是高管及核心员工等激励对象,而针对每一类人会有不同的方案,具体如下。

(一)联合创始人之间的动态股权设计方案

在联合创始人之间的股权变动一般情形为:股东加入与股东退出、股份增持与股份减持,如图2-23所示。

```
A股东65%                          A股东75%(增持)
B股东20%(退出)   考核/考察       C股东10%(减持)
C股东15%                          D股东15%(加入)
```

图2-23 联合创始人之间的股权变动

在这个股权变动过程中,如果初期没有设置好相应的制度,后期又谈不妥就会发生纠纷,甚至产生诉讼,一旦诉讼则对项目公司的伤害是巨大的。所以,在公司设立之初并进行股权分配之时,各股东就应签订股权分配协议,对各股东进行激励和约束,约定股权变动的方案是通过各方都认可的考核/考察的评价来完成的(具体参考本节第四部分内容),这样就有可能避免不必要的纠纷。

(二)创始人与投资人之间的动态股权设计方案

在创始人与投资人之间的股权变动一般是:股东加入、股份减持与股权权益变化。

案例一：京东上市前后的股权比例和投票权变化(见表2-6)

表2-6　京东上市前后的股权变化

单位:%

股东	2014年上市前股权比例	2014年上市后股权比例	2014年上市前投票权比例	2014年上市后投票比例
刘强东团队	23	20	56	83.70
老虎基金	22	16	18	3.20
腾讯	17	18	14	3.70
高瓴资本	16	11	13	2.30
俄罗斯DST	11	8	9	1.60
今日资本	9	7.80	8	1.40
红杉资本	2	1	2	0.30

通过表2-6可以看到：刘强东团队上市前股权比例为23%、投票权为56%，上市后股权比例为20%、投票权为83.7%。由此可见，其股份虽然减少，但是投票权比例增加，达到控制公司的目的。这也是刘强东团队与投资人之间事前以上市为对赌条件约定的事项。这也给予了我们很多企业一个启示，在与投资人谈判中要有反向思维，即投资人提出对赌条件和没有达成对赌约定的对创始人不利后果，那么创始人就可以争取如果对赌完成则应收获更多的权益。

案例二：股权变动与分红权变动示范如表2-7所示

表2-7　股权变动与分红权变动

单位:%

股东	初次股份	实现盈利时分红比例	投资人收回全部投资后的股权比例	投资人收回全部投资后的分红比例
投资人（财务投资）	60	80	30	30
创业团队（技术和智力投入）	40	20	70	70

每个项目都有其特殊性，这类设计是非常灵活的，可以将多种方案融合到一起，从而达到互赢：投资人的投资目的与创业团队的创业理想均获得实现。

（三）股权激励中的动态股权设计方案

股权激励涉及的是创始合伙人与高管及核心员工等激励对象之间的关系，这类关系主要涉及的股权变动内容包括股东加入、股份减持与股权权益变化（见图2-24）。具体参考本书第三章内容。

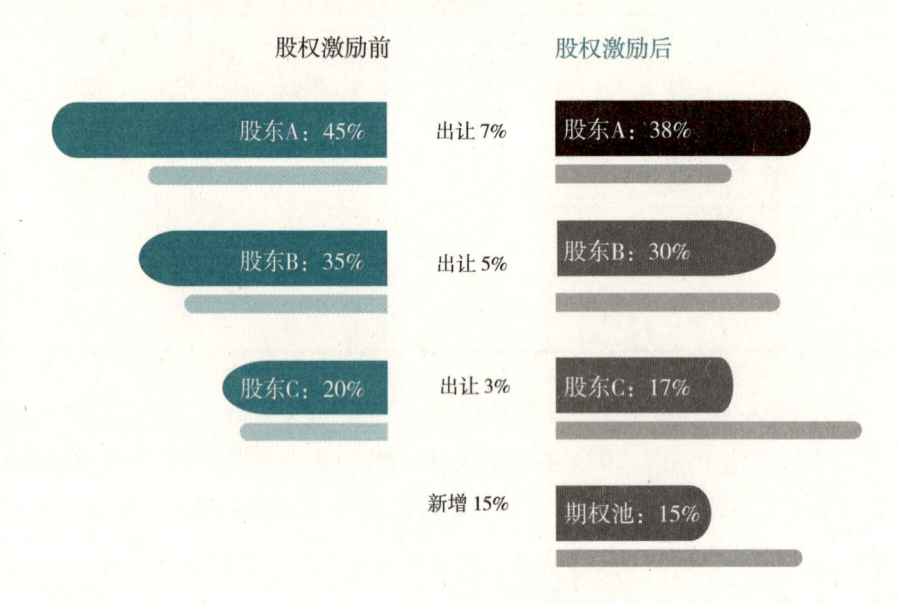

股权激励前　　　　　　　股权激励后

股东A：45%　　出让7%　　股东A：38%

股东B：35%　　出让5%　　股东B：30%

股东C：20%　　出让3%　　股东C：17%

　　　　　　　新增15%　　期权池：15%

图2-24　股权激励的动态设计

激励对象的股份（期权池）15%，按照习惯，该股份来自A、B、C三位股东，通过他们同比例稀释而来，但是，在实际操作中也可以来自一位股东，也可以来自几位股东，也可以不按照同比例稀释执行，多种方案可以混合执行。另外，该期权池的15%表决权可以委托给A、B、C中任何一位股东或几位股东。

四、动态股权考核方案

（一）3C1S模式考核方案表

关于动态合伙人股权考核内容，有很多方式，每种方式都有其合理性和可实施性，如计点制、KPI考核、业绩考核等，哪一个考核方案适用，要根据企业的规模、所处时期、行业类型、合伙人基本情况等方面综合考虑。关于这些考核内容，大家可以通过各种书籍和网络获取到很详尽的内容，故本书不再赘述。笔者团队经过多年的探索和积累，总结了一套3C1S模式考核方案表（见表2-8），3C1S模式包括共识（Consensus）、共担（Co-responsibility）、共创（Co-create）和共享（Sharing）四个方面的内容，而3C1S模式考核方案表就是通过量化的考核内容达到对上述四项内容的评价，同时通过权重的设置达到动态考核的目的。

表2-8 3C1S模式考核方案

项目	诠释	考核细则	分数 (1~5分)	权重/%			总分
				前期	中期	后期	
共识	价值观、使命愿景	1. 是否认同企业的价值观		30	20	15	
		2. 对待上级、"不容易沟通"客户或者员工及下属的态度					
		3. 其所负责的团队内部及项目团队中是否能做到合作、影响团队、提升团队的士气					
		4. 每日的工作状态和投入的程度					
		5. 是否有过主动为企业发展战略、管理、研发、生产和销售等方面建言献策					
共担	历史价值，包括历史贡献和岗位胜任能力	1. 已服务年限		25	30	20	
		2. 现任岗位					
		3. 所负责部门的人员流动率					
		4. 自己及所负责部门/业务的成本控制率					
		5. 自己及所负责部门的业绩/成绩历史变化情况					
		6. 培养出管理人才和高级技术人才的数量					
		7. 上级及下级的评价					
		8. 企业考核的历史成绩					

续表

项目	诠释	考核细则	分数 (1~5分)	权重/%			总分
				前期	中期	后期	
共创	未来价值，包括其职业理想、应对变化能力和契合性等	1.职业理想，是否愿意在企业的发展中自己也希望能够成长为合伙人		25	30	40	
		2.是否有适应岗位变化的能力					
		3.是否持续学习、完善自我、是否能够以较小的成本实现最大的成果					
		4.能否很好地组织协调企业的各项活动					
		5.能否处理好突发事件					
		6. KPI考核结果或者企业的其他考核结果					
共享	价值分享，包括分享他人与分享自己	1.是否无条件接受工作岗位和内容分配		20	20	25	
		2.是否无条件接受利润分配方案					
		3.是否为企业分享了人脉、资金和渠道等					
		4.在团队内部是否愿意分享成果和工作经验					

（二）3C1S模式考核方案表使用说明

1.考核周期

本考核办法的考核周期为每一个自然年度。

2.考核方式

（1）每年1月中旬召开合伙人会议，个人对上一年度工作进行述职并进行打分。主要述职内容为表格内的内容，并进行自评，根据该表格打分，权重为20%。

（2）合伙人按表格内的内容相互打分，权重为40%。

（3）薪酬与考核委员会对每一位合伙人按表格内的内容进行打分，权重为40%。

（4）被考核的合伙人得分 = 自评打分×20% + 其他合伙人打分×40% + 薪酬与考核委员会打分×40%。

（5）因为公司所处时期不同，则要求合伙人的能力不同，故本方案表根据前期、中期和后期设置的权重，用于调节考核重点。具体期限可以根据企业的情况而设置，比如：1～2年为前期，2～3年为中期，3～5年为后期。

特别说明：本表所述权重仅作为参考，须根据具体项目内容进行调整。

3. 根据各合伙人的最终总分，结合合伙人分层管理的模式进行以下调整

（1）从无到有，即股东加入和从有到无，即股东退出。

（2）根据股份比例的变化分为：从少到多，即股份增持和从多到少，即股份减持。

（3）调整表决权和分红权比例。

第三章 股权激励

第一节 股权激励概述

股权激励,是指公司管理层和员工通过持有公司股权的形式,享有一定的经济权利,且能够以股东的身份参与公司的决策管理,同时也承担着公司风险的一种激励行为。股权激励是公司留住人才的重要手段之一,是发挥员工最大潜能的重要手段之一,是减少公司代理成本的重要手段之一,所以企业家和管理者应当善于应用股权激励这一工具和手段,使员工能主动积极地关心企业的长期发展。

一、法律适用

关于股权激励的法律法规及其他规范性文件的内容较多,现将较为常用的关于上市公司、金融保险行业和国有企业的股权激励相关文件整理如图3-1所示。

第三章　股权激励

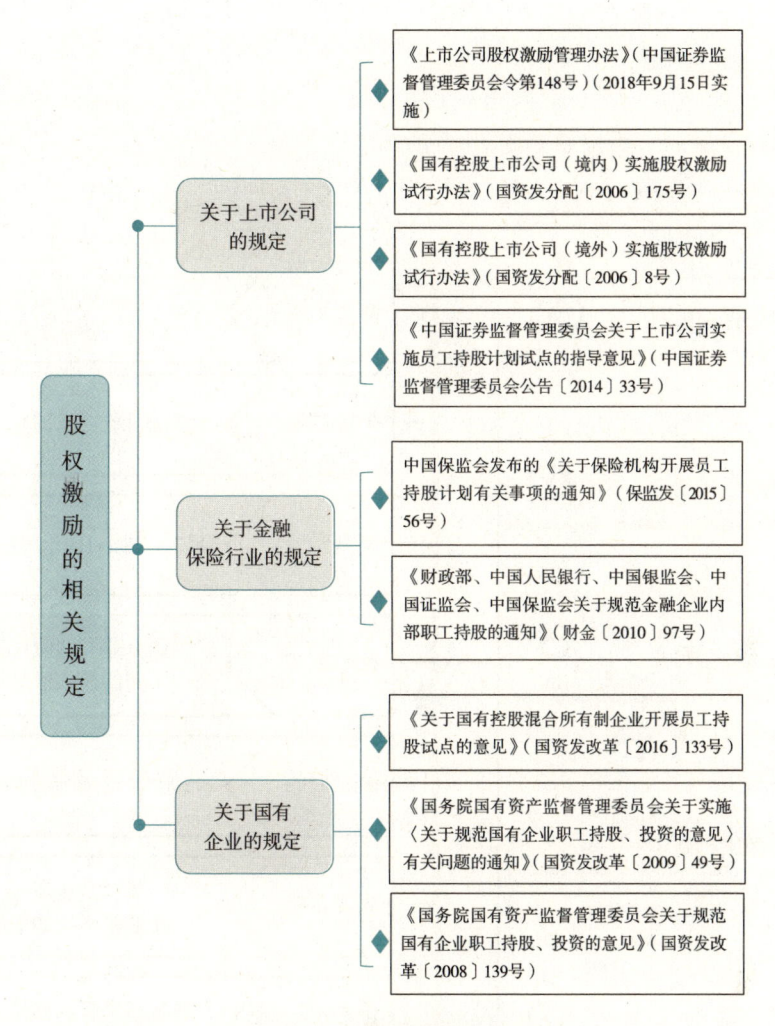

```
                    ┌─《上市公司股权激励管理办法》（中国证券监
                    │  督管理委员会令第148号）（2018年9月15日实
                    │  施）
                    │
            关于上市公司├─《国有控股上市公司（境内）实施股权激励
            的规定     │  试行办法》（国资发分配〔2006〕175号）
                    │
                    ├─《国有控股上市公司（境外）实施股权激励
                    │  试行办法》（国资发分配〔2006〕8号）
                    │
                    └─《中国证券监督管理委员会关于上市公司实
                       施员工持股计划试点的指导意见》（中国证券
                       监督管理委员会公告〔2014〕33号）

  股权                ┌─中国保监会发布的《关于保险机构开展员工
  激励     关于金融     │  持股计划有关事项的通知》（保监发〔2015〕
  的      保险行业的规定│  56号）
  相关                │
  规定                └─《财政部、中国人民银行、中国银监会、中
                       国证监会、中国保监会关于规范金融企业内
                       部职工持股的通知》（财金〔2010〕97号）

                    ┌─《关于国有控股混合所有制企业开展员工持
                    │  股试点的意见》（国资发改革〔2016〕133号）
                    │
            关于国有   ├─《国务院国有资产监督管理委员会关于实施
            企业的规定 │  〈关于规范国有企业职工持股、投资的意见〉
                    │  有关问题的通知》（国资发改革〔2009〕49号）
                    │
                    └─《国务院国有资产监督管理委员会关于规范
                       国有企业职工持股、投资的意见》（国资发改
                       革〔2008〕139号）
```

图 3-1　股权激励相关规定

除了上述法律法规，还有其他相关规定，本书在其他部分分别进行了介绍。《公司法》和《合伙企业法》等虽然没有涉及股权激励的内容，但是在做股权激励的时候必然会涉及该相关规定，所以应遵守。

非上市民营企业在实施股权激励时没有相关的法律法规，可以参考上述规定执行，尤其是《上市公司股权激励管理办法》（中国证券监督管理委员会令第148号），该办法详细列出了相关的操作方式方法，同时在按照上述规定执行的情况下也为上市做好准备；否则将来上市的时候，如果前期不规范，会造成很大的障碍。

二、关键要素

股权激励的关键要素如图 3-2 所示。

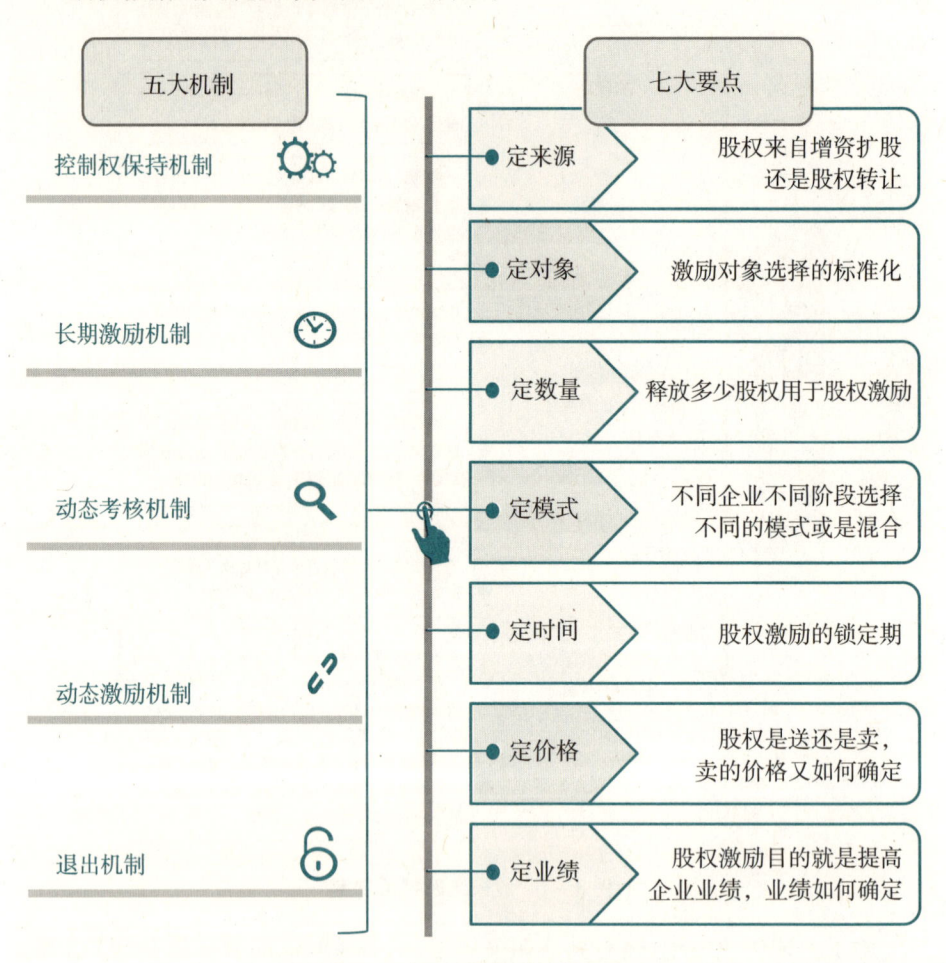

五大机制：
- 控制权保持机制
- 长期激励机制
- 动态考核机制
- 动态激励机制
- 退出机制

七大要点：
- 定来源：股权来自增资扩股还是股权转让
- 定对象：激励对象选择的标准化
- 定数量：释放多少股权用于股权激励
- 定模式：不同企业不同阶段选择不同的模式或是混合
- 定时间：股权激励的锁定期
- 定价格：股权是送还是卖，卖的价格又如何确定
- 定业绩：股权激励目的就是提高企业业绩，业绩如何确定

图 3-2 股权激励的关键要素

(一) 七大要点

1. 定来源

主要是要解决激励对象所获得的股权来源是哪位股东，是股权转让还是增资扩股，如果采用股权转让的模式，必须明确出让的股东是谁，如果是增资扩股的形式，必须明确是所有股权同比例稀释还是只稀释控股股东或其他情形等。

2. 定对象

主要是解决哪些人可以作为激励对象，一定要设定标准；否则未被作为激励对象的员工会有异议，反而会造成不利后果，这在本章第二节作详细的说明。

3. 定数量

主要解决以下问题：一是多少股份能够达到激励目的；二是员工是否能够承担这么多数量股份对应的出资风险；三是考虑后续激励、融资等是否还有足额的份额让与。

4. 定模式

主要解决的是根据公司目前的情况和根据被激励的对象情况，适合采用哪一种激励模式，当然对于模式的采用，可能是本书所列的模式的一种，也可能是其中几种模式的混合，更有可能是在现有模式的基础上进行的创新，建议不要局限于现有的模式。

5. 定时间

主要解决的是股权激励的考核期限和行权期限应该如何设置等。

6. 定价格

主要解决以下问题：一是被激励对象是否能够承受该价格；二是能否达到激励的目的。笔者建议：所有的股权激励行权时激励对象应出资购买，可以按照折扣购买，一定不能全部赠送。

7. 定业绩

业绩的设定，一是不能过高，即无论如何努力都达不到，则该业绩设定无意义，被激励对象就不会去努力实现；二是不能过低，如果过低，可能不太努力就能实现，达不到公司激励的效果，也无意义。

（二）五大机制

关于五大机制，在本书的其他章节都有了详细的说明和阐述，在此不再赘述。

三、持股方式

员工通过股权激励获得公司股份，可以直接以自然人的身份持有公司股份，也可以通过持股平台间接持有公司股份，持股平台可以是有限责任公司，也可以是有限合伙企业(见图3-3)。

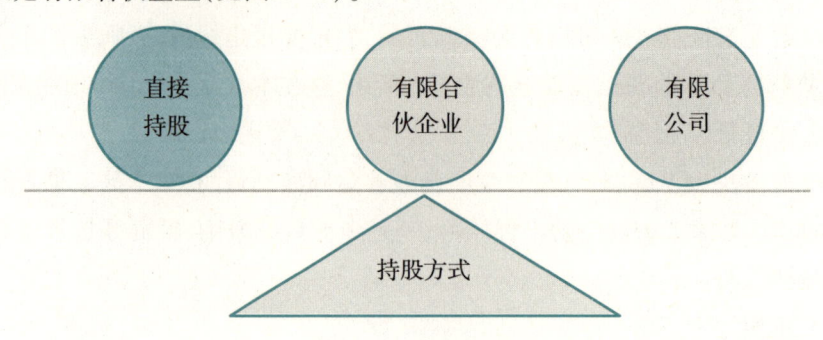

图3-3 持股方式

三种持股方式的优缺点对比如表3-1所示。

表3-1 持股方式的优缺点对比

持股方式	优点(部分)	缺点(部分)
直接持股	1. 被激励对象直接在目标公司持股,形式上更直观,可能更有激励效果 2. 分红可以直接到达被激励对象	1. 人数众多,如果超过《公司法》规定人数无法执行 2. 控制权和决策权被稀释 3. 变更频繁不利于目标公司将来上市
有限合伙企业	1. 控制人或控制人另行设立有限公司作为有限合伙企业的GP(无限合伙人),有利于保持控制权和决策的效率 2. 比起有限公司持股可以避免重复征税	GP对有限合伙企业承担连带责任
有限公司	所有出资人以出资作为有限责任,股东个人不承担连带责任	1. 按照《公司法》的规定进行公司治理,如设立股东会、董事(会)和监事(会)等,比较烦琐 2. 双重征税

综合评估推荐:有限合伙企业的形式作为股权激励对象的持股平台。

第二节 如何确定股权激励的对象

选择合伙人或确定股权激励对象的标准是一致的,因为激励对象行权后会真正成为合伙人。但是,如何选择合伙人或者如何确认股权激励对象,这是很多企业无法解决的难题。笔者总结的3C1S模式可以帮助企业顺利找到激励对象,本书第二章第七节也作了简要说明,在这里我们将详细阐述其在确定股权激励对象方面的作用和具体方法。3C1S 模式为共识、共担、共创和共享。也许这四个词语很普通,在很多地方能看到,但是,笔者将其赋予了新的内涵,同时这四个方面要求是相辅相成的关系:共识是基础,共担是前提,共创是关键,共享是核心;共识保证了共担,共担实现了共创,共创加深了共识,最终达到了共享,如图3-4所示。

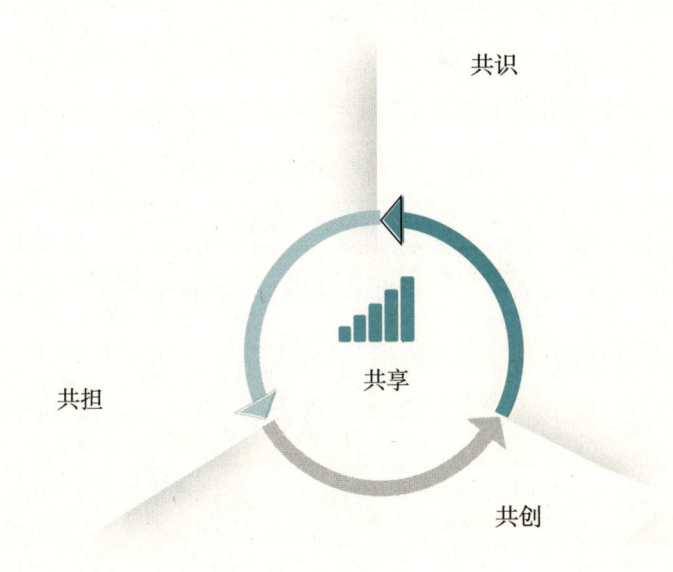

图 3-4　3C1S 模式的内在关系

一、共识:共同的价值观、使命和愿景

共识作为合伙人、激励对象的思想观念的要素,是基础,也是最为重要的一点,俗话说得好,心往一处想,劲往一处使,才能实现目标。这里所指的共识包括价值观、使命和愿景三个方面的内容。

1. 价值观,是公司规定的行为准则,是要遵循的原则、原理、规则。要实现企业的愿景和使命就必须有共同遵守的做人、做事、做产品、做服务的标准。

2. 使命,是告诉别人我们的企业是干什么的,代表公司主要的业务内容。

3. 愿景,是指要把企业做成什么样子,达成什么样的目标,企业最终要实现什么样的梦想,指明未来的发展方向。

那么，对于这些概念性的认识，如何作为标准选择合伙人，我们给出的具体量化标准如下：

1. 是否有过主动为企业发展战略、产品、销售、管理等方面建言献策，有过几次；
2. 对待要求较高的客户或者特殊员工及下属有没有好的方法和好的态度；
3. 所负责的团队内部及项目团队中是否能做到合作；
4. 每日的工作状态和投入的程度等。

案例：阿里公司的"六脉神剑"：客户第一、团队合作、拥抱变化、诚信、激情和敬业，具体的评价体系如表3-2所示。

表3-2 阿里公司的评价体系

考核项目	评分标准				
	1分	2分	3分	4分	5分
客户第一	尊重他人，随时随地维护阿里巴巴的形象	微笑面对投诉和受到的委屈，积极主动地在工作中为客户解决问题	与客户交流过程中，即使不是自己的责任，也不推诿	站在客户的立场思考问题，在坚持原则的基础上，最终达到客户和公司都满意	具有超前服务意识，防患于未然
团队合作	积极融入团队，乐意接受同事的帮助，配合团队完成工作	决策前积极发表建设性意见，充分参与团队讨论，决策后，无论个人是否有异议，必须从言行上完全予以支持	积极主动分享业务知识和经验；主动给予同事必要的帮助	善于和不同类型的同事合作，不将个人喜好带入工作，充分体现"对事不对人"的原则	有主人翁意识，积极正面地影响团队、改善团队士气和氛围
拥抱变化	适应公司的日常变化，不抱怨	面对变化，理性对待，充分沟通，诚意合作	对变化产生的困难和挫折，能自我调整，并正确影响和带动同事	在工作上有前瞻意识，建立新方法、新思路	创造变化，并带来绩效突破性的提高
诚信	诚实正直，表里如一	通过正确的渠道和流程，准确表达自己的观点；表达批评意见的同时，能提出相应建议，直言不讳	不传播未经证实的消息，不背后不负责任地议论事和人，并能正面引导，对于任何意见和反馈"有则改之，无则加勉"	勇于承认错误，敢于承担责任，并及时改正	对损害公司利益的不诚信行为正确有效制止

续表

考核项目	评分标准				
	1分	2分	3分	4分	5分
激情	喜欢自己的工作,认同阿里巴巴企业文化	喜欢自己的工作,认同阿里巴巴的文化	以积极乐观的心态面对日常工作,碰到困难和挫折的时候永不放弃,不断自我激励,努力提升业绩	始终以乐观主义的精神和必胜的信念,影响并带动同事和团队	不断设定更高的目标,今天的最好表现是明天的最低要求
敬业	今天的事情不推到明天,上班时间只做与工作有关的事情	遵循必要的工作流程,没有因工作失职而造成的重复错误	持续学习,自我完善,做事情充分体现以结果为导向	能根据轻重缓急来正确安排工作优先级,做正确的事	遵循但不拘泥于流程,化繁为简,以较小的投入获得较大的工作成果

二、共担:历史价值,包括历史贡献和岗位胜任能力

共担是选择合伙人或确定激励对象的又一标准。所谓共担,是指合伙人或激励对象愿意和企业共进退。

那么,如何评价其是否愿意共担,本书主要从合伙人或激励对象的历史贡献和岗位胜任能力两个方面来评价,具体量化标准为:(1)已服务年限;(2)现任岗位;(3)所负责部门的人员流动率;(4)自己及所负责部门/业务的成本控制率;(5)自己及所负责部门的业绩/成绩历史变化情况;(6)培养出管理人才和高级技术人才的数量;(7)上级和下级的评价;(8)企业考核的成绩等。

案例:阿里巴巴合伙人的资格要求

(1)合伙人必须在公司服务满5年;

(2)合伙人必须持有公司股份,且有限售要求;

(3)由在任合伙人向合伙人委员会提名推荐,并由合伙人委员会审核同意;

(4)在一人一票的基础上,超过75%的合伙人投票同意其加入,合伙人的选举和罢免无须经过股东大会审议或通过。

三、共创:未来价值,包括其职业理想、应对变化能力和契合性等

共创是选择合伙人的关键,因为合伙人或激励对象是企业的未来,为了企业能有更好的发展,在选择合伙人或在确定激励对象的时候应该更多地关注该激励对象的未来价值。

那么何为未来价值,本书认为,是指被激励对象对企业的未来能够创造价值所应包括的各项总和,其评价标准为职业理想、应对变化能力和契合性,见图3-5。职业理想是基础,是指其是否愿意成长为合伙人。应对变化的能力是关键,包括其适应各岗位能力、学习能力、成长成为领导者的能力和对突发事件的处理能力等。所谓契合性,是指合伙人或被激励对象的职业理想与应对变化的能力是否与企业所需相契合,如果任何一方面不契合都可能造成股权激励没有意义。

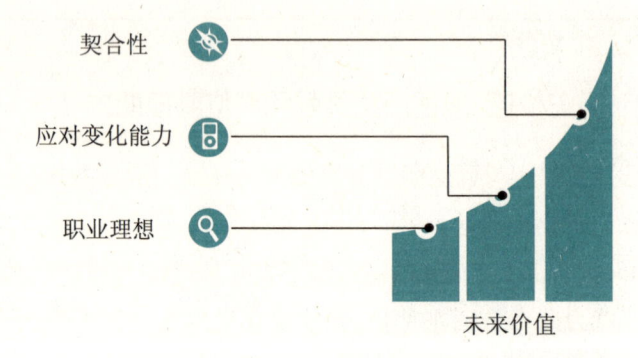

图3-5 未来价值评价标准

那么,如何考察被激励对象这三方面的内容呢?笔者认为,仍然需要一套科学的方法,例如:访谈、测试和专业机构评定,第二章第七节3C1S模式的考核方案表等方法。

四、共享:价值分享,分享智慧与努力

这是股权激励要实现的目标,也是所有被激励对象需要明白的规则。我们在服务企业的过程中,发现很多可以共患难但不能共富贵的情形,一旦公司盈利,有利润分配的时候,有些人就会觉得:为什么自己贡献那么"大",但分配的利润那么少。这种情形的发生,主要是因为在创业之初就没有把赚钱之后如何

分钱的事情谈好,没有把分钱的规则设置好,一旦出现上述情形就需要协商调整,协商不好、调整不好就会出现纠纷,项目就很难再向好的方向发展。

股权激励本质就是分享,企业分享激励对象的智慧和努力,激励对象分享企业的利润和增值。

那么如何评价激励对象能否分享其智慧和努力,本书认为依然应进行量化分析,主要考虑以下几点。

(1)是否为组织或企业分享其能力、人脉和渠道等;

(2)在同事之间、团队内部是否愿意分享信息、经验等;

(3)是否愿意帮助同事或协助同事完成工作;

(4)是否愿意主动解决企业出现的问题。

五、相关法规链接

《上市公司股权激励管理办法》

第八条 激励对象可以包括上市公司的董事、高级管理人员、核心技术人员或者核心业务人员,以及公司认为应当激励的对公司经营业绩和未来发展有直接影响的其他员工,但不应当包括独立董事和监事。外籍员工任职上市公司董事、高级管理人员、核心技术人员或者核心业务人员的,可以成为激励对象。

单独或合计持有上市公司5%以上股份的股东或实际控制人及其配偶、父母、子女,不得成为激励对象。下列人员也不得成为激励对象:

(一)最近12个月内被证券交易所认定为不适当人选;

(二)最近12个月内被中国证监会及其派出机构认定为不适当人选;

(三)最近12个月内因重大违法违规行为被中国证监会及其派出机构行政处罚或者采取市场禁入措施;

(四)具有《公司法》规定的不得担任公司董事、高级管理人员情形的;

(五)法律法规规定不得参与上市公司股权激励的;

(六)中国证监会认定的其他情形。

法规解读:

1.上市公司除了独立董事、监事和本条第二款所列情形(其他法律法规规定的除外)都可以作为激励对象。

2.非上市公司可以参照此方式落实股权激励对象。

第十一条 绩效考核指标应当包括公司业绩指标和激励对象个人绩效指标。相关指标应当客观公开、清晰透明，符合公司的实际情况，有利于促进公司竞争力的提升。

上市公司可以公司历史业绩或同行业可比公司相关指标作为公司业绩指标对照依据，公司选取的业绩指标可以包括净资产收益率、每股收益、每股分红等能够反映股东回报和公司价值创造的综合性指标，以及净利润增长率、主营业务收入增长率等能够反映公司盈利能力和市场价值的成长性指标。以同行业可比公司相关指标作为对照依据的，选取的对照公司不少于3家。

激励对象个人绩效指标由上市公司自行确定。

上市公司应当在公告股权激励计划草案的同时披露所设定指标的科学性和合理性。

法规解读：

1.绩效考核指标包括公司业绩指标和激励对象个人绩效指标。

2.绩效考核指标要遵循客观公开、清晰透明、符合实际和有利于公司发展四大原则，要具有科学性和合理性。

第三节　如何利用各种模式落地股权激励

一、虚拟股权

（一）虚拟股权概述

虚拟股权是指不在工商行政管理部门登记注册的股份，虚拟股权持有人一般仅享有对应的分红权和股份增值权，没有所有权、表决权等，不能转让、出售、用于抵押等，在离开企业时自动失效。其好处是不产生股权变动，不影响原股权结构，易控制。

(二)虚拟股权落地操作方案

虚拟股权落地操作方案(见表3-3)。

表3-3 虚拟股权落地操作方案

序号	项目	具体内容(部分)
1	定来源	1. 虚拟股权来源于现股东,按照股权比例稀释 2. 股东会决定对激励对象授予虚拟股权,董事会根据股东会决议执行
2	定对象	1. 高级管理人员:具有1年(含)以上本公司工作服务年限,担任高级管理职务(总经理、副总经理、总经理助理等)或有高级职称的核心管理层(如营销总监、财务总监等) 2. 中层管理人员:具有2年(含)以上本公司工作服务年限,担任中层管理职务(如营销经理、人力资源经理等)的人员 3. 骨干员工:具有3年(含)以上本公司工作服务年限,并获得两次以上"公司优秀员工"称号的员工,或者拥有独特专业技能、处于关键技术岗位的骨干员工
3	定数量	1. 职位股,所处不同职位而设定的不同股权数量 2. 绩效股,期初公司预先确定三种股权享有者的年度考核绩效指标;每年年末,根据绩效实际完成情况,按比例分别确定最终增加的股权数量(增加股权数量=本人职位股基数×绩效完成程度×50%) 3. 工龄股,自劳动合同签订后员工到岗之日起至每年年末,按照每年100股的标准增加股权数量 4. 将上述3类股权累加,为该股权享有者的当年股权数额
4	变动	1. 职位和绩效等因素的变动,则持有人的股权数量会发生改变 2. 非正常离职(包括辞职、辞退、解约等)者虚拟股权自动消失 3. 正常离职者可以将股权按照一定比例折算为现金发放给本人,也可按照实际剩余时间,到年终分配时参与分红兑现,并按比例折算具体分红数额 4. 股权享有者在工作过程中出现降级、待岗处分等处罚时,公司有权减少、取消其分红收益权及虚拟股权的享有权
5	定分红基数	1. 建立分红基金,根据当年经营目标实际完成情况,对照分红基金的提取计划,落实实际提取比例和基金规模,并确定当年分红的基金规模的波动范围 2. 分红基金在利润中的提取比例,是以前一年的奖金在公司净利润中所占比例为参照制订的,为了体现虚拟股权的激励性,可以把分红基金提取比例的调整系数定为1.3 假如在实行虚拟股权激励制度的上一年度,公司净利润为114万元,上年年终奖金总额为6.58万元,则 首次分红基金提取比例基准=(首次股权享有者上年年终奖金总额÷上一年公司净利润)×1.3 =(6.58÷114)×1.3=7.5% 而首次分红基金=虚拟股权激励制度的当年公司目标利润(如200万元)×首次分红基金提取比例: 200×7.5%=15(万元) 3. 公司当年分红基金数额为15万元,其将当年分红基金的85%用于当年分红兑现;当年分红基金的15%结转下年,累加到下年提取的分红基金;以后每年都按照这个比例滚动分红基金

续表

序号	项目	具体内容(部分)
6	定股价	按照以下公式计算出虚拟股权每股现金价值： 虚拟股权每股现金价值 = 当年实际参与分配的分红基金规模 ÷ 实际参与分红的虚拟股权总数(加总所有股权享有者当年实际参与分红的股权数量) 例如：实行虚拟股权激励制度的第一年，假定其当年实际分红基金数额为15万元，而当年实际参与分红的虚拟股权总数为100000股，所以根据公式，其当年虚拟股权每股现金价值 = 150000元 ÷ 100000股 = 1.5元/股
7	定分红	将每股现金价值乘以股权享有者持有的股权数量，就可以得到每一个股权享有者当年的分红现金数额 例如：某员工持有的股权总数为10000股，则其当年可拿到的虚拟股权分红数额 = 1.5元/股 × 10000股 = 15000元 员工应按照"当年分红兑现：结转下年 = 90%：10%"的比例结构滚动分配分红现金。即当年发放分红现金的90%部分，剩下的10%部分计入个人分红账户，然后结转到虚拟股权享有者下年的分红所得中
8	正常退出	1. 正常退出条件，发生以下情况，公司有权利但无义务收回所授予虚拟股份： (1)员工无过错公司解除劳动关系的：从离职之日起所授予虚拟股份自动丧失 (2)退休：从退休之日起所授予虚拟股份自动丧失 (3)丧失行为能力或死亡：同退休处理 2. 对于符合正常退出条件的，可享有最后一次分红： 离任审计合格后可根据当年在职时间占全年工作时间的比例获得最后一次分红 最后一次分红 = $\dfrac{当年在职时间}{全年工作时间}$ × 当年原有虚拟股份应得分红
9	过错退出	1. 符合以下强制退出条件，公司可强制收回所授予虚拟股份： (1)除员工无过错公司解除劳动关系的情形外的所有与公司解除劳动关系的 (2)刑事犯罪被追究刑事责任的 (3)履行职务时，有故意损害公司利益的行为 (4)执行职务时的错误行为，致使公司利益受到重大损失的 (5)有其他重大违反公司规章制度的行为 2. 自被辞退、解雇之日起所授予虚拟股份自动丧失，且不再享有任何分红权，包括尚未分红的部分也不再支付

二、限制性股权

(一)限制性股权概述

根据《上市公司股权激励管理办法》(中国证券监督管理委员会令第148号)(2018年9月15日修订)第二十二条的规定，"本办法所称限制性股票是指激励对象按照股权激励计划规定的条件,获得的转让等部分权利受到限制的本公司股票。限制性股票在解除限售前不得转让、用于担保或偿还债务。"在非上市公司称为限制性股权,如图3-6所示。

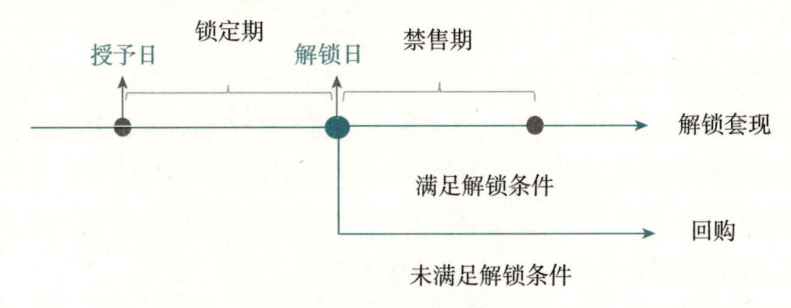

图3-6 限制性股权

授予日:由公司执行机构对激励对象授予股权的日期。

解锁日:是指考核激励对象在锁定期结束的日期。

锁定期:激励对象自授予之日起一段时间内不得转让、不得用其担保或偿还债务。

禁售期:例如,其在任职期间每年转让的股权或股份不得超过其所持有本公司股权或股份总数的25%;在离职后半年内,不得转让其所持有的本公司股权或股份。

满足解锁条件:激励对象在禁售期后可以转让股份套现。

未满足解锁条件:激励对象其持有的限制性股票由公司原股东以约定价格回购。

(二)限制性股权相关法规链接

《上市公司股权激励管理办法》

第二十三条 上市公司在授予激励对象限制性股票时,应当确定授予价格或授予价格的确定方法。授予价格不得低于股票票面金额,且原则上不得低于下列价格较高者:

(一)股权激励计划草案公布前1个交易日的公司股票交易均价的50%;

(二)股权激励计划草案公布前20个交易日、60个交易日或者120个交易日的公司股票交易均价之一的50%。

上市公司采用其他方法确定限制性股票授予价格的,应当在股权激励计划中对定价依据及定价方式作出说明。

第二十四条 限制性股票授予日与首次解除限售日之间的间隔不得少于12个月。

第二十五条 在限制性股票有效期内,上市公司应当规定分期解除限售,每期时限不得少于12个月,各期解除限售的比例不得超过激励对象获授限制性股票总额的50%。

当期解除限售的条件未成就的,限制性股票不得解除限售或递延至下期解除限售,应当按照本办法第二十六条规定处理。

第二十六条 出现本办法第十八条、第二十五条规定情形,或者其他终止实施股权激励计划的情形或激励对象未达到解除限售条件的,上市公司应当回购尚未解除限售的限制性股票,并按照《公司法》的规定进行处理。

对出现本办法第十八条第一款情形负有个人责任的,或出现本办法第十八条第二款情形的,回购价格不得高于授予价格;出现其他情形的,回购价格不得高于授予价格加上银行同期存款利息之和。

(三)限制性股权落地操作方案

限制性股权落地操作方案(见表3-4)。

表3-4 限制性股权落地操作方案

序号	项目	具体内容(部分)
1	定来源	1.限制性股票来自现股东,按照股权比例稀释 2.股东会决定对激励对象授予限制性股票,董事会根据股东会决议执行
2	定对象	1.公司总监及以上 2.年龄35岁以上,55岁以下 3.与公司建立劳动关系连续满3年 4.《×××有限公司股权激励方案实施考核办法》考核合格 5.全体股东一致认可的,激励对象条件可不受上述条件限制
3	定数量	限制性股票的授予数量总额由股东会决定,占公司总股权5%
4	授予日	在股权授予日起30日内符合本方案"授予条件"的激励对象根据其与公司及现股东签订的股权激励协议规定缴纳对应的股权受让价款,公司自授予股权之日起45日内办理工商变更登记,为了便于管理,公司授予激励对象的股权均由×××投资中心(有限合伙)持有,激励对象通过持有×××投资中心(有限合伙)的份额而持有公司相应股权

续表

序号	项目	具体内容(部分)
5	锁定期	授予的限制性股票自授予之日起24个月内为锁定期。在限制性股票解锁之前,激励对象根据本方案获授的限制性股票不得转让、不得用于担保或偿还债务
6	解锁日	解锁日,根据激励对象是否满足解锁条件: 满足解锁条件的激励对象,办理解锁事宜并书面通知激励对象 未满足解锁条件的激励对象,由公司原股东以授予价格回购
7	禁售期	自最后一次解锁时间届满之日起,其在任职期间每年转让的股权或股份不得超过其所持有本公司股权或股份总数的25%;在离职后半年内,不得转让其所持有的本公司股权或股份
8	正常离职	1. 有下列情形之一的,其已行权的股权继续有效,已授予但尚未行权和未授予的标的股权不再行权和授予,予以作废 (1)劳动合同到期,本人与公司协商一致不再续签的 (2)到法定年龄退休且退休后不接受公司返聘的 (3)经和公司协商一致提前解除劳动合同或聘用合同的 (4)因经营考虑,公司单方面终止或解除与激励对象订立的劳动合同或聘用合同的 2. 激励对象与公司的劳动合同未到期,未经公司同意,擅自离职的,其已行权的股权无效,公司原股东有权要求该激励对象无条件将已获得的股权以授予价格回售;已授予但尚未行权和未授予的标的股权不再解锁和授予
9	过错约定	当激励对象出现以下情形之一时,经公司董事会决定,其已获授但尚未解锁的股权,公司原股东有权以授予价格予以回购: 1. 违反国家法律法规、公司章程或公司内部管理规章制度的规定,或发生劳动合同约定的失职、渎职行为,严重损害公司利益或声誉,或给公司造成直接或间接经济损失 2. 公司有充分证据证明该激励对象在任职期间,存在受贿、索贿、贪污、盗窃、泄露经营和技术秘密等损害公司利益、声誉等的违法违纪行为,直接或间接损害公司利益 3. 因违法行为被依法追究行政、刑事责任

说明:此方案主要是针对上市公司,对于非上市公司,以"限制性股权"作为工具做股权激励的并不多见,但是以"限制性股权"的内容来弥补其他工具不足的时候,我们会发现这样的工具可以起到非常大的作用。

三、股权期权

(一)股权期权概述

根据《上市公司股权激励管理办法》(中国证券监督管理委员会令第148

号)第二十八条的规定,"本办法所称股票期权是指上市公司授予激励对象在未来一定期限内以预先确定的条件购买本公司一定数量股份的权利。"激励对象获授的股票期权不得转让、用于担保或偿还债务。激励对象可以其获授的股票期权在规定的期间内以预先确定的价格和条件购买上市公司一定数量的股份,也可以放弃该权利。在非上市公司称为股权期权,如图3-7所示。

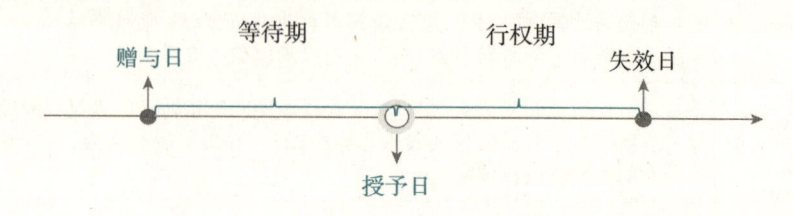

图3-7 股权期权

赠与日:公司与激励对象签约确定在未来的一定期限内以预定确定的价格和条件购买公司一定数量股份的日期。

授予日:是指激励对象可以行权的日期。

失效日:如果激励对象在一定的期限内没有行权超过失效日即不能行权。

等待期:自公司与激励对象签约后,公司设定了一定的条件(考核、积分、业绩等),如果在这一段期间,激励对象符合这些条件到达授予日即可行权。

行权期:激励对象在此期间都可以行权。

(二)股权期权相关法规链接

《上市公司股权激励管理办法》

第二十九条 上市公司在授予激励对象股票期权时,应当确定行权价格或者行权价格的确定方法。行权价格不得低于股票票面金额,且原则上不得低于下列价格较高者:

(一)股权激励计划草案公布前1个交易日的公司股票交易均价;

(二)股权激励计划草案公布前20个交易日、60个交易日或者120个交易日的公司股票交易均价之一。

上市公司采用其他方法确定行权价格的,应当在股权激励计划中对定价依据及定价方式作出说明。

第三十条 股票期权授权日与获授股票期权首次可行权日之间的间隔不

得少于 12 个月。

第三十一条 在股票期权有效期内,上市公司应当规定激励对象分期行权,每期时限不得少于 12 个月,后一行权期的起算日不得早于前一行权期的届满日。每期可行权的股票期权比例不得超过激励对象获授股票期权总额的 50%。

当期行权条件未成就的,股票期权不得行权或递延至下期行权,并应当按照本办法第三十二条第二款规定处理。

第三十二条 股票期权各行权期结束后,激励对象未行权的当期股票期权应当终止行权,上市公司应当及时注销。

出现本办法第十八条、第三十一条规定情形,或者其他终止施股权激励计划的情形或激励对象不符合行权条件的,上市公司应当注销对应的股票期权。

(三)股权期权的作用机理

一般情况下,为了起到激励的效果,行权的价格都会低于市场价,故当激励对象行权的时候已经获得了"行权收入";那么在激励对象出售其股票或转让其股份的时候,正常来讲,企业又将增值,激励对象会再次获得"股票转让时的收入"。具体作用机理如图 3-8 所示。

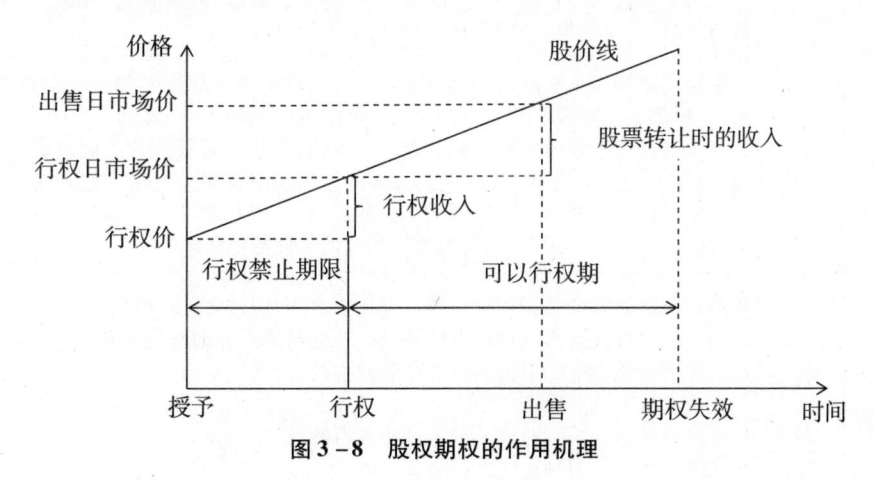

图 3-8 股权期权的作用机理

(四)股权期权落地操作方案

股权期权落地操作方案(见表3-5)。

表3-5 股权期权落地操作方案

序号	项目	具体内容(部分)
1	定来源	1. 股票期权来源于现有股东,按照股权比例稀释 2. 公司股东决定对激励对象授予股票期权,董事会根据股东会决议执行
2	定对象	1. 公司部门经理及以上 2. 年龄30岁以上,50岁以下 3. 与公司建立劳动关系连续满3年 4. 全体股东一致认可的,激励对象条件可不受上述条件限制
3	定数量	股票期权的授予数量总额由股东会决定,股票期权占公司总股权的10%
4	定方式	按照激励对象所得积分兑换,积分评定因素包括但不限于激励对象的价值观、岗位、工龄、职位等,具体参照《×××有限公司员工股票期权评定方法》
5	等待期	等待期为2年,符合上述条件且经董事会同意的激励对象自与现股东签订股票期权协议书起,即进入等待期
6	定条件	在等待期和行权期内符合相关考核标准。考核标准详见《×××有限公司员工股权激励考核办法》
7	定价格	激励对象行权期内行权的,按照《×××有限公司股票期权激励协议》(根据具体情况,行权价格不同)所确定的认购价格认购
8	行权方式	1. 按照三年分3:3:4方式行权,具体为:激励对象第一年以其被授予的股票数30%行权,第二年以30%行权,第三年以40%行权 2. 每次行权以激励对象所分得的利润行权(按照已经行权的比例分红,未行权的比例不参与分红),激励对象所分得的利润不直接分配给激励对象,而是转给提供股票期权来源的现股东。通过行权,股权期股转变为实股,股票期权持有人成为公司股东,公司进行相应的工商变更登记
9	丧失行权资格的情形	激励对象在等待期及行权期出现下列情形之一,即丧失行权资格: 1. 因辞职、辞退、解雇、退休、离职等原因与公司解除劳动合同关系的 2. 丧失劳动能力或民事行为能力或者死亡的 3. 被追究行政或刑事责任的 4. 有故意损害公司利益或原股东合法利益的行为 5. 任何有致使公司利益受到重大损失的 6. 没有达到规定的业务指标、盈利业绩,或者经公司认定对公司亏损、经营业绩下降负有主要责任的 7. 不满足考核标准或者有其他重大违反公司规章制度的

续表

序号	项目	具体内容(部分)
10	行权后股权的限制	1. 激励对象转让其股权时,公司原股东有优先购买权 2. 激励对象不得将股权转让、赠与、质押和清偿债务等 3. 激励对象在符合法定退休年龄之前出现下列情形之一的,应当将其持有的股权按照行权价格全部转让给公司原股东: (1)因辞职、辞退、解雇、退休、离职等与公司解除劳动合同关系的,但因公司原因辞退激励对象的除外 (2)丧失劳动能力或民事行为能力或死亡的 (3)被追究行政或刑事责任的 (4)有故意损害公司利益和原股东合法利益的行为 (5)任何有致使公司利益受到重大损失的 (6)其他重大违反公司规章制度的

四、业绩股权

(一)业绩股权概述

业绩股权,是指在期初确定一个较为合理的业绩目标,如果激励对象到考核期结束时达到预定的目标,则公司授予其一定数量的股权或提取一定的奖励基金购买公司股权,在上市公司中称为业绩股票。

实例:

某有限公司李老板拥有100%股份,其打算拿出15%的股份对公司总经理及管理团队作为股权激励。

方案:

总体思路:分3期,每期3年,计划9年执行完毕,每期分别执行5%。

具体方案:业绩股份的转让+赠与。

具体操作:设定业绩指标,激励对象若完成100%,则购买1%股份,同时赠与1%(第二年6月30日履行,下同);若完成90%,以1%的价格转让0.9%加赠与0.9%……直至70%。完成率低于70%的取消激励计划。

(二)业绩股权落地方案

业绩股权落地方案(见表3-6)。

表3-6 业绩股权落地方案

序号	项目	具体内容(部分)
1	定来源	1. 业绩股权来自现股东,按照股权比例稀释 2. 公司股东决定对激励对象授予业绩股权,董事会根据股东会决议执行
2	定对象	1. 销售主管、经理及以上 2. 年龄30岁以上,45岁以下 3. 与公司建立劳动关系连续满3年 4. 全体股东一致认可的,激励对象条件可不受上述条件限制
3	定数量	业绩股权的授予数量总额由股东会决定,业绩股权占公司总股权的15%
4	定方式	按照激励对象的价值观、岗位、工龄、职位等,具体参照《×××有限公司员工业绩股权评定方法》
5	等待期	等待期(业绩考核期)为3年,符合上述条件且经董事会同意的激励对象自与现股东签订业绩股权协议书起,即进入等待期
6	定业绩	按照在等待期和行权期内每年超出上一年度的销售业绩增长率计算。计算公式:销售业绩增长率=(当年销售额-上年度销售额)÷上年度销售额×100% 1. 若销售业绩增长率≤10%,不计提 2. 若销售业绩增长率>10%: (1)若销售业绩增长率为10%~15%(含本数)计提(当年销售额-上年度销售额)×5%作为股权认购基金 (2)若销售业绩增长率为15%~20%(含本数)计提(当年销售额-上年度销售额)×7%作为股权认购基金 (3)若销售业绩增长率为20%~25%(含本数)计提(当年销售额-上年度销售额)×10%作为股权认购基金 (4)若销售业绩增长率为25%~30%(含本数)计提(当年销售额-上年度销售额)×14%作为股权认购基金 以此类推
7	定价格	按照净资产同时结合销售业绩增长率计算认购价格: 1. 若销售业绩增长率为10%~15%(含本数),按照净资产的90%计算股价 2. 若销售业绩增长率为15%~20%(含本数),按照净资产的85%计算股价 3. 若销售业绩增长率为20%~25%(含本数),按照净资产的80%计算股价 4. 若销售业绩增长率为25%~30%(含本数),按照净资产的75%计算股价 以此类推
8	行权方式	3年期满后,激励对象选择是否行权(一次性行权,不分次) 行权基金不够购买所得股权比例的,由个人出资购买

续表

序号	项目	具体内容(部分)
9	丧失行权资格的情形	激励对象在等待期及行权期出现下列情形之一，即丧失行权资格： 1. 因辞职、辞退、解雇、退休、离职等原因与公司解除劳动合同关系的 2. 丧失劳动能力或民事行为能力或者死亡的 3. 被追究行政或刑事责任的 4. 有故意损害公司利益或原股东合法利益的行为 5. 任何致使公司利益受到重大损失的 6. 没有达到规定的业务指标、盈利业绩，或者经公司认定对公司亏损、经营业绩下降负有主要责任的 7. 不满足考核标准或者有其他重大违反公司规章制度的
10	行权后股权的限制	1. 激励对象转让其股权时，公司原股东有优先购买权 2. 激励对象不得将股权转让、赠与、质押和清偿债务等 3. 激励对象在符合法定退休年龄之前出现下列情形之一的，应当将其持有的股权按照行权价格全部转让给公司原股东： (1)因辞职、辞退、解雇、退休、离职等与公司解除劳动合同关系的，但因公司原因辞退激励对象的除外 (2)丧失劳动能力或民事行为能力或死亡的 (3)被追究行政或刑事责任的 (4)有故意损害公司利益和原股东合法利益的行为 (5)任何有致使公司利益受到重大损失的 (6)其他重大违反公司规章制度的

五、股权增值权

(一)股权增值权概述

通常与认购权配合使用，其中股权增值权无须实际购买股权，经理人直接就期末公司股权增值部分(期末股权价－约定价格)得到一笔报酬，经理人可以选择增值的现金或购买公司股权。此外，由于经理人并未实际购买股权，故可避免"避险行为"的发生。在上市公司中称为股票增值权。

实例：

公司授予经理人10万股的股权增值权，期限3年，授予时是10元每股，3年后涨到25元每股，那么这个差价收益就是经理人的，根据合同约定给付经理人现金、股份或者混合。

(二)股权增值权落地操作方案

股权增值权落地操作方案(见表3-7)。

表3-7 股权增值权落地操作方案

序号	项目	具体内容(部分)
1	定来源	1. 股权增值权来源于前十大股东,前十大股东同比例稀释 2. 公司股东决定对激励对象授予股权增值权,董事会根据股东会决议执行
2	定对象	1. 公司各总监 2. 年龄30岁以上 3. 与公司建立劳动关系连续满3年 4. 全体股东一致认可的,激励对象条件可不受上述条件限制
3	定数量	股权增值权的授予数量总额由股东会决定,股权增值权共计300万股
4	等待期	等待期为18个月,符合上述条件且经董事会同意的激励对象自与现股东签订股权增值权协议书起,即进入等待期
5	定考核	1. 按照公司相关考核制度,必须完成率在80%及以上 2. 净利润在等待期最后一个会计年度比上年度净利润增长率不少于13% 3. 第一个行权期内,比上年度净利润增长率不少于15% 4. 第二个行权期内,比上年度净利润增长率不少于20% 5. 第三个行权期内,比上年度净利润增长率不少于23%
6	定价格	1. 本次授予的股权增值权的行权价格为 X 元/股 2. 激励对象提出行权时兑付价格行权申请日A股股票收盘价 Y 元/股(非上市公司中,可以进行资产评估计算每股价值 Y 元/股)
7	行权方式	1. 18个月后,激励对象选择是否行权分三年完成,按照30%、30%、40%比例行权 2. 行权方式有三种: (1)公司支付激励对象行权现金,行权收益=激励对象该次提出行权股权增值权的有效数量×(Y-X) (2)激励对象可以以该行权利益直接通过股权转让的方式受让十大控股股东其对应的股权,股权转让价格按照行权价 (3)激励对象可以以该行权利益获得1/2现金,剩余1/2通过股权转让的方式受让十大控股股东其对应的股权,股权转让价格按照行权申请日A股股票收盘价
8	丧失行权资格的情形	激励对象在等待期及行权期出现下列情形之一,即丧失行权资格: 1. 因辞职、辞退、解雇、退休、离职等原因与公司解除劳动合同关系的 2. 丧失劳动能力或民事行为能力或者死亡的 3. 被追究行政或刑事责任的 4. 有故意损害公司利益或原股东合法利益的行为 5. 任何有致使公司利益受到重大损失的 6. 没有达到规定的业务指标、盈利业绩,或者经公司认定对公司亏损、经营业绩下降负有主要责任的 7. 不满足考核标准或者有其他重大违反公司规章制度的

续表

序号	项目	具体内容(部分)
9	行权后股权的限制	1. 激励对象转让其股权时,公司原股东有优先购买权 2. 激励对象不得将股权转让、赠与、质押和清偿债务等 3. 激励对象在符合法定退休年龄之前出现下列情形之一的,应当将其持有的股权按照行权价值全部转让给公司原股东: (1)因辞职、辞退、解雇、退休、离职等与公司解除劳动合同关系的,但因公司原因辞退激励对象的除外 (2)丧失劳动能力或民事行为能力或死亡的 (3)被追究行政或刑事责任的 (4)有故意损害公司利益和原股东合法利益的行为 (5)任何有致使公司利益受到重大损失的 (6)其他重大违反公司规章制度的

六、干股

根据获得赠与股份的方式不同进行判断,如果仅由受赠人与赠与人签订类似《股权赠与协议》而获得的股份,一般无须出资、无表决权等,仅享有分红权,本书称为协议赠与,为分红股,其是虚股的一种类型;如果由受赠人与赠与人签订类似《股权赠与协议》,而且又通过国家行政管理机构登记注册为股东,则其所享有的股权为干股。一般无须出资,有表决权,有分红权,本书称为注册赠与,其是实股的一种类型,为干股。

实例:

某公司聘请总经理,老板想给其30万股。

设计方案:岗位干股转实股模式。

具体操作:授予总经理30万岗位股,期限5年,5年内业绩考核合格,其中20万岗位股在5年后转为实股,有10万岗位股继续作为岗位分红股。

适用于:成长阶段中后期和成熟期企业。

七、期股

(一)期股概述

期股制是在学习和借鉴国外股票期权制度的基础上,根据我国国情进行了一定的改造后形成的。期股制是企业所有者与经营者达成的一份书面协议,允许经营者在任期内按既定价格用各种方式获得本企业一定数量的股份,先行取得所购股份的分红权等部分权益,然后再分期支付购股款项。购股款项一般以分红所得分期支付,在既定时间内支付完购股款项后,取得股份的完全所有权。如分红所得不足以支付本期购股款项,购股者以其自筹资金购买。期股制主要适用于效益较好的股份有限公司和有限责任公司。

实例:

某公司,核算净资产8000万元,设置总股本8000万股,股价1元每股。计划让总经理持有1%股份(80万股),按持股数是出资额的4倍来确定期股,则总经理持有实股20万股,期股60万股。

期股方案:总经理签订协议时出资20万元,以后3年每年抵补20万股,每年将20万股转为实股,用期权和实股分红购买,分红不够的自筹资金,分红剩余的转下1年购股款。

(二)期股落地操作方案

期股落地操作方案(见表3-8)。

表3-8 期股落地操作方案

序号	项目	具体内容(部分)
1	定来源	经股东大会同意,由公司大股东方(出让方)同公司被激励员工(受让方)商定在5年内,受让方按既定价格购买一定数量的公司股份并相应享有其权利和履行相应的义务
2	定对象	高级管理人员、高级技术人员
3	定数量	公司10%总股份(100万股)为员工股权
4	等待期	当年激励对象支付对应股价获得2%股份,剩余8%股份分4年行权
5	定考核	在等待期内符合相关考核标准,考核标准详见《×××有限公司期股激励考核办法》
6	定价格	公司聘请具有评估资格的专业资产评估公司对公司资产进行评估,期股的每股原始价格按照公式计算: 期股原始价格=公司资产评估净值/公司总的股份数
7	行权方式	1.受让方申购期股分期偿付现金的期限为4年,共分4期,偿付现金 2.本计划开始实行第一年期股价款由员工自行筹款缴纳,如未按规定时间缴纳款项,视自动放弃本次期股奖励 3.往后当年红利不足当年须缴纳期股价款的,由员工本人自行筹款补缴差额。当年红利超过当年须缴纳期股价款的,超出部分自动转入下1年期股价款 4.最后1年期股价款缴纳完成后,如有剩余红利将向持股员工发放

续表

序号	项目	具体内容(部分)
8	丧失行权资格的情形	有下列情形之一的取消行权资格: 1. 严重失职、渎职或严重违反公司章程、规章制度及其他有损公司利益的行为 2. 违反国家有关法律法规,因此被判定承担行政或刑事责任的 3. 公司有足够的证据证明激励对象在任职期间,有受贿、挪用、贪污盗窃、泄露公司商业秘密、严重损害公司声誉与利益等行为,给公司造成损失的 4. 为取得公司利益,采取短期行为虚报业绩、进行虚假会计记录的
9	转让的限制	1. 有下列情形之一的,公司将按照员工已缴纳期股价款回购股份 (1)激励对象与公司的劳动合同到期,本人与公司协商一致不再续签的或公司不再与之续约的 (2)到法定年龄退休且退休后不接受公司返聘的 (3)经和公司协商一致提前解除劳动合同或聘用合同的 (4)因经营考虑,公司单方面终止或解除与激励对象订立的劳动合同或聘用合同的 2. 激励对象因工丧失劳动能力或退休或因工死亡的,公司将按照期股实际价值×已缴款比例回购股份,回购金额不低于员工已缴纳期股价款 3. 激励对象非因工丧失劳动能力或非因工死亡的,公司将按照员工已缴纳期股价款回购股份

八、员工持股计划

(一)员工持股计划的概念

ESOP(Employee Stock Ownership Plans)即员工持股计划,《关于上市公司实施员工持股计划试点的指导意见》(中国证券监督管理委员会公告〔2014〕33号)第二条第四款规定,"员工持股计划是指上市公司根据员工意愿,通过合法方式使员工获得本公司股票并长期持有,股份权益按约定分配给员工的制度安排。员工持股计划的参加对象为公司员工,包括管理层人员。"

(二)员工持股计划相关法规链接

《关于上市公司实施员工持股计划试点的指导意见》
二、员工持股计划的主要内容
……
(五)员工持股计划的资金和股票来源
1. 员工持股计划可以通过以下方式解决所需资金:

(1)员工的合法薪酬;(2)法律、行政法规允许的其他方式。

2.员工持股计划可以通过以下方式解决股票来源:

(1)上市公司回购本公司股票;(2)二级市场购买;(3)认购非公开发行股票;(4)股东自愿赠与;(5)法律、行政法规允许的其他方式。

(六)员工持股计划的持股期限和持股计划的规模

1.每期员工持股计划的持股期限不得低于12个月,以非公开发行方式实施员工持股计划的,持股期限不得低于36个月,自上市公司公告标的股票过户至本期持股计划名下时起算;上市公司应当在员工持股计划届满前6个月公告到期计划持有的股票数量。

2.上市公司全部有效的员工持股计划所持有的股票总数累计不得超过公司股本总额的10%,单个员工所获股份权益对应的股票总数累计不得超过公司股本总额的1%。员工持股计划持有的股票总数不包括员工在公司首次公开发行股票上市前获得的股份、通过二级市场自行购买的股份及通过股权激励获得的股份。

(七)员工持股计划的管理

1.参加员工持股计划的员工应当通过员工持股计划持有人会议选出代表或设立相应机构,监督员工持股计划的日常管理,代表员工持股计划持有人行使股东权利或者授权资产管理机构行使股东权利。

2.上市公司可以自行管理本公司的员工持股计划,也可以将本公司员工持股计划委托给下列具有资产管理资质的机构管理:(1)信托公司;(2)保险资产管理公司;(3)证券公司;(4)基金管理公司;(5)其他符合条件的资产管理机构。

其他相关规定

《关于国有控股混合所有制企业开展员工持股试点的意见》(国资发改革〔2016〕133号)

《非上市公众公司监管指引第6号——股权激励和员工持股计划的监管要求(试行)》(中国证券监督管理委员会公告〔2020〕57号)

《关于发布〈北京证券交易所上市公司持续监管指引第3号——股权激励和员工持股计划〉的公告》(北证公告〔2021〕36号)

（三）员工持股计划案例

案例 1

金融界网站：火炬电子发布第三期员工持股计划。该员工持股计划将通过公司回购股份，以零价格转让予员工持股计划取得公司股份并持有，合计1376553 股，占公司总股本的比例为 0.304%。该员工持股计划的存续期为 24 个月。

解读：

1. 股票来源：上市公司回购本公司股票。

2. 员工取得方式：无偿赠与，即无须支付股权对价。

3. 存续期：24 个月，自股东大会审议通过本次员工持股计划并且员工持股计划成立之日起算 24 个月内该员工持股计划有效。

案例 2

上证报讯：厦门钨业公告，截至 2019 年 2 月 11 日，公司第一期员工持股计划已通过 2 级市场完成股票购买，累计买入公司股票 110.12 万股，占公司总股本的 0.078%，成交总金额为 1366.90 万元，成交均价约 12.41 元/股，股票锁定期 1 年。

东方财富网：厦门钨业公告（2018 年 9 月 6 日），本次员工持股计划的资金来源为公司员工的合法薪酬、自筹资金及法律法规允许的其他方式，不包括杠杆融资结构化设计产品。本次员工持股计划的存续期为 24 个月，自股东大会审议通过本次员工持股计划并且员工持股计划成立之日起算。

解读：

1. 股票来源：通过二级市场购买。

2. 资金来源：员工的合法薪酬、自筹资金及法律法规允许的其他方式。

3. 锁定期：12 个月，即自上市公司公告标的股票过户至本期持股计划名下时起算 12 个月内受让员工不得减持其股票。

4. 存续期：24 个月，自股东大会审议通过本次员工持股计划并且员工持股计划成立之日起算 24 个月有效。

案例 3

格隆汇 2018 年 12 月 19 日：重庆钢铁（01053.HK）公布，公司 2018 年至 2020 年员工持股计划已获得公司 2017 年度股东周年大会批准，本期员工持股计划由员工持股计划管理委员会委托资产管理公司进行日常管理（而非由公司自行管理），为持股计划日常管理提供管理、咨询等服务。

对象范围包括公司执行董事、监事、高级管理人员、核心管理、技术、业务骨干，合计不超过 111 人，其中含董事、监事、高级管理人员 9 人，合计获授份额占本期员工持股计划总份额的比例为 51%，其余持有人获授份额占本期员工持股计划总份额的比例为 49%。员工持股管理委员会可根据员工变动情况、考核情况，对存续期内持有人的权益进行调整。

本期员工持股计划持有人以智力资本投入贡献参与公司持股计划。本期员工持股计划资金来源为公司提取的激励基金，依据 2018 年度经审计合并报表利润总额（提取激励基金前）的 3.125% 计提。

解读：

1. 员工持股计划管理：委托资产管理公司进行日常管理。
2. 对象范围：执行董事、监事、高级管理人员、核心管理、技术、业务骨干。
3. 资金来源：公司提取的激励基金，依据 2018 年度经审计合并报表利润总额（提取激励基金前）的 3.125% 计提。

第四节 股权激励配套法律文书

一、绩效考核法律文书

绩效考核是股权激励必不可少的内容之一，尤其是上市公司。《上市公司股权激励管理办法》第十一条规定，"绩效考核指标应当包括公司业绩指标和激励对象个人绩效指标。相关指标应当客观公开、清晰透明，符合公司的实际情况，有利于促进公司竞争力的提升。"如何做到上述四大原则，本书给出以下参考方案，该方案由一系列的法律文书组成。

（一）绩效考核管理制度

绩效考核管理制度是有关绩效考核的所有内容的规定和大纲，具体应包括

表 3-9 中的内容。

表 3-9 绩效考核管理制度的内容

条款标题	基本内容
考核目的	有效激励员工,提高部门和员工绩效,促进各部门间的协作支持,为股权激励对象是否可以行权作为评判标准
适用范围	所有激励对象
制度原则	客观公开、清晰透明、符合实际、有利于公司
绩效管理	管理机构: 总经理、副总经理、部门负责人组成的绩效考核委员会 职责: 制定总体绩效管理指标,提出绩效管理要求,批准绩效管理相关制度和方案 对激励对象进行周期性考核 实施机构: 人力资源部 职责: 1. 负责起草和拟定公司层面的绩效管理政策、制度指引和方案,并根据考核过程中存在的问题和公司绩效管理政策的调整,修订、完善绩效管理制度和体系 2. 绩效管理数据收集统计、核对、计算方式、数据整理等工作 3. 负责绩效考核管理工作(包括考核指标/计划制订、过程跟进反馈、考核成绩评定、绩效面谈、绩效反馈、绩效改进、绩效结果应用跟进等),接受和处理员工对考核结果的申诉,确保考核工作符合公司总体考核原则和政策,确保绩效管理制度的有效运行
绩效管理体系	目标制定: 根据公司总体绩效管理指标,分解确定激励对象需要完成的公司、部门和个人绩效管理指标 过程跟进: 1. 调整绩效考核指标 2. 定期在第一、第三季度结束后下 1 个月的上旬与员工一起就计划执行情况进行正式的绩效面谈,帮助辅导员工分析、解决计划执行中已经存在或潜在的问题
绩效管理体系	考核评定: 公司将部门员工绩效考核成绩划分为五个等级,分别为优秀、良好、合格、待改进和不胜任 考核反馈: 1. 绩效面谈,填写绩效面谈记录表 2. 对考核成绩不胜任的激励对象沟通,并填写绩效改进计划表 3. 对当期绩效管理工作(过程或结果)有重大异议,激励对象提出考核申诉申请书

(二)绩效考核评定制度

绩效考核评定制度(见表3-10)。

表3-10 绩效考核评定制度的内容

条款标题	基本内容
考评目的	有效激励员工,提高部门和员工绩效,促进各部门间的协作支持,为股权激励对象是否可以行权作为评判标准
考评原则	客观公开、清晰透明、符合实际、有利于公司
考评内容	1. 重要任务:考核周期重要工作完成情况 2. 岗位工作:岗位职责中描述的工作内容 3. 工作态度:指本职工作内的协作精神、积极态度等
考评程序	1. 考评委员会对激励对象的上述考核内容进行打分 2. 向激励对象公布考核分数 3. 接受激励对象对考核分数的申述 4. 考评结束后,与激励对象进行最终书面确认

(三)绩效考核附表

绩效考核面谈内容(见表3-11)。

表3-11 绩效考核面谈表

部　门		职　位		姓　名	
考核日期	年　月　日		面谈负责人		
确认考核结果和目标完成情况					
工作中需要改进的地方					
自我评估自己的工作能力与态度					
本人认为自己的工作在本部门和全公司中处于什么状况					
对考核有什么意见					
希望从公司得到怎样的帮助					
下一步的工作和绩效的改进方向					
面谈人签名				日　期	
备　注					

说明:绩效考核面谈表完成后交绩效考核委员会,并报人力资源部备案。

绩效改进计划(见表3-12)。

表 3-12　绩效改进计划表

部门/处			时　间		年　月　日
被考核人	姓名：			职位：	
直接上级	姓名：			职位：	
不良绩效描述					
原因分析：					
绩效改进措施/计划： 　　　　　　　　　　　　直接上级：　　　　　被考核人：　　　　年　月　日					
改进措施/计划实施记录： 　　　　　　　　　　　　直接上级：　　　　　被考核人：　　　　年　月　日					
期末评价： □优秀:出色完成改进计划　□符合要求:完成改进计划　□尚待改进:与计划目标相比有差距 评价说明： 　　　　　　　　　　　　直接上级：　　　　　被考核人：　　　　年　月　日					

期末签字:被考核人＿＿＿＿　直接上级＿＿＿＿　HR 专员＿＿＿＿

绩效考核申述(见表3-13)。

表 3-13 绩效考核申述表

申述人		职位		部门		直接上级	
申述事件：							
申述理由：							
申述处理意见： 直接上级签名： 日期：							
申述处理意见： 人力资源部负责人签名： 日期：							
申述处理结果： 绩效考核委员会成员签名： 日期：							

说明：
1. 申述人必须在知道考核结果7日内提出申述，否则无效。
2. 申述人直接将该表交人力资源部。

二、股权激励程序法律文书

(一)股权激励协议书

利润分红型虚拟记账股权赠与协议

甲方(赠与方):×××有限公司

乙方(受赠人):

身份证号码:

住址:

电话:

甲乙双方以携手合作,共同促进×××有限公司(以下简称"公司")的发展以及为了激励乙方更好地工作,明确双方的权益和责任为宗旨,依据《中华人民共和国公司法》及《中华人民共和国民法典》等有关法律之规定,本着诚实信用、互惠互利原则,结合双方实际,协商一致,特签订《股权赠与协议》,以求共同恪守:

第一条 定义

虚拟股:是指公司名义上的股份,虚拟股拥有者不是指甲方在工商注册登记的实际股东,虚拟股拥有者仅享有参与公司年终利润的分配权,而无所有权和其他权利,不得转让、抵押等。

乙方取得的虚拟股股份记载在公司内部虚拟股股东名册。由甲乙双方签字确认,但对外不产生法律效力,乙方不得以此虚拟股对外作为在甲方拥有资产的依据。

第二条 甲乙双方概况

1. 激励对象的范围和条件:在甲方工作满10年,且担任关键岗位的主管及以上。

2. 甲方为利润分红型虚拟股权的赠与方。乙方为公司的_____(岗位),经甲方审核,具有与公司签订激励计划合约,签订本协议时,甲方赠与乙方人民币5万元的股权激励基金。

第三条 乙方的可得分红

1. 乙方获授的虚拟股份额为5万元作为赠与的虚拟股权激励基金,占虚拟记账股份总额的 2% 分红。

2. 乙方☐同意/☐不同意在签订本协议同时向甲方缴纳 5 万元的股权激励基金,若同意,则另增加占虚拟记账股份的总额 3% 分红。

3. 若乙方在下一会计年度内向甲方缴纳 5 万元的股权激励基金,则仅占虚拟记账股份总额的 2%。

第四条　乙方的分红方式

乙方激励计划的分红为超出 200 万元的净利润的____%。以下为具体的计算办法:

假设:激励对象加入计划年度(2019 年)的公司的净利润额为 A 万元,则 2019 年激励对象可得分红总额为:(A－200)×____%(万元)。

第五条　双方的权利义务

1. 甲方同意将赠与虚拟股权赠与乙方,乙方也同意受让前述赠与虚拟股权。

2. 自本协议生效起,乙方享有按受赠股权比例取得公司利润分红的权利,乙方无须承担公司的亏损,甲方不再另行支付当年年终奖。

3. 如因乙方过错导致公司经营不善或造成损失,经过公司股东会同意并形成书面决议,有权要求乙方承担相应的经济赔偿损失,甲方也有权单方决定收回乙方的股权。

4. 本协议签订前或签订后,协议生效前或生效后或协议终止后,不管双方是否继续合作,双方均应对本公司和协议所涉及的一切内容进行保密。如因泄密行为导致甲方或乙方损失的,应承担相应的赔偿责任。

第六条　股权回收机制

如乙方存在以下行为时,甲方有权取消虚拟股权,且当年不再分红:

1. 如果乙方在工作过程中出现降级、待岗处分等处罚。

2. 如果乙方的年度绩效考核不合格。

3. 如乙方因严重违反公司规章制度被公司辞退或因乙方有过错解除或终止劳动关系,则乙方的激励计划合约自动失效。

4. 如乙方有泄露公司商业秘密、技术秘密或采用其他方式侵害公司权益行为的,则乙方激励计划合约自动失效。

因上述原因股权收回的,甲方退还乙方自己缴纳的股权激励基金,甲方赠与的股权激励基金不再赠与。

若乙方无过错与甲方解除劳动关系,则甲方有权取消虚拟股,本协议不再执行,乙方不再取得当年的分红,甲方退还乙方自己缴纳的股权激励基金,同时按照自本协议签订后乙方的工作年限赠与乙方虚拟股权激励基金中的部分,具体计算方法为:若工作年限满1年的,支付1万元,以此类推,不满1年的不赠与,不按月折算。若满3年的且甲方不再选择执行激励计划的,一次性将全额虚拟股权激励基金赠与乙方。

第七条 违约责任

1. 本协议正式签订后,任何一方不履行或不完全履行本协议约定条款的即构成违约。违约方应负责赔偿其违约行为给守约方造成一切直接经济损失。

2. 任何一方违约时,守约方有权要求违约方继续履行本协议。

第八条 适用的法律及争议的解决

本协议适用中华人民共和国的法律,凡因履行本协议所发生的或与本协议有关的一切争议双方应当通过友好协商解决,如协商不成,任何一方都有权向甲方所在地的人民法院提起诉讼。

第九条 协议的生效及其他

1. 本协议经双方签字或盖章后自2019年1月1日起生效。

2. 本激励计划暂定执行3年,即2019年1月1日至2021年12月31日。若在2021年12月31日前甲方选择继续执行激励计划,乙方有权选择不参与,若乙方选择不参与,则甲方应退还乙方自己缴纳的股权激励基金,甲方赠与的虚拟5万元股权激励基金不再赠与。

3. 本协议正本一式两份,甲乙双方各持一份。

甲方签字(盖章):　　　　　　　乙方签字(盖章):
2018年　月　日　　　　　　　　　年　月　日

(二)股权期权授予通知书

×××有限公司股权期权授予通知书

×××先生/女士:

本公司于＿＿＿＿年＿＿月＿＿日授予您股权期权,占公司总股权

____%，行权价格（大写）：_____（¥_____元）
参阅《_____有限公司员工股权期权激励方案》和《_____有限公司股权期权激励协议》。

股权期权持有人（签名）：

　　　　　　　　　　　　　　　　　　　_____有限公司（盖章）：
　　　　　　　　　　　　　　　　　　　　　　　　年　　月　　日

注：本通知书一式两份，股权期权持有人和_____有限公司各持一份。

（三）股权期权行权申请书

×××有限公司股权期权行权申请书

_____有限公司董事会薪酬设计与考核委员会：

　　本人截至目前，根据《_____有限公司员工股权期权激励方案》《_____有限公司员工股权期权评定方法》《_____有限公司员工股权激励考核办法》的有关规定，持有公司股权期权共计_____，本人现有股权已经过了2年的预备期且符合公司规定的行权条件，现在按照规定可以行权的比例_____，在此谨向_____有限公司董事会薪酬设计与考核委员会申请在_____年____月____日前行权。

　　行权中的具体事宜和相关的其他事项受《_____有限公司员工股权期权激励方案》《_____有限公司员工股权期权评定方法》《_____有限公司员工股权激励考核办法》的规定约束。

　　特此申请

　　　　　　　　　　　　　　　　　　　　申请人签名：
　　　　　　　　　　　　　　　　　　　　　　年　　月　　日

（四）股票期权调整通知书

×××公司股票期权调整通知书

_____：

　　本公司于_____年____月____日针对原有流通股股东实施了_____

方案,根据《股票期权激励方案》,需要对您持有的未行权的股票期权数量和行权价格分别进行调整。

授予时间	授予股份总量	未行权股份数额总量
年 月 日	股	股

	调整前	调整后
未行权股份数量(股)		
未行权股份价格(元)		

特此通知。

_____股份有限公司(公章)
签名:_____
_____年____月____日

(五)限制性股权解锁通知书

×××有限公司限制性股权解锁通知书

_____先生/女士:

　　_____年____月____日您向我司提交的《限制性股权解锁申请书》收悉,经审核,就您本次股权解锁事项通知如下:

姓名:_____

性别:_____

身份证号:_____

限制性股权证书号:_____

委托人情况:_____

继承人情况:_____

本次解锁股份:_____

应交纳款项(人民币):_____

本次解锁截止日期:_____

其他事项：_____

请持本通知到公司×××办理相关手续。

×××公司董事会：
年　月　日

（六）期股回购通知书

×××有限公司期股回购通知书

_____先生/女士：

本公司于_____年____月____日授予您_____有限公司期股股权____份，占公司总股权____%，现因_____事由，已符合《_____有限公司股权激励（期股）计划方案》第×条的相关规定，公司将以现金（人民币）：_____（￥_____元）进行回购。您将不再持有该期股股份以及享有该期股股份的任何权利。

期股持有人（签名）：

_____有限公司（盖章）：
年　月　日

注：本通知书一式两份，期股持有人和_____有限公司各持一份。

第五节　股权激励中退出机制的设置

在股权激励或是合伙人制度中，股权退出机制设置尤为重要。因为，总会有人会因种种原因离开，一旦发生离开的情形就有可能发生纠纷，如何尽量避免纠纷，就应在股权激励的时候先设置好退出机制。当然，退出机制的设置不仅仅是为了避免纠纷，更重要的一点是：股权要留给对公司能够做出贡献的人。

一、股权退出的方式

根据公司情况可以提前设置相关的退出方式，笔者认为，退出方式可以分为以下三种(见图 3-9)。

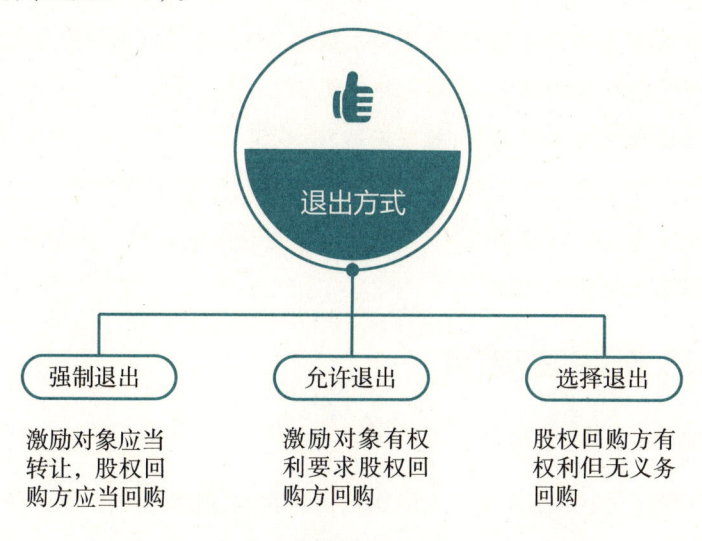

图 3-9 股权退出的方式

退出方式
- 强制退出：激励对象应当转让，股权回购方应当回购
- 允许退出：激励对象有权利要求股权回购方回购
- 选择退出：股权回购方有权利但无义务回购

1. 强制退出，是指在预先设定条件发生时，股权回购方应当回购激励对象所获得股权，同时不再授予未成熟的股权。法律术语表达为"激励对象应当转让，股权回购方应当回购。"

2. 允许退出，是指在预先设定条件发生时，激励对象有权选择要求公司(或公司大股东)回购其股权，或有权选择对于未成熟的股权不行权。法律术语表达为"激励对象有权利要求股权回购方回购。"

3. 选择退出，是指在预先设定条件发生时，股权回购方有权选择是否回购激励对象所获得股权，或是有权不再授予未成熟的股权。法律术语表达为"股权回购方有权利但无义务回购。"

案例：华为公司虚拟受限股的退出规则

虚拟受限股，只享有企业的分红权，员工并不真正意义上持有该股份，一旦员工离开企业或触及违约条款，企业有权按照事先约定的价格收回该股份。

在华为公司，员工没有虚拟受限股的持股凭证，也不能转让或流通。

在华为公司，虚拟受限股一般每年增发不超过 10%，给各级员工授予多少受限股，需要视企业的具体情况而定，华为的操作不具参考性；购买价格一般以每股净资产为参照标准。

如员工因故需要退出，华为详细规定如下：

(1) 在职人员,每年可以卖 1/4 的股票;

(2) 公司非常困难时期,员工不能卖股票,离职也不能兑换股票;

(3) 公司在经营困难时,每年可以卖 1/10;

(4) 换工号时没有再聘用,股票回购,不能保留;

(5) 在卖掉或重组的子公司工作满 5 年,离职可以保留股票;

(6) 在华为工作满 8 年且 45 岁以上,可申请保留股份。申请后,公司检查违反诚信与否,视情况批准。

二、股权退出的注意要点

(一)回购主体

根据现行《公司法》和最高人民法院司法判例,基本明确回购主体应为目标公司的大股东和控股股东,而不能是目标公司本身。因为,若为目标公司本身会致公司减资,而公司减资是一个复杂的过程,而且会严重影响目标公司债权人的权益。

(二)回购价格

回购价格涉及激励对象的根本经济利益,如果约定的回购价格不当或不合理就会出现纠纷,或该价格也可能会在诉讼中被法院推翻,如果被推翻,法院认定的回购价格将无法预料。所以笔者建议:(1)根据各种情况分别明确约定回购的价格体系;(2)各类回购价格应当是明确的,或者是有明确的计算公式,不能是模糊的,不能有歧义;(3)回购价格应当是合理合法的。

(三)回购程序

回购的程序包含:作出回购决定的主体、回购决定作出的时间、通知、送达。具体说明如下:作出回购决定是董事会决定还是股东会决定还是回购方自己确定,应在授予时明确,同时应符合《公司法》和《公司章程》等规定;回购决定作出的时间是在授予后行权前还是行权后,是在被激励对象离职后还是离职前等;回购决定作出后如何通知被激励对象,如果送达不到又如何处理等程序问题,程序的不当可能会造成实体内容的无效,所以目标公司一定要注重程序问题。

三、关于股权激励中股权退出的相关案例

下面介绍几个知名企业关于股权激励引发的诉讼纠纷,有胜诉也有败诉的,希望这几个案例能够对大家有所启发:

案例 1: 孙宝云与搜房控股有限公司(搜房网,美国纽约上市)合同纠纷

法院认为:案涉《股票期权协议》第 2 部分总则第 3 条规定,当受让人与公司的雇佣关系终止时,"所授予的股票期权在雇佣关系终止日起的 30 天后终止,股票期权中尚不能行使的部分失效"。最高人民法院认为,搜房公司是出于自身利益考虑,不愿为孙宝云办理股票期权行使事宜,而不是因客观障碍导致股票期权不能行使。《离职协议书》约定:"在协议生效后,双方权利义务终止,除违反本协议的行为外,任何一方不得通过任何途径向对方主张任何权利。"最高人民法院认为,该协议书的内容为搜房北京公司就协商解除劳动合同事宜向孙宝云支付经济补偿金,并未提及孙宝云的股票期权问题,不足以推定搜房公司和孙宝云合意终止股票期权关系。

判决结果:搜房公司于判决生效后 10 日内给付孙宝云《股票期权协议》约定的股票 55000 股(其中,10000 股按每股 1 港元行权,40000 股按每股 2 港元行权,5000 股按每股 5 港元行权)。(最高人民法院(2013)民申字第 739 号)

案例 2: 徐羽与阿里巴巴(中国)有限公司合同纠纷

案情:2007 年 7 月 31 日,阿里巴巴网络公司获得 Alibaba.com Corporation 的授权委托,出具《Alibaba.com Corporation 2007 年股份激励计划股票期权授予通知》给徐羽,该通知中载明:本通知应成为授权协议的一部分,按该计划和本奖励协议中条款和条件,徐羽被授予购买本公司普通股股票的权利,授予限制股单位总数 20000。2011 年 2 月 21 日,阿里巴巴网络公司书面通知徐羽,该通知中载明:徐羽离职后,公司发现其在职期间存在营私舞弊行为,严重违反了阿里巴巴商业行为准则及公司的价值观,现公司正式通知其,对其的离职行为,公司内部将参照因特定事由被公司解雇处理。公司受 Alibaba Group Holding Limited 的委托特别提醒其注意以下事项:阿里巴巴集团将按其原始行权价回购徐羽目前持有的由阿里巴巴集团根据其 2007 年股权激励计划授予的股份期权而获得的 52469 股阿里巴巴集团的股份。另外,对于其申请转让给张忱的阿里巴巴集团股份,阿里巴巴集团将不予办理转让手续。

法院认为：徐羽作为阿里巴巴网络公司的员工，在任职期间与他人投资成立公司，并与阿里巴巴集团关联公司签订合同，但未向公司披露，严重违返了其签订的劳动合同中约定的应当遵守的规章制度，即本案所涉的《阿里巴巴集团商业行为准则》中的关于利益冲突的规定，构成特定事由中的(ⅱ)，即严重违反"参加人"与"公司"及其任何"子公司"之间任何协议或合意，以及(ⅲ)就与其担任或受聘于"服务提供者"有关的任何重大事实作虚假陈述或遗漏任何该等重大事实，阿里巴巴集团有理由据此主张不予办理相关股权登记等转让手续，故对徐羽的诉请法院不予支持。

案例3：美团股权激励计划引争议，已离职员工诉讼维权

案情：刘先生于2011年2月1日入职三快科技公司，担任城市经理一职。在职期间其通过《美团公司—2011年股权激励计划—股票期权授予通知》（MEITUAN CORPORATION – 2011 STOCK INCENTIVE PLAN – NOTICE OF STOCK OPTION AWARD），被授予35000股的股票期权，三快科技公司的法定代表人王某在该通知中签字。2013年8月21日其离职，此后双方因股票期权的行权事宜产生争议。刘先生诉至法院，要求确认其股票期权行权日为2013年8月20日，且同时应得股票期权为17953股；确认其股票期权行权日的每股股票价值按三快科技公司经审计的2012年度会计报告中每股净资产值进行确认；确认其行权时股票增值收益所得按全年1次性奖金的征税办法计算征收个人所得税并由三快科技公司代扣代缴；三快科技公司在刘先生支付行权款之日起3日内向刘先生提供行权收据和股份证书。

被告三快科技公司辩称，刘先生2011年2月1日入职其公司，担任城市经理，后变更为销售经理，2013年8月21日双方解除劳动关系。刘先生起诉主体错误，《股票期权授予通知》并非其公司作出，而是MEITUAN CORPORATION（美团公司，一家依据开曼群岛法律设立的公司）作出，该公司与刘先生之间不存在劳动关系，本案不属于劳动争议；《股票期权授予通知》及《股票期权授予协议》中载明管辖法院为香港法院，海淀法院没有管辖权；其公司并未发行股票，与美团公司之间不存在相互持股的关系，客观上不存在向刘先生授予第三方股权的可能性；税收问题由行政机关管理，并非人民法院民事案件的受案范围；刘先生并未支付行权款，无法建立在尚未发生的事实的基础上主张权利。请求法院驳回刘先生的全部诉讼请求（因该案裁判文书没有上网，无法获知更多细节）。

四、股权退出(回购)的文书样本

(一)因过错导致的回购

在退出事件发生之前,任何一方出现下述任何过错行为之一的,经公司董事会决议通过,股权回购方有权以人民币1元的价格(如法律就股权转让的最低价格另有强制性规定的,从其规定)回购该方的全部股权(包括已经成熟的股权及授予的预留股东激励股权),且该方无条件且不可撤销地同意该等回购。自公司董事会决议通过之日起,该方对标的股权不再享有任何权利。该等过错行为包括:

(1)严重违反公司的规章制度;
(2)严重失职,营私舞弊,给公司造成重大损害;
(3)泄露公司商业秘密;
(4)被依法追究刑事责任,并对公司造成严重损失;
(5)违反竞业禁止义务;
(6)捏造事实严重损害公司声誉;
(7)因任何一方其他过错导致公司重大损失的行为。

(二)终止劳动关系导致的回购

在退出事件发生之前,任何一方与公司终止劳动关系的,包括但不限于该方主动离职,该方与公司协商终止劳动关系,或该方因自身原因不能履行职务,则至劳动关系终止之日,除非公司董事会另行决定:

(1)对于尚未成熟的股权,股权回购方有权以未成熟股权对应出资额回购离职方未成熟的创始股东股权。自劳动关系终止之日起,离职方就该部分创始股东股权不再享有任何权利。

(2)对于已经成熟的现金出资部分的股权,股权回购方有权利但无义务回购已经成熟的该全部或部分股权,尚未获得融资前,回购价格为(离职方已付全部购股价款+央行公布当期1年期存款利息);若已获得融资,回购价格为以下之较高者:(i)拟回购创始股东股权对应的已付购股价款的5倍[计算公式:离职方已付的全部购股价款×(拟回购创始股东股权÷离职方持有的全部创始股东股权)×5];或(ii)拟回购创始股东股权对应的公司最近1轮投后融资估值的20%(计算公式:最近1轮投后融资估值×拟回购创始股东股权×20%)。自支付完毕回购价款之日起,该创始人股东对已回购的创始股东股权不再享有任何权利。

五、相关法规链接

《上市公司股权激励管理办法》

第二十七条 上市公司应当在本办法第二十六条规定的情形出现后及时召开董事会审议回购股份方案,并依法将回购股份方案提交股东大会批准。回购股份方案包括但不限于以下内容:

(一)回购股份的原因;

(二)回购股份的价格及定价依据;

(三)拟回购股份的种类、数量及占股权激励计划所涉及的标的股票的比例、占总股本的比例;

(四)拟用于回购的资金总额及资金来源;

(五)回购后公司股本结构的变动情况及对公司业绩的影响。

律师事务所应当就回购股份方案是否符合法律、行政法规、本办法的规定和股权激励计划的安排出具专业意见。

《国有控股上市公司(境内)实施股权激励试行办法》

第三十四条 国有控股股东应依法行使股东权利,要求上市公司在发生以下情形之一时,中止实施股权激励计划,自发生之日起一年内不得向激励对象授予新的股权,激励对象也不得根据股权激励计划行使权利或获得收益:

(一)企业年度绩效考核达不到股权激励计划规定的绩效考核标准;

(二)国有资产监督管理机构或部门、监事会或审计部门对上市公司业绩或年度财务会计报告提出重大异议;

(三)发生重大违规行为,受到证券监管及其他有关部门处罚。

第三十五条 股权激励对象有以下情形之一的,上市公司国有控股股东应依法行使股东权利,提出终止授予新的股权并取消其行权资格:

(一)违反国家有关法律法规、上市公司章程规定的;

(二)任职期间,由于受贿索贿、贪污盗窃、泄露上市公司经营和技术秘密、实施关联交易损害上市公司利益、声誉和对上市公司形象有重大负面影响等违法违纪行为,给上市公司造成损失的。

第六节 电视剧《那年花开月正圆》与《乔家大院》中的股权激励

一、剧情回顾

电视剧《那年花开月正圆》中女主人公周莹(1868~1910年)出生于陕西省三原县,据传天资聪颖,进入泾阳安吴堡大户吴家,并嫁给吴家少爷吴聘,后其夫吴聘和其公公均因故去世,吴家家道中落,她历经坎坷建立起陕西吴氏"商业帝国",也成为当时唯一富可敌国的成功女商人。电视剧中,因机器织布局被破坏等原因造成了现金流严重不足,无法恢复生产,此时周莹决定把吴家产业折合成银股,把股份卖一半出去,让下人们自由认购,把手中的死钱变成活钱。丫鬟、小厮们聚齐了,却觉得东院产业有亏损的风险,不肯出钱。周莹思考一番,决定拿出部分家产来抵押,保证大家不亏损。这下,下人们就踊跃认购了,等着年底拿分红。就算没有红利,吴家的现成东西也值钱。

电视剧《乔家大院》中的乔致庸与跑街的马荀交流一个很重要的问题,为什么掌柜的没有辞店的,但是伙计学徒期满后大部分辞店了,马荀的一句话点醒了乔致庸,掌柜的薪水是伙计的十几倍甚至是几十倍,同时顶有身股,到了账期有大量的分红,而伙计收入很低,没有分红,一家老小都养不活。所以乔致庸定了新店规:学徒4年伙计顶1厘身股,最高顶4厘,同时规定,伙计还是伙计,掌柜的还是掌柜的,伙计要敬重听从掌柜的。这样一来,伙计这1~4厘的分红可能相当于他原来他一辈子的收入,后马荀受聘总号大掌柜后,又增加了1条:凡是为乔家大院工作30年的,保留身股。

二、两部电视剧的股权激励目的

1.《那年花开月正圆》中周莹的目的:盘活固定资产,解决流动资金问题,所以以集资为首要目的,在发现直接无法实现集资的情况下,实行了分红权+固定资产抵押的做法,抵押解决了员工不敢出资的顾虑,这样就顺利实现了内部融资。属于可以股转债的情形,类似于现在的优先股。

2.《乔家大院》乔致庸的初衷是留住人才,所以实行了伙计顶身股的做法,按照业绩和服务年限决定其顶身股的数量,自此,再也没有伙伴辞店了,反而很多其他商号的伙计辞店到他的复盛公。类似现在的干股或分红股。

三、启示

通过总结周莹和乔致庸的做法,给现代企业在实施股权激励时以一定的启示(见图3-10)。同时我们也看到现在一些企业家,包括阿里的马云、华为的任正非、京东的刘强东等,其所实行的股权激励与历史上出现的激励方式有很多相似的地方。

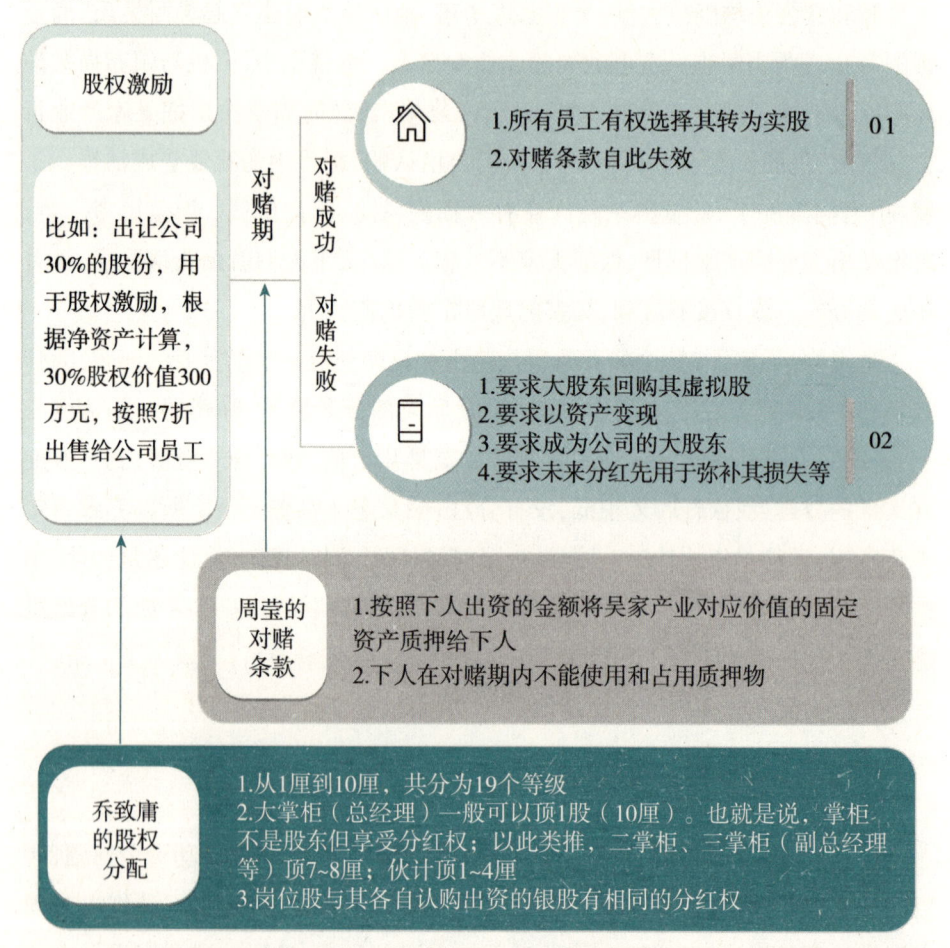

股权激励

比如:出让公司30%的股份,用于股权激励,根据净资产计算,30%股权价值300万元,按照7折出售给公司员工

对赌期

对赌成功：
01
1.所有员工有权选择其转为实股
2.对赌条款自此失效

对赌失败：
02
1.要求大股东回购其虚拟股
2.要求以资产变现
3.要求成为公司的大股东
4.要求未来分红先用于弥补其损失等

周莹的对赌条款
1.按照下人出资的金额将吴家产业对应价值的固定资产质押给下人
2.下人在对赌期内不能使用和占用质押物

乔致庸的股权分配
1.从1厘到10厘,共分为19个等级
2.大掌柜(总经理)一般可以顶1股(10厘)。也就是说,掌柜不是股东但享受分红权;以此类推,二掌柜、三掌柜(副总经理等)顶7~8厘;伙计顶1~4厘
3.岗位股与其各自认购出资的银股有相同的分红权

图3-10 吴家和乔家股权激励启示

第七节　上市公司股权激励：以科创板企业为例

一、定来源：股票来源

（一）相关法律法规

《公司法》

第一百六十二条　公司不得收购本公司股份。但是，有下列情形之一的除外：

（一）减少公司注册资本；

（二）与持有本公司股份的其他公司合并；

（三）将股份用于员工持股计划或者股权激励；

（四）股东因对股东会作出的公司合并、分立决议持异议，要求公司收购其股份；

（五）将股份用于转换公司发行的可转换为股票的公司债券；

（六）上市公司为维护公司价值及股东权益所必需。

公司因前款第一项、第二项规定的情形收购本公司股份的，应当经股东会决议；公司因前款第三项、第五项、第六项规定的情形收购本公司股份的，可以按照公司章程或者股东会的授权，经三分之二以上董事出席的董事会会议决议。

公司依照本条第一款规定收购本公司股份后，属于第一项情形的，应当自收购之日起十日内注销；属于第二项、第四项情形的，应当在六个月内转让或者注销；属于第三项、第五项、第六项情形的，公司合计持有的本公司股份数不得超过本公司已发行股份总数的百分之十，并应当在三年内转让或者注销。

上市公司收购本公司股份的，应当依照《中华人民共和国证券法》的规定履行信息披露义务。上市公司因本条第一款第三项、第五项、第六项规定的情形收购本公司股份的，应当通过公开的集中交易方式进行。

公司不得接受本公司的股份作为质权的标的。

《上市公司股权激励管理办法》

第十二条　拟实行股权激励的上市公司，可以下列方式作为标的股票来源：

（一）向激励对象发行股份；

（二）回购本公司股份；

（三）法律、行政法规允许的其他方式。

（二）解读

1. 上市公司以回购本公司股份方式用于股权激励的，同时应遵守《上海证券交易所上市公司自律监管指引第7号——回购股份》（上证发〔2023〕195号）等相关规定。

2. 回购本公司股份用于股权激励只是股权激励股票来源的一方面，因回购本公司股份的相关法律法规太多，在实践中，可以按照《上市公司股权激励管理办法》第十二条的相关规定实行灵活的股票来源方式。

二、定对象：激励对象

（一）相关法律法规

《上市公司股权激励管理办法》

第八条 激励对象可以包括上市公司的董事、高级管理人员、核心技术人员或者核心业务人员，以及公司认为应当激励的对公司经营业绩和未来发展有直接影响的其他员工，但不应当包括独立董事和监事。外籍员工任职上市公司董事、高级管理人员、核心技术人员或者核心业务人员的，可以成为激励对象。

单独或合计持有上市公司5%以上股份的股东或实际控制人及其配偶、父母、子女，不得成为激励对象。下列人员也不得成为激励对象：

（一）最近12个月内被证券交易所认定为不适当人选；

（二）最近12个月内被中国证监会及其派出机构认定为不适当人选；

（三）最近12个月内因重大违法违规行为被中国证监会及其派出机构行政处罚或者采取市场禁入措施；

（四）具有《公司法》规定的不得担任公司董事、高级管理人员情形的；

（五）法律法规规定不得参与上市公司股权激励的；

（六）中国证监会认定的其他情形。

《科创板上市公司持续监管办法(试行)》

第二十二条 单独或合计持有科创公司 5% 以上股份的股东或实际控制人及其配偶、父母、子女,作为董事、高级管理人员、核心技术人员或者核心业务人员的,可以成为激励对象。

科创公司应当充分说明前款规定人员成为激励对象的必要性、合理性。

《上海证券交易所关于发布〈上海证券交易所科创板股票上市规则〉的通知》(2023 年 8 月 4 日修订)

10.4 激励对象可以包括上市公司的董事、高级管理人员、核心技术人员或者核心业务人员,以及公司认为应当激励的对公司经营业绩和未来发展有直接影响的其他员工,独立董事和监事除外。

单独或合计持有上市公司 5% 以上股份的股东、上市公司实际控制人及其配偶、父母、子女以及上市公司外籍员工,在上市公司担任董事、高级管理人员、核心技术人员或者核心业务人员的,可以成为激励对象。科创公司应当充分说明前述人员成为激励对象的必要性、合理性。

激励对象不得具有《上市公司股权激励管理办法》第八条第二款第一项至第六项规定的情形。

(二)解读

科创板的上市公司的股权激励对象范围比原规定更广泛,具体如表 3-14 所示。

表 3-14 科创公司股权激励对象范围

类型	区别
上市公司	单独或合计持有上市公司 5% 以上股份的股东或实际控制人及其配偶、父母、子女,不得成为激励对象
科创公司	单独或合计持有科创公司 5% 以上股份的股东或实际控制人及其配偶、父母、子女,作为董事、高级管理人员、核心技术人员或者核心业务人员的,可以成为激励对象

注:科创公司也是上市公司,仅为了与法规等表述相同而使用。

三、定数量：股份比例

相关法律法规

《公司法》

第一百六十二条　……

公司依照本条第一款规定收购本公司股份后……属于第三项、第五项、第六项情形的，公司合计持有的本公司股份数不得超过本公司已发行股份总额的百分之十，并应当在三年内转让或者注销。

……

《上市公司股权激励管理办法》

第十四条　……

上市公司全部在有效期内的股权激励计划所涉及的标的股票总数累计不得超过公司股本总额的10%。非经股东大会特别决议批准，任何一名激励对象通过全部在有效期内的股权激励计划获授的本公司股票，累计不得超过公司股本总额的1%。

……

《科创板上市公司持续监管办法（试行）》

第二十五条　科创公司全部在有效期内的股权激励计划所涉及的标的股票总数，累计不得超过公司总股本的20%。

《上海证券交易所关于发布〈上海证券交易所科创板股票上市规则〉的通知》

10.8　上市公司可以同时实施多项股权激励计划。上市公司全部在有效期内的股权激励计划所涉及的标的股票总数，累计不得超过公司股本总额的20%。

四、定模式：激励方式

（一）相关法律法规

《上市公司股权激励管理办法》

第二条　本办法所称股权激励是指上市公司以本公司股票为标的，对其董事、高级管理人员及其他员工进行的长期性激励。

上市公司以限制性股票、股票期权实行股权激励的,适用本办法;以法律、行政法规允许的其他方式实行股权激励的,参照本办法有关规定执行。

第二十二条 本办法所称限制性股票是指激励对象按照股权激励计划规定的条件,获得的转让等部分权利受到限制的本公司股票……

第二十八条 本办法所称股票期权是指上市公司授予激励对象在未来一定期限内以预先确定的条件购买本公司一定数量股份的权利……

《上海证券交易所关于发布〈上海证券交易所科创板股票上市规则〉的通知》

10.1 上市公司可以本公司股票为标的,采用限制性股票、股票期权或者本所认可的其他方式,对董事、高级管理人员及其他员工进行长期性激励,应当遵守本章规定,履行相应审议程序和信息披露义务。

10.5 上市公司授予激励对象限制性股票,包括下列类型:

(一)激励对象按照股权激励计划规定的条件,获得的转让等部分权利受到限制的本公司股票;

(二)符合股权激励计划授予条件的激励对象,在满足相应获益条件后分次获得并登记的本公司股票。

(二)解读

1. 上市公司所使用的激励方式最主要的是限制性股票和股票期权,非上市公司也可以参考上市公司的规定实施股权激励。

2. 对于科创公司在实行以限制性股票方式激励的时候,增加激励对象在满足相应获益条件后分次获得并登记的本公司股票的类型,即为第二类限制性股票。根据《深圳证券交易所创业板股票上市规则》(2023年8月修订)第8.4.3条规定,创业板上市公司也可以以第二类限制性股票作为激励工具。

五、定时间:锁定期限

(一)相关法律法规

《上市公司股权激励管理办法》

第二十四条 限制性股票授予日与首次解除限售日之间的间隔不得少于

12个月。

第二十五条 在限制性股票有效期内,上市公司应当规定分期解除限售,每期时限不得少于12个月,各期解除限售的比例不得超过激励对象获授限制性股票总额的50%。

当期解除限售的条件未成就的,限制性股票不得解除限售或递延至下期解除限售,应当按照本办法第二十六条规定处理。

第三十条 股票期权授权日与获授股票期权首次可行权日之间的间隔不得少于12个月。

第三十一条 在股票期权有效期内,上市公司应当规定激励对象分期行权,每期时限不得少于12个月,后一行权期的起算日不得早于前一行权期的届满日。每期可行权的股票期权比例不得超过激励对象获授股票期权总额的50%。

当期行权条件未成就的,股票期权不得行权或递延至下期行权。

《上海证券交易所关于发布〈上海证券交易所科创板股票上市规则〉的通知》

2.4.3 ……

公司上市时未盈利的,在公司实现盈利前,董事、监事、高级管理人员及核心技术人员自公司股票上市之日起3个完整会计年度内,不得减持首发前股份;在前述期间内离职的,应当继续遵守本款规定。

公司实现盈利后,前两款规定的股东可以自当年年度报告披露后次日起减持首发前股份,但应当遵守本节其他规定。

……

2.4.5 上市公司核心技术人员减持本公司首发前股份的,应当遵守下列规定:

(一)自公司股票上市之日起12个月内和离职后6个月内不得转让本公司首发前股份;

(二)自所持首发前股份限售期满之日起4年内,每年转让的首发前股份不得超过上市时所持公司首发前股份总数的25%,减持比例可以累积使用;

(三)法律法规、本规则以及本所业务规则对核心技术人员股份转让的其他规定。

（二）解读

因为科创公司上市条件的特殊性，故在锁定期的相关规定上做了特殊安排：(1)公司未盈利的，在公司实现盈利前，董事、监事、高级管理人员及核心技术人员自公司股票上市之日起3个完整会计年度内，不得减持首发前股份；(2)公司核心技术人员减持本公司首发前股份作了特殊规定；(3)员工持股计划穿透计算的"闭环原则"。

六、定价格：行权价格

（一）相关法律法规

《上市公司股权激励管理办法》

第二十三条 上市公司在授予激励对象限制性股票时，应当确定授予价格或授予价格的确定方法。授予价格不得低于股票票面金额，且原则上不得低于下列价格较高者：

（一）股权激励计划草案公布前1个交易日的公司股票交易均价的50%；

（二）股权激励计划草案公布前20个交易日、60个交易日或者120个交易日的公司股票交易均价之一的50%。

上市公司采用其他方法确定限制性股票授予价格的，应当在股权激励计划中对定价依据及定价方式作出说明。

第二十九条 上市公司在授予激励对象股票期权时，应当确定行权价格或者行权价格的确定方法。行权价格不得低于股票票面金额，且原则上不得低于下列价格较高者：

（一）股权激励计划草案公布前1个交易日的公司股票交易均价；

（二）股权激励计划草案公布前20个交易日、60个交易日或者120个交易日的公司股票交易均价之一。

上市公司采用其他方法确定行权价格的，应当在股权激励计划中对定价依据及定价方式作出说明。

《科创板上市公司持续监管办法（试行）》

第二十四条 科创公司授予激励对象限制性股票的价格，低于市场参考价

50%的,应符合交易所有关规定,并应说明定价依据及定价方式。

出现前款规定情形的,科创公司应当聘请独立财务顾问,对股权激励计划的可行性、相关定价依据和定价方法的合理性、是否有利于公司持续发展、是否损害股东利益等发表意见。

《上海证券交易所关于发布〈上海证券交易所科创板股票上市规则〉的通知》

10.6 上市公司授予激励对象限制性股票的价格,低于股权激励计划草案公布前1个交易日、20个交易日、60个交易日或者120个交易日公司股票交易均价的50%的,应当说明定价依据及定价方式。

出现前款规定情形的,上市公司应当聘请独立财务顾问,对股权激励计划的可行性、相关定价依据和定价方法的合理性、是否有利于公司持续发展、是否损害股东利益等发表意见。

(二)解读

放宽科创公司激励对象行权价格,即科创公司授予激励对象限制性股票的价格可以低于市场参考价50%。

七、定业绩:业绩指标

(一)相关法律法规

《上市公司股权激励管理办法》

第十一条 绩效考核指标应当包括公司业绩指标和激励对象个人绩效指标。相关指标应当客观公开、清晰透明,符合公司的实际情况,有利于促进公司竞争力的提升。

上市公司可以公司历史业绩或同行业可比公司相关指标作为公司业绩指标对照依据,公司选取的业绩指标可以包括净资产收益率、每股收益、每股分红等能够反映股东回报和公司价值创造的综合性指标,以及净利润增长率、主营业务收入增长率等能够反映公司盈利能力和市场价值的成长性指标。以同行业可比公司相关指标作为对照依据的,选取的对照公司不少于3家。

激励对象个人绩效指标由上市公司自行确定。

……

《科创板上市公司持续监管办法(试行)》

第二十一条　科创公司以本公司股票为标的实施股权激励的,应当设置合理的公司业绩和个人绩效等考核指标,有利于公司持续发展。

《上海证券交易所关于发布〈上海证券交易所科创板股票上市规则〉的通知》

4.3.3　上市公司应当建立合理有效的绩效评价体系以及激励约束机制。

上市公司激励约束机制应当服务于公司战略目标和持续发展,与公司绩效、个人业绩相联系,保持高级管理人员和核心员工的稳定,不得损害公司及股东利益。

……

10.2　上市公司实行股权激励计划,应当设置合理的公司业绩和个人绩效等考核指标,有利于公司持续发展,不得损害公司利益。

……

（二）解读

1.绩效考核指标应当包括公司业绩指标和激励对象个人指标。

2.绩效考核指标应当是合理的。

3.绩效评价体系以及激励约束机制应当是合理的。

第八节　(拟)上市公司股权激励合规与审核要点

一、全面注册制时代到来,股权激励趋势

对A股上市公司而言,全面注册制一定程度上代表着创新激励工具在更大范围内的普及,为更多的上市公司提供更灵活的激励选择。全面注册制的推动,在降低企业上市门槛的同时,给企业股权激励提供了更便捷的退出渠道,也给予广大未上市的创业企业更强的股权激励信心。因为全面注册制的实施将降低企业上市的门槛,为企业股权激励提供更便捷的股权变现退出渠道。另外,股权激励的激励原理为"低价授予股份",被激励员工以低于公允价值的价格获得公司股份,并凭借公司价值的上升获得固定薪酬难以追赶的股权上涨收益。同时需要便捷的变现渠道来实现。也就是说,员工拿到股份后,最终需要将股份卖出兑换成现金后,股权激励才能真正落地。无法变现,股权激励也就成了纸上财富。

2019 年,科创板首次提出在股权激励中推出第二类限制性股票这一创新型工具,随后又在 2020 年创业板推行注册制引入第二类限制性股票。在注册制放开前,上市公司主流的激励工具为限制性股票、股票期权以及员工持股计划。注册制放开后,科创板和创业板上市公司实施股权激励时可以选择第二类限制性股票作为激励工具。新模式集合了第一类限制性股票打折授予和股票期权晚出资的优势,现在已成为科创板和创业板上市公司的首选。同时,上市公司可以针对不同层级的员工使用不同的激励工具,进而通过使用复合型激励工具让激励方案落地性更强,也将进一步推动上市公司采用股权激励的热情。同时,科创板、创业板持续优化股权激励的规则,在激励对象范围、激励数量等方面进行了实质性的突破。

二、区分首发申报前制定、上市后实施的期权激励计划和首发申报前实施的员工持股计划

根据《上市公司股权激励管理办法》第二条,股权激励是指上市公司以本公司股票为标的,对其董事、高级管理人员及其他员工进行的长期性激励。根据《关于上市公司实施员工持股计划试点的指导意见》(中国证券监督管理委员会公告〔2014〕33 号)第二条第(四)款,员工持股计划是指上市公司根据员工意愿,通过合法方式使员工获得本公司股票并长期持有,股份权益按约定分配给员工的制度安排。员工持股计划的参加对象为公司员工,包括管理层人员。股权激励计划与员工持股计划的区别见表 3-15。

表 3-15 股权激励计划与员工持股计划的对比

具体项目	股权激励计划	员工持股计划
适用规则	《上市公司股权激励管理办法》	《关于上市公司实施员工持股计划试点的指导意见》
定义	上市公司以本公司股票为标的,对其董事、高级管理人员及其他员工进行的长期性激励	上市公司根据员工意愿,通过合法方式使员工获得本公司股票并长期持有,股份权益按约定分配给员工的制度安排

续表

具体项目	股权激励计划	员工持股计划
激励对象	董事、高级管理人员、核心技术(业务)人员、外籍员工、公司认为应该激励的其他员工;不包括独立董事和监事	公司员工,包括监事
目的	是以建立公司长期激励机制,吸引和留住优秀人才,调动公司核心骨干人员积极性为目的而向被激励对象授予公司股份,这个过程给股权更多是一种手段,目的是达到公司业绩目标	更多是为了让员工获得本公司股票并长期持有为目的
设置考核	设置业绩考核指标是强制要求	没有设置考核目标的强制要求
权益区别	不得转让、用于担保或偿还债务	可由员工自身享有,也可以转让、继承

《首次公开发行股票注册管理办法》(中国证券监督管理委员会令第205号)第四十四条规定,"发行人存在申报前制定、上市后实施的期权激励计划的,应当符合中国证监会和交易所的规定,并充分披露有关信息。"《证券期货法律适用意见第17号》(中国证券监督管理委员会公告〔2023〕14号)规定,"五、关于《首次公开发行股票注册管理办法》第四十四条规定的'期权激励计划'的理解与适用 《首次公开发行股票注册管理办法》第四十四条规定'发行人存在申报前制定、上市后实施的期权激励计划的,应当符合中国证监会和交易所的规定,并充分披露有关信息'。"

(一)首发申报前制定、上市后实施的期权激励计划

1. 原则和内容要求

发行人存在首发申报前制定、上市后实施的期权激励计划的,应当体现增强公司凝聚力、维护公司长期稳定发展的导向。期权激励计划原则上应当符合下列要求。

(1)激励对象应当符合相关上市板块的规定;

(2)激励计划的必备内容与基本要求,激励工具的定义与权利限制,行权安排,回购或者终止行权,实施程序等内容,应当参考《上市公司股权激励管理办法》的相关规定执行;

(3)期权的行权价格由股东自行协商确定,但原则上不应低于最近一年经

审计的净资产或者评估值;

(4) 发行人全部在有效期内的期权激励计划所对应股票数量占上市前总股本的比例原则上不得超过百分之十五,且不得设置预留权益;

(5) 在审期间,发行人不应新增期权激励计划,相关激励对象不得行权;最近一期期末资产负债表日后行权的,申报前须增加一期审计;

(6) 在制订期权激励计划时应当充分考虑实际控制人稳定,避免上市后期权行权导致实际控制人发生变化;

(7) 激励对象在发行人上市后行权认购的股票,应当承诺自行权日起三十六个月内不减持,同时承诺上述期限届满后比照董事、监事及高级管理人员的相关减持规定执行。

2. 中介机构核查与发行人信息披露要求

发行人需要论证:(1)期权激励计划的制订和执行情况是否符合以上要求;(2)发行人是否在招股说明书中充分披露期权激励计划的有关信息;(3)股份支付相关权益工具公允价值的计量方法及结果是否合理;(4)发行人报告期内股份支付相关会计处理是否符合《企业会计准则》相关规定。发行人应当在招股说明书中充分披露期权激励计划的有关信息:(1)期权激励计划的基本内容、制订计划履行的决策程序、目前的执行情况;(2)期权行权价格的确定原则,以及和最近一年经审计的净资产或者评估值的差异与原因;(3)期权激励计划对公司经营状况、财务状况、控制权变化等方面的影响;(4)涉及股份支付费用的会计处理等。

(二) 首发申报前实施的员工持股计划

1. 原则和内容要求

发行人首发申报前实施员工持股计划的,原则上应当全部由公司员工构成,体现增强公司凝聚力、维护公司长期稳定发展的导向,建立健全激励约束长效机制,有利于兼顾员工与公司长远利益,为公司持续发展夯实基础。员工持股计划应当符合下列要求。

(1) 发行人应当严格按照法律、行政法规、规章及规范性文件要求履行决策程序,并遵循公司自主决定、员工自愿参加的原则,不得以摊派、强行分配等方式强制实施员工持股计划。

（2）参与持股计划的员工，与其他投资者权益平等，盈亏自负，风险自担，不得利用知悉公司相关信息的优势，侵害其他投资者合法权益。员工入股应当主要以货币出资，并按约定及时足额缴纳。按照国家有关法律法规，员工以科技成果出资入股的，应当提供所有权属证明并依法评估作价，及时办理产权转移手续。

（3）发行人实施员工持股计划，可以通过公司制企业、合伙制企业、资产管理计划等持股平台间接持股，并建立健全持股在平台内部的流转、退出机制，以及所持发行人股权的管理机制。参与持股计划的员工因离职、退休、死亡等原因离开公司的，其所持股份权益应当按照员工持股计划章程或者协议约定的方式处置。

2. 员工持股计划计算股东人数的原则

（1）依法以公司制企业、合伙制企业、资产管理计划等持股平台实施的员工持股计划，在计算公司股东人数时，员工人数不计算在内；

（2）参与员工持股计划时为公司员工，离职后按照员工持股计划章程或者协议约定等仍持有员工持股计划权益的人员，可不视为外部人员；

（3）新《证券法》施行之前（2020年3月1日之前）设立的员工持股计划，参与人包括少量外部人员的，可不做清理。在计算公司股东人数时，公司员工人数不计算在内，外部人员按实际人数穿透计算。

3. 中介机构核查与发行人信息披露要求

发行人需要论证：应当对员工持股计划的设立背景、具体人员构成、价格公允性、员工持股计划章程或者协议约定情况、员工减持承诺情况、规范运行情况及备案情况进行充分核查，并就员工持股计划是否合法合规实施，是否存在损害发行人利益的情形发表明确意见。发行信息披露要求：发行人应当在招股说明书中充分披露员工持股计划的人员构成、人员离职后的股份处理、股份锁定期等内容。

4. 关于职工持股会或者工会持股情形的处理

（1）考虑到发行条件对发行人股权清晰、控制权稳定的要求，发行人控股股东或者实际控制人存在职工持股会或者工会持股情形的，应当予以清理。

（2）对于间接股东存在职工持股会或者工会持股情形的，如不涉及发行人实际控制人控制的各级主体，发行人不需要清理，但应当予以充分披露。

(3) 对于职工持股会或者工会持有发行人子公司股份，经保荐机构、发行人律师核查后认为不构成发行人重大违法行为的，发行人不需要清理，但应当予以充分披露。

三、激励对象如何确定

（一）关于股权激励对象的相关法律规定

1.《上市公司股权激励管理办法》(2018年修正)第八条规定，激励对象可以包括上市公司的董事、高级管理人员、核心技术人员或者核心业务人员，以及公司认为应当激励的对公司经营业绩和未来发展有直接影响的其他员工，但不应当包括独立董事和监事。外籍员工任职上市公司董事、高级管理人员、核心技术人员或者核心业务人员的，可以成为激励对象。单独或合计持有上市公司5%以上股份的股东或实际控制人及其配偶、父母、子女，不得成为激励对象。下列人员也不得成为激励对象。

(1) 最近12个月内被证券交易所认定为不适当人选；

(2) 最近12个月内被中国证监会及其派出机构认定为不适当人选；

(3) 最近12个月内因重大违法违规行为被中国证监会及其派出机构行政处罚或者采取市场禁入措施；

(4) 具有《公司法》规定的不得担任公司董事、高级管理人员情形的；

(5) 法律法规规定不得参与上市公司股权激励的；

(6) 中国证监会认定的其他情形。

2.《上海证券交易所科创板股票上市规则》"10.4"规定，激励对象可以包括上市公司的董事、高级管理人员、核心技术人员或者核心业务人员，以及公司认为应当激励的对公司经营业绩和未来发展有直接影响的其他员工，独立董事和监事除外。单独或合计持有上市公司5%以上股份的股东、上市公司实际控制人及其配偶、父母、子女以及上市公司外籍员工，在上市公司担任董事、高级管理人员、核心技术人员或者核心业务人员的，可以成为激励对象。科创公司应当充分说明前述人员成为激励对象的必要性、合理性。激励对象不得具有《上市公司股权激励管理办法》第八条第二款第一项至第六项规定的情形。

以上两个规定的核心区别就是：科创板股权激励可以包括单独或合计持有

上市公司5%以上股份的股东、上市公司实际控制人及其配偶、父母、子女在上市公司担任董事、高级管理人员、核心技术人员或者核心业务人员的,可以成为激励对象,而其他A股板块不可以。

(二)特殊情形的审核关注要点及解决路径

1. 拟IPO企业股权激励过程中实际控制人能否为员工出资提供借款?

《上市公司股权激励管理办法》(2018年修正)第二十一条规定,激励对象参与股权激励计划的资金来源应当合法合规,不得违反法律、行政法规及中国证监会的相关规定。上市公司不得为激励对象依股权激励计划获取有关权益提供贷款以及其他任何形式的财务资助,包括为其贷款提供担保。

如果企业有IPO的计划,那么对于实际控制人为员工的出资提供借款应当审慎为之,以避免引发监管部门对公司股权权属清晰的怀疑。对于历史上已经存在的实际控制人为员工出资提供借款的情形,监管部门的关注要点在以下方面。

(1)股权激励对象向实际控制人借款的背景和主要原因、相关借款是否支付了利息;

(2)实际控制人提供借款资金的来源;

(3)资金归还情况;

(4)相关股权是否为员工真实持有,是否存在委托持股等利益安排或者是否实质构成股权代持,发行人股东所持公司股份的权属是否清晰,各方之间是否存在纠纷或者潜在纠纷,是否对公司发行上市构成实质性障碍。

就上述问题,建议核查要点:梳理股权激励对象向实际控制人借款的背景、主要原因以及是否支付利息等;确认各方签署的借款协议、相关借款及还款资金凭证;实际控制人以及相关员工对借款事实、不存在股权代持、相关股权不存在纠纷或潜在纠纷等进行书面确认。

2. 拟IPO企业员工持股平台执行事务合伙人由非实际控制人担任是否合理?

出于稳定公司控制权及股权结构、保障对激励对象的有效管理等目的,拟IPO企业员工持股平台的执行事务合伙人/普通合伙人一般由公司实际控制人担任。然而,实务中,也有部分拟IPO企业基于各种原因,员工持股平台的执行事务合伙人/普通合伙人由发行人的董事、高管、核心技术人员或者实际控制人的亲属等担任。但是，员工持股平台的GP是否由实际控制人担任或者是否实际受实际控制人控制，直接影响持股平台是否需与实际控制人适用同等减持规则，因此，持股平台GP人选的合理性如果存疑，则容易引发监管部门怀疑企业通过股权代持规避锁定期的要求，故发行人员工持股平台执行事务合伙人由非实际控制人担任的，监管部门会对该等情形的原因、合理性进行关注，主要关注集中在以下几个方面。

(1) 该等非发行人实际控制人担任员工持股平台普通合伙人/执行事务合伙人的原因以及合理性。

(2) 是否存在受他人委托或委托他人持有发行人或员工持股平台权益的情形，是否与其他股东存在一致行动安排，是否实际由实际控制人控制；如果实际控制人同时在员工持股平台担任有限合伙人的，问询也会从合伙协议中关于普通合伙人职责和权利的约定，普通合伙人须获得的授权、是否需要征询其他方意见、重要有限合伙人是否具有特殊权利等事项的约定等角度要求中介机构对员工持股平台是否实际由实际控制人控制发表明确意见。

(3) 是否存在通过股权代持规避锁定期要求的情形。

就上述问题，建议核查要点：首先对相关人员担任普通合伙人/执行事务合伙人的原因以及合理性进行详细了解。此外，通过资金流水的核查以及由相关人员、实际控制人出具承诺，对不存在委托持股情形以及不存在规避锁定期要求进行确认。另外，根据《合伙协议》对员工持股平台普通合伙人职责和权利的约定、有限合伙人的职责和权利的约定以及员工持股平台的实际运行情况进行分析，以确认员工持股平台非由发行人实际控制人实际控制。

3. 公司监事是否可以成为股权激励对象？

根据《上市公司股权激励管理办法》《上海证券交易所科创板股票上市规则》《关于上市公司实施员工持股计划试点的指导意见》等法律、法规及上交所业务规则的强制性规定，员工持股计划并未对监事参与持股计划作出明确的禁止性或限制性规定。此外，若发行人自身亦未制定任何限制监事以员工身份参与公司持股计划的管理办法或制度，公司监事参与员工持股计划并不违反公司内部的相关规章制度。根据《上市公司股权激励管理办法》第八条的规定，激励对象可以包括上市公司的董事、高级管理人员、核心技术人员或者核心业务人员,以及公司认为应当激励的对公司经营业绩和未来发展有直接影响的其他员工,但不应当包括独立董事和监事。为确保上市公司监事独立性,充分发挥其监督作用,所以上市公司监事不得成为股权激励对象。但是在非上市公司中,监事能否成为公司股权激励的对象并无禁止性规定,因此一般认为,非上市公司监事可以成为股权激励的对象。但是,鉴于公司监事所承载的对公司事务的监督职权,为谨慎起见,一般亦不建议非上市公司的监事成为公司股权激励的对象,以保证公司监事在履职时所应具备的客观性、公正性不受干扰与影响。

4. 股权激励计划与员工持股计划的权益区别

《上市公司股权激励管理办法》第二十二条规定限制性股票在解除限售前不得转让、用于担保或偿还债务;第二十八条规定激励对象获授的股票期权不得转让、用于担保或偿还债务。《关于上市公司实施员工持股计划试点的指导意见》第二条第(七)款第 4 项有关规定,员工享有标的股票的权益;在符合员工持股计划约定的情况下,该权益可由员工自身享有,也可以转让、继承。员工通过持股计划获得的股份权益的占有、使用、收益和处分的权利,可以依据员工持股计划的约定行使;参加员工持股计划的员工离职、退休、死亡以及发生不再适合参加持股计划事由等情况时,其所持股份权益依照员工持股计划约定方式处置。

四、股权激励股份定价公允性审核要点

(一)关于上市公司的规定

《上市公司股权激励管理办法》第二十三条规定,上市公司在授予激励对象限制性股票时,应当确定授予价格或授予价格的确定方法。授予价格不得低于股票票面金额,且原则上不得低于下列价格较高者:(1)股权激励计划草案公布前 1 个交易日的公司股票交易均价的 50%;(2)股权激励计划草案公布前 20 个交易日、60 个交易日或者 120 个交易日的公司股票交易均价之一的 50%。上市公司采用其他方法确定限制性股票授予价格的,应当在股权激励计划中对定价依据及定价方式作出说明。该办法第二十九条规定,上市公司在授予激励对象股票期权时,应当确定行权价格或者行权价格的确定方法。行权价格不得低于股票票面金额,且原则上不得低于下列价格较高者:(1)股权激励计划草案公

布前1个交易日的公司股票交易均价;(2)股权激励计划草案公布前20个交易日、60个交易日或者120个交易日的公司股票交易均价之一。上市公司采用其他方法确定行权价格的,应当在股权激励计划中对定价依据及定价方式作出说明。

(二)确定公允价值应考虑因素

《监管规则适用指引——发行类第5号》第二条规定,确定公允价值应考虑以下因素:(1)入股时期,业绩基础与变动预期,市场环境变化;(2)行业特点,同行业并购重组市盈率、市净率水平;(3)股份支付实施或发生当年市盈率、市净率等指标;(4)熟悉情况并按公平原则自愿交易的各方最近达成的入股价格或股权转让价格,如近期合理的外部投资者入股价,但要避免采用难以证明公允性的外部投资者入股价;(5)采用恰当的估值技术确定公允价值,但要避免采取有争议的、结果显失公平的估值技术或公允价值确定方法,如明显增长预期下按照成本法评估的净资产或账面净资产。判断价格是否公允应考虑与某次交易价格是否一致,是否处于股权公允价值的合理区间范围内。

五、特殊激励对象的股份支付确认——《监管规则适用指引——发行类第5号》

(一)实际控制人/老股东增资

为发行人提供服务的实际控制人/老股东以低于股份公允价值的价格增资入股,且超过其原持股比例而获得的新增股份,应属于股份支付。如果增资协议约定,所有股东均有权按各自原持股比例获得新增股份,但股东之间转让新增股份受让权构成集团内股份支付,导致实际控制人/老股东超过其原持股比例获得的新增股份,也属于股份支付。实际控制人/老股东原持股比例,应按照相关股东直接持有与穿透控股平台后间接持有的股份比例合并计算。

(二)顾问或实际控制人/老股东亲友获取股份

发行人的顾问或实际控制人/老股东亲友(以下简称当事人)以低于股份公允价值的价格取得股份应综合考虑发行人是否获取当事人及其关联方的服务。发行人获取当事人及其关联方服务的应构成股份支付。实际控制人/老股东亲友未向发行人提供服务但通过增资取得发行人股份的应考虑是否实际构成发行人或其他股东向实际控制人/老股东亲友让予利益从而构成对实际控制人/老股东的股权激励。

(三)客户、供应商获取股份

发行人客户、供应商入股的,应考虑购销交易公允性、入股价格公允性等因素综合判断。购销交易价格与第三方交易价格、同类商品市场价格等相比不存在重大差异,且发行人未从此类客户、供应商获取其他利益的,一般不构成股份支付。购销交易价格显著低于/高于第三方交易价格、同类商品市场价等可比价格的:(1)客户、供应商入股价格未显著低于同期财务投资者入股价格的,一般不构成股份支付;(2)客户、供应商入股价格显著低于同期财务投资者入股价格的,需要考虑此类情形是否构成股份支付;是否显著低于同期财务投资者入股价格,应综合考虑与价格公允性相关的各项因素。

(四)中介机构核查与发行人信息披露要求

发行人需要论证:(1)股份支付相关安排是否具有商业合理性;(2)股份支付相关权益工具公允价值的计量方法及结果是否合理,与同期可比公司估值相比是否存在重大差异;(3)与股权所有权或收益权等相关的限制性条件是否真实、可行,相关约定是否实质上构成隐含的可行权条件,等待期的判断是否准确,等待期各年/期确认的职工服务成本或费用是否准确;(4)发行人股份支付相关会计处理是否符合规定。关于信息披露:发行人应根据重要性原则,在招股说明书中披露股份支付的形成原因、具体对象、权益工具的数量及确定依据、权益工具的公允价值及确认方法、职工持有份额/股份转让的具体安排等。

六、业绩考核指标监管要点

(一)业绩考核指标数值

监管部门主要关注激励方案设定的业绩指标数值是否合理,若设置过低或过高的业绩考核指标,或者调整考核指标、存在本期业绩考核数值与前期业绩考核数值差异较大的情况,易受到监管关注。

根据《上市公司股权激励管理办法》(2018年修正)第十一条的规定,绩效考核指标应当包括公司业绩指标和激励对象个人绩效指标。相关指标应当客观公开、清晰透明,符合公司的实际情况,有利于促进公司竞争力的提升。上市公司可以公司历史业绩或同行业可比公司相关指标作为公司业绩指标对照依据,公司选取的业绩指标可以包括净资产收益率、每股收益、每股分红等能够反映股东回报和公司价值创造的综合性指标,以及净利润增长率、主营业务收入增长率等能够反映公司盈利能力和市场价值的成长性指标。以同行业可比公司相关指标作为对照依据的,选取的对照公司不少于3家。激励对象个人绩效指标由上市公司自行确定。上市公司应当在公告股权激励计划草案的同时披露所设定指标的科学性和合理性。其中最为关键的就是论证所设指标的科学性和合理性,根据过往交易所关注函可以看出:业绩指标设定过低可能会被监管者认为存在变相向激励对象输送利益、可能损害上市公司及中小投资者利益的情形或质疑该指标是否能达到激励效果,从而受到监管者重点关注;业绩考核指标设定过高可能会被监管者认为存在以披露较高增长性的业绩指标进行股价炒作的情形或者质疑该业绩指标是否具有可实现性,从而受到监管者的关注。发行人需要论证业绩考核指标设置的科学性、合理性,指标设置符合《上市公司股权激励管理办法》第十一条的相关规定。

根据《上市公司股权激励管理办法》(2018年修正)第五十条的规定,上市公司在股东大会审议通过股权激励方案之前可对其进行变更,变更需经董事会审议通过。上市公司对已通过股东大会审议的股权激励方案进行变更的,应当及时公告并提交股东大会审议,且不得包括:导致加速行权或提前解除限售的情形;降低行权价格或授予价格的情形。根据该规定,发行人需要论证:(1)变更的激励方案是否属于《上市公司股权激励管理办法》(2018年修正)规定不得变更的情形;(2)发行人是否履行了必要的审议批准程序;(3)若属于业绩指标变更,需要论证变更的科学性和合理性;(4)是否仍然具有充分激励效果,是否有利于促进公司竞争力的提升,是否有利于上市公司持续发展,是否存在损害上市公司利益及全体股东利益的情形。

(二)业绩考核指标类别

根据《上市公司股权激励管理办法》(2018年修正)第十一条的规定,绩效考核指标类别主要包括两个方面:一是能够反映股东回报和公司价值创造的综合性指标的净资产收益率、每股收益、每股分红等;二是能够反映公司盈利能力和市场价值的成长性指标的净利润增长率、主营业务收入增长率等。所以发行人需要论证:(1)若发行人采取特殊的业绩考核指标,需要说明特殊的业绩考核指标是否能够客观、完整地反映公司现有及未来经营情况,指标设置是否符合《上市公司股权激励管理办法》第十一条"有利于促进公司竞争力的提升"。(2)《上市公司股权激励管理办法》第十一条所述营业收入、净利润指标主要是指归属于母公司的营业收入、净利润(部分扣除非经常性损益),其中净利润一般会剔除激励计划的激励成本影响。若采用其他业绩考核指标,如控股子公司的营业收入,需要说明选取控股子公司营业收入的合理性。另外,部分激励计划由于选取单一考核指标受到监管者关注问询,监管者要求上市公司说明选取单一考核指标的具体原因、主要考虑。

(三)特殊的两种情形

1. 未设置公司层面业绩考核指标

根据《上市公司股权激励管理办法》第十一条的规定,绩效考核指标应当包括公司业绩指标和激励对象个人绩效指标。相关指标应当客观公开、清晰透明,符合公司的实际情况,有利于促进公司竞争力的提升。若上市公司实施股权激励未设置公司层面业绩考核指标,监管部门会重点关注该行为是否符合公司当前业务发展及业绩提升要求,以及公司拟通过何种方式确保本持股计划切实产生激励效果。发行人需要论证:(1)是否符合公司当前业务发展及业绩提升要求;(2)公司拟通过何种方式确保本持股计划切实产生激励效果。

2. 前一期解锁期未解锁部分递延至下一解锁期考核

根据《上市公司股权激励管理办法》第二十五条的规定,在限制性股票有效期内,上市公司应当规定分期解除限售,每期时限不得少于12个月,各期解除限售的比例不得超过激励对象获授限制性股票总额的50%。当期解除限售的条件未成就的,限制性股票不得解除限售或递延至下期解除限售,应当按照本办法第二十六条规定处理。该办法第三十一条规定,在股票期权有效期内,上市公司应当规定激励对象分期行权,每期时限不得少于12个月,后一行权期的起算日不得早于前一行权期的届满日。每期可行权的股票期权比例不得超过激励对象获授股票期权总额的50%。当期行权条件未成就的,股票期权不得行权或递延至下期行权,并应当按照本办法第三十二条第二款规定处理。将前一期解锁期未解锁部分递延至下一解锁期考核受到监管关注,监管认为存在通过递延考核及解锁变相降低业绩考核门槛,进而导致员工持股计划约束性下降的问题。所以,建议上市公司在实施股权激励的时候采用不递延的方式。

七、激励股权回购条款设置

《监管规则适用指引——发行类第5号》第5-1增资或转让股份形成的股份支付第三条,确定等待期应考虑因素对于激励股权回购的条款区分三种情形。

(1)发行人的回购权存在特定期限。

发行人对于职工离职时相关股份的回购权存在特定期限,例如固定期限届满前、公司上市前或上市后一定期间等,无证据支持相关回购价格公允的,一般应将回购权存续期间认定为等待期。

(2)发行人的回购权没有特定期限,且回购价格不公允。

发行人的回购权没有特定期限或约定职工任意时间离职时发行人均有权回购其权益,且回购价格与公允价值存在较大差异的,例如职工仅享有持有期间的分红权、回购价格是原始出资额或原始出资额加定期利息等,发行人应结合回购价格等分析职工实际取得的经济利益,判断该事项应适用职工薪酬准则还是股份支付准则。

(3)发行人的回购权没有特定期限,且回购价格及定价基础均未明确约定。

发行人的回购权没有特定期限,且回购价格及定价基础均未明确约定的,应考虑相关安排的商业合理性。发行人应在申报前根据股权激励的目的和商业实质对相关条款予以规范,明确回购权期限及回购价格。

企业在制定股权激励回购条款时,应结合激励对象的服务年限、股权激励的效果、公司股权的公允价值等因素审慎确定回购激励对象所持激励股权条款的内容,避免影响公司股份支付费用的认定或被证券监管机构质疑回购条款约定不规范从而对公司上市进程造成不利影响。

八、激励工具:第一类限制性股票、第二类限制性股票与股票期权

(一)第一类限制性股票、第二类限制性股票

从财政部于2021年5月18日发布的《股份支付准则应用案例——授予限制性股票》说起:

【例】甲公司于2001年7月向公司高级管理人员、技术骨干等激励对象授予500万股限制性股票,授予价格为5元/股,锁定期为3年。激励对象如果自授予日起为公司服务满3年,且公司年度净利润增长率不低于10%,可申请一次性解锁限制性股票。

情形一,第一类限制性股票。激励对象在授予日按照授予价格出资购买限制性股票;待满足可行权条件后,解锁限制性股票;若未满足可行权条件,甲公司按照授予价格5元/股回购限制性股票。

情形二,第二类限制性股票。激励对象在授予日无须出资购买限制性股票;待满足可行权条件后,激励对象可以选择按授予价格5元/股购买公司增发的限制性股票,也可以选择不缴纳认股款,放弃取得相应股票。

分析:对于第一类限制性股票,甲公司为获取激励对象的服务而以其自身股票为对价进行结算,属于以权益结算的股份支付交易。甲公司应当在授予日确定授予股份的公允价值。在等待期内的每个资产负债表日,甲公司应当以对可行权的股权数量的最佳估计为基础,按照授予日授予股份的公允价值,将当期取得的服务计入相关成本或费用和资本公积。授予日授予股份的公允价值应当以其当日的市场价格为基础,同时考虑授予股份所依据的条款和条件(不包括市场条件之外的可行权条件)进行调整,但不应考虑在等待期内转让的限制,因为该限制是可行权条件中的非市场条件规定的。对于因回购产生的义务确认的负债,应当按照《企业会计准则第22号——金融工具确认和计量》相关规定进行会计处理。

第二类限制性股票的实质是公司赋予员工在满足可行权条件后以约定价格(授予价格)购买公司股票的权利,员工可获取行权日股票价格高于授予价格的上行收益,但不承担股价下行风险,与第一类限制性股票存在差异,为一项股票期权,属于以权益结算的股份支付交易。在等待期内的每个资产负债表日,

甲公司应当以对可行权的股票期权数量的最佳估计为基础,按照授予日股票期权的公允价值,计算当期需确认的股份支付费用,计入相关成本或费用和资本公积。采用期权定价模型确定授予日股票期权的公允价值的,该公允价值包括期权的内在价值和时间价值,通常高于同等条件下第一类限制性股票对应股份的公允价值。

分析依据:《企业会计准则第11号——股份支付》第二条、第四条、第六条等相关规定;《企业会计准则解释第7号》第五部分相关规定;《企业会计准则讲解2010——股份支付》第183页至第189页相关内容。

第二类限制性股票最早出现在2019年4月30日发布实施的《上海证券交易所科创板股票上市规则》(于2020年12月31日再次修订实施)第10.5条,上市公司授予激励对象限制性股票,包括下列类型:(一)激励对象按照股权激励计划规定的条件,获得的转让等部分权利受到限制的本公司股票;(二)符合股权激励计划授予条件的激励对象,在满足相应获益条件后分次获得并登记的本公司股票。该条款(一)就是第一类限制性股票;条款(二)的限制性股票,被称为第二类限制性股票。深圳证券交易所于2020年12月31日修订发布实施的《深圳证券交易所创业板股票上市规则》(2020年12月修订)(2023年2月17日和2023年8月4日再次修订)第8.4.3等条款也同样加入了第二类限制性股票的相关制度。截至目前,北京证券交易所和主板上市暂无第二类限制性股票相关制度。

(二)三种激励工具对比

第一类限制性股票,根据《上市公司股权激励管理办法》第二十二条的规定,本办法所称限制性股票是指激励对象按照股权激励计划规定的条件,获得的转让等部分权利受到限制的本公司股票。具体来讲:激励对象在授予日按照授予价格出资购买限制性股票,待满足可行权条件后,解锁限制性股票,若未满足可行权条件,则公司按照授予价格回购限制性股票。

第二类限制性股票,激励对象在授予日无须出资购买限制性股票,待满足可行权条件后,激励对象可以选择按授予价格购买公司增发的限制性股票,也可以选择不缴纳认股款,放弃取得相应股票。

股票期权,根据《上市公司股权激励管理办法》第二十八条的规定,本办法所称股票期权是指上市公司授予激励对象在未来一定期限内以预先确定的条件购买本公司一定数量股份的权利。

  上市公司实施股权激励计划是进行员工激励的主流方式。国内上市公司的股权激励模式包括股票期权、第一类限制性股票和第二类限制性股票三种形式；目前，第二类限制性股票仅在科创板、创业板上市公司试点实行。这三类股权激励工具作如下对比，考虑到《上市公司股权激励管理办法》(2018 年修正)作为上市公司股权激励根本依据和一般规定，而《上海证券交易所科创板股票上市规则》(2023 年修订)、《深圳证券交易所创业板股票上市规则》(2023 年修订)其中关于股权激励章节属于特殊规定，内容存在交叉，所以下文以《上市公司股权激励管理办法》(2018 年修正)与《上海证券交易所科创板股票上市规则》(2023 年修订)、《深圳证券交易所创业板股票上市规则》(2023 年修订)作为比较的基础，而将限制性股票与第一类限制性股票分开，只是便于列举相关规定的不同内容和适用的不同板块的上市公司，其实这属于同一类型。接下来从股权激励方案内容方面分别对三种激励工具进行对比(见表 3-16)。

表3-16 三种激励工具对比

类别	内容		
相关规定	一般规定:《上市公司股权激励管理办法》(2018年修正)(以下简称管办)		特别规定:《上海证券交易所科创板股票上市规则》(2023年修订)(以下简称上),《深圳证券交易所创业板股票上市规则》(2023年修订)(以下简称深)
激励工具	股票期权	限制性股票	第二类限制性股票
适用板块	所有板块上市公司(包括上交所主板、科创板;深交所创业板;北交所)	科创板、创业板	科创板、创业板
定义	管办第二十八条 本办法所称股票期权是指激励对象在未来一定期限内以预先确定的条件购买本公司一定数量股份的权利。激励对象获授的股票期权不得转让,用于担保或偿还债务	管办第二十二条 本办法所称限制性股票是指激励对象按照股权激励计划规定的条件,获得的转让等部分权利受到限制的本公司股票。限制性股票在解除限售前不得转让,用于担保或偿还债务	上10.5;深8.4.3 上市公司授予激励对象限制性股票,包括下列类型:(一)激励对象按照股权激励计划规定的条件,获得的转让限制的本公司股票
			上10.5;深8.4.3 上市公司授予激励对象限制性股票,包括下列类型:(二)符合股权激励计划授予条件的激励对象,在满足相应获益条件后分次获得并登记的本公司股票
激励对象	管办第八条 激励对象可以包括上市公司的董事、高级管理人员、核心技术人员或者核心业务人员,以及公司认为应当激励的对公司经营业绩和未来发展有直接影响的其他员工,但不应当包括独立董事和监事。外籍员工任职上市公司董事、高级管理人员、核心技术人员或者核心业务人员,可以成为激励对象。单独或合计持有上市公司5%以上股份的股东或实际控制人及其配偶、父母、子女,不得成为激励对象。下列人员也不得成为激励对象:(一)最近12个月内被证券交易所认定为不适当对象;		上10.4;深8.4.2 激励对象可以包括上市公司的董事、高级管理人员、核心技术人员或者核心业务人员,以及公司认为应当激励的对公司经营业绩和未来发展有直接影响的其他员工,独立董事和监事除外。上市公司应当充分说明前述人员成为激励对象的必要性、合理性。下列人员不得成为激励对象: (一)最近十二个月内被证券交易所认定为不适当人选;
			上10.4;深8.4.2 激励对象可以包括上市公司的董事、高级管理人员、核心技术人员或者核心业务人员,以及公司认为应当激励的对公司经营业绩和未来发展有直接影响的其他员工,独立董事和监事除外。单独或合计持有上市公司5%以上股份的股东或实际控制人及其配偶、父母、子女以及上市公司外籍员工,在上市公司担任董事、高级管理人员、核心技术人员或者核心业务人员的,可以成为激励对象;

续表

类别	内 容
	（二）最近12个月内被中国证监会及其派出机构认定为不适当人选； （三）最近12个月内因重大违法违规行为被中国证监会及其派出机构行政处罚或者采取市场禁入措施； （四）具有《公司法》规定的不得担任公司董事、高级管理人员情形的； （五）法律法规规定不得参与上市公司股权激励的； （六）中国证监会认定的其他情形
授予价格	管办第二十九条 上市公司在授予激励对象股票期权时，应当确定行权价格或行权价格的确定方法。行权价格不得低于股票票面金额，且原则上不得低于下列价格较高者： （一）股权激励计划草案公布前1个交易日的公司股票交易均价； （二）股权激励计划草案公布前20个交易日、60个交易日或者120个交易日的公司股票交易均价之一。 上市公司采用其他方法确定行权价格的，应当在股权激励计划中对定价方式作出说明 管办第二十三条 上市公司在授予激励对象限制性股票时，应当确定授予价格或授予价格的确定方法。授予价格不得低于股票票面金额，且原则上不得低于下列价格较高者： （一）股权激励计划草案公布前1个交易日的公司股票交易均价的50%； （二）股权激励计划草案公布前20个交易日、60个交易日或者120个交易日的公司股票交易均价之一的50%。 上市公司采用其他方法确定限制性股权激励授予价格的，应当在股权激励计划中对定价方式及定价依据作出说明	上10.6；深8.4.4 上市公司授予激励对象限制性股票的价格，低于股权激励计划草案公布前1个交易日、20个交易日的公司股票均价的50%的，或者120个交易日公司股票均价的50%的，上市公司应当说明定价依据及定价方式。出现前款规定情形的，上市公司应当聘请独立财务顾问，对股权激励计划的可行性、相关定价依据和定价方法的合理性、是否有利于公司持续发展、是否损害股东利益等发表意见

续表

类别	内容	
授予数量	管办第十四条 上市公司全部在有效期内的股权激励计划所涉及的股票总数累计不得超过公司股本总额的10%。非经股东大会特别决议批准，任何一名激励对象通过全部在有效期内的股权激励计划获授的本公司股票，累计不得超过公司股本总额的1%。本条所称股本总额是指股东大会批准最近一次股权激励计划时公司已发行的股本总额	上 10.8；深 8.4.5 上市公司可以同时实施多项股权激励计划。上市公司全部在有效期内的股权激励计划所涉及的标的股票总数，累计不得超过公司股本总额的 20%
股票来源	管办第十二条 拟实行股权激励的上市公司，可以下列方式作为标的股票的来源： （一）向激励对象发行股份； （二）回购本公司股份； （三）法律、行政法规允许的其他方式	
资金来源	管办第二十一条 激励对象参与股权激励计划的资金来源应当合法合规，不得违反法律、行政法规及中国证监会的相关规定。上市公司不得为激励对象依股权激励计划获取有关权益提供贷款以及其他任何形式的财务资助，包括为其贷款提供担保	
出资时点	分批次于行权时出资	授予时一次性出资	分批次于归属时出资
登记时点	行权时登记至个人名下	授予时登记至个人名下	归属时登记至个人名下
	管办第三十条 股票期权授权日与获授股票期权首次可行权日之间的间隔不得少于12个月	管办第二十四条 限制性股票授予日与首次解除限售日之间的间隔不得少于 12 个月	
计划期限	管办第十三条 股权激励计划的有效期从首次授予权益日起不得超过 10 年	

续表

类别	内容		
行权解锁	管办第三十一条 在股票期权有效期内,上市公司应当规定激励对象分期行权,每期时限不得少于12个月,后一行权期的起算日不得早于前一行权期的届满日。每期可行权的股票比例不得超过激励对象获授股票期权总额的50%。当期行权条件未成就的,股票期权不得行权,并应当按照本办法第三十二条第二款规定处理	管办第二十五条 在限制性股票有效期内,上市公司应当规定分期解除限售,每期时限不得少于12个月,各期解除限售的比例不得超过授予限制性股票总额的50%。当期解除限售限期的条件未成就的,限制性股票不得解除限售,应当按照本办法第二十六条规定处理	上10.7;深8.4.6 公司应当在股权激励计划中明确披露分次授予权益、获益条件时间及相关安排。获益条件包含十二个月以上的任职期限的,实际授予的权益登记后,可不再设置限售期
等待期会计处理	在等待期内的每个资产负债表日,公司应当以对可行权的股票期权数量的最佳估计为基础,按照授予日股票期权的公允价值,计算当期应确认的股份支付相关成本或费用,计入费用和资本公积	在等待期内的每个资产负债表日,公司应当以对可行权的股权数量的最佳估计为基础,将当期取得的服务计入相关成本或费用,按照授予日股份的公允价值计算当期应确认的股份支付相关成本或费用,计入费用和资本公积	在等待期内的每个资产负债表日,公司应当以对可行权的股票期权数量的最佳估计为基础,按照授予日股票期权的公允价值,计算当期需确认的股份支付相关成本或费用,计入费用和资本公积
			财政部于2021年5月18日发布的《股份支付准则应用案例——授予限制性股票》

续表

类别	内容	
回购注销/作废	管办第三十二条 股票期权各行权期结束后,激励对象未行权的当期股票期权应当终止行权,上市公司应当及时注销。 出现本办法第十八条、第三十一条规定情形,或者其他终止实施股权激励计划的情形或激励对象不符合条件的,上市公司应当注销对应的股票期权	管办第二十六条 出现本办法第十八条、第二十五条规定情形,或者其他激励股权激励计划的情形或激励对象尚未解除限售的限制性股票,并按照《公司法》的规定进行处理。 对出现本办法第十八条第一款情形的,回购价格不得高于授予价格;出现其他情形的,回购价格不得高于授予价格加上银行同期存款利息之和	上10.7;深8.4.6 上市公司授予激励对象第10.5条第二项所述限制性股票,应当就激励对象分次获益条件,并在满足各次获益条件时分批进行股份登记。当次获益条件不满足的,不得进行股份登记

第四章 股权融资

第一节 股权融资概述

股权融资,是指企业的股东愿意让出部分企业所有权,通过企业增资扩股的方式引进新的股东,同时使总股本增加的融资方式。股权融资所获得的资金,企业无须还本付息,但新股东将与老股东同样分享企业的利润与增值,除非相关的对赌条款生效致使股权回购的情形发生。

一、股权融资的主要方式

按照融资方式不同股权融资分为两种:一是非上市融资(私募),即企业不上市通过出让部分企业所有权融资,为私募股权融资。二是上市融资,又称公募,主要包括主板融资、科创板融资、北交所融资、中小板融资、创业板融资、境外市场融资等(见图4-1)。

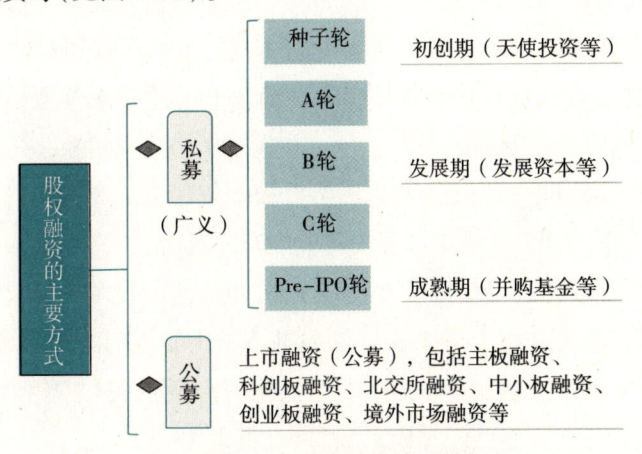

图4-1 股权融资的主要方式

股权融资的主要方式:
- 私募(广义)
  - 种子轮——初创期(天使投资等)
  - A轮
  - B轮——发展期(发展资本等)
  - C轮
  - Pre-IPO轮——成熟期(并购基金等)
- 公募：上市融资(公募),包括主板融资、科创板融资、北交所融资、中小板融资、创业板融资、境外市场融资等

广义的私募股权融资(PE),涵盖企业首次公开发行前各阶段的权益融资。而在现实中,企业实现 IPO 之前,要经历数个股权融资阶段,一般分为"天使轮、A 轮、B 轮、C 轮……Pre – IPO 轮"。

1. 对处于初创期的天使轮融资和 A 轮融资。一般来说,处在此阶段的项目还仅局限于概念和想法中,尤其是天使轮融资。天使投资人像"天使"一样帮助创业者实现梦想,实现这一梦想就是要将创业者的概念和想法转化为框架结构和产品。例如,电视剧《创业时代》中郭鑫年的"魔晶"想要拿到高摩咖啡馆老板徐佳莹和高迪的投资,郭鑫年团队要在一个月内完成魔晶的基础架构,基础架构完成后获得了第一笔资金,此为天使轮融资。一般来讲,天使投资人是财务投资人,财务投资人不参与公司的经营管理活动。A 轮融资一般引进的是战略投资人,主要是风险投资、创业投资等机构投资者,战略投资人一般能够提供渠道、技术等资源帮助公司快速成长。

2. B 轮融资阶段,一般多数企业已经开始获得盈利,商业模式已经稳定,产品已经量产,服务也已经成熟。这一轮的融资主要是估值方法的选择,因为数据较多,所以可以选择的估值方法较多,而不同的估值方法可能估值的结果又是不同的。根据不同的行业、不同的企业、不同的发展阶段等进行估值的选择,不同的估值方法背后是投资机构对企业商业模式和企业成长性等的不同估价和理解,也有对市场空间前景和市场份额等的考虑。每一种估值方法都有一定的道理,本章在第二节关于估值方法做了详细的说明。

3. C 轮融资阶段,企业已经进入了快速发展或扩展时期,企业的经营数据、财务数据已经很多,其市场前景和成长空间巨大,企业相对成熟。这个阶段企业的估值方法可选择的角度比较多,企业在融资的时候话语权相对较大。

4. 在 C 轮后企业根据自己企业的实际情况和上市计划来考虑是否需要进行 D 轮到 E 轮再到 F 轮不等的融资。Pre – IPO 轮次的投资对象是拟上市的优质项目,参与这一部分投资的操盘手以私募股权投资居多。此轮投资的退出通道多半是企业上市后从公开资本市场出售股票套现退出。

每轮的融资不仅使公司获得了大量的资金,还是创始股东的股权价值倍增的过程,所以股权融资是创业者梦寐以求的事情。比如厦门好慷家政,这是一家 O2O 模式的家政及家庭服务平台,提供家务包年服务,提供全年 52 次专业的日式家庭保洁服务,目前已经完成 C 轮融资(见表 4 – 1)。

表4-1 好慷(厦门)信息技术有限公司的融资情况

时间	轮次	金额	投资方
2019年1月10日	D轮	3亿元人民币	IDG资本 海尔资本 普华资本
2017年6月15日	战略融资	未披露	华金资本 铂欣资本
2016年3月1日	战略融资	未披露	京道资本
2015年8月4日	B轮	7000万元人民币	海尔赛富 蒙发利集团 赛富投资基金 达晨创投
2014年5月1日	A轮	数千万元人民币	坚果资本 普华资本
2013年5月1日	天使轮	数百万元人民币	拙朴投资

数据来源:天眼查,2020年2月21日。

二、与股权融资相似的几组概念

(一)股权并购与资产并购

依据《中华人民共和国商务部关于外国投资者并购境内企业的规定》第二条的规定,本规定所称外国投资者并购境内企业,系指外国投资者购买境内非外商投资企业(以下简称境内公司)股东的股权或认购境内公司增资,使该境内公司变更设立为外商投资企业(以下简称股权并购);或者,外国投资者设立外商投资企业,并通过该企业协议购买境内企业资产且运营该资产,或外国投资者协议购买境内企业资产,并以该资产投资设立外商投资企业运营该资产(以下简称资产并购)。

由上述规定内容可以看出立法对股权并购内涵的界定。即股权并购是指并购方通过协议购买目标企业的股权或认购目标企业增资的方式,成为目标企业股东,从而达到参与和控制目标企业的目的。

同时根据该条款的规定,我们也可以界定资产并购,是指并购方通过协议购买目标企业的资产的方式从而达到运营该资产的目的。

股权并购与资产并购的具体区别(见表4-2)。

表4-2 股权并购与资产并购的区别

类别	股权并购	资产并购
并购标的	目标企业的股权	目标企业的资产,如实物资产或专利、商标、商誉等无形资产
交易主体	并购方和目标公司的股东	并购方和目标公司
交易方式	股权转让或增资	资产买卖
并购意图	取得对目标企业的控制权	取得对目标企业资产的运营权
税负因素	目标企业不用交税,目标企业的股东可能因股权转让所得而需要缴纳个人或企业所得税。如果并购过程中发生土地、房屋权属的转移,纳税义务人还可能面临契税	目标企业可能会存在就转让增加的价值而发生营业税和所得税的情形。根据所购买资产的不同,纳税义务人需要缴纳税种也有所不同,主要有增值税、营业税、所得税、契税和印花税等
并购风险	承担目标企业历史、现在与未来的所有风险,经营及法律风险较大	承担所购资产的风险,经营及法律风险较小

(二)债权融资

债权融资与股权融资都是企业融资的重要手段。债权融资,是指企业通过举债的方式进行融资,债权融资获得的资金需要在债权到期日还本付息,股权融资与债权融资的具体区别(见表4-3)。

表4-3 股权融资与债权融资的区别

类别	股权融资	债权融资	备注
风险	较小	较高	股权投资一般是永久性的,公司没有盈利的时候不要支付股息,但是债权到期需要还本付息
融资成本	较高	较低	股权投资人是分享企业的利润,追求的高额高倍回报,而债权是由法律明确规定利率,一般低于股权投资人的回报
对控制权的影响	有较大影响	无影响	股权投资人是企业的股东,股东享有相应的各方面权利,而债权人不参与公司经营管理
对企业的作用	有较大的帮助作用	对企业除了资金有帮助,其他无帮助	增资扩股后增加公司的信用价值,增强公司的信誉,同时投资人要求公司建立一套完善的现代化治理结构。债权融资属于短期借债,债权人不参与公司内部事务

三、投资人的退出方式

投资人的股权退出,是指股权投资机构或个人在其所投资的创业企业发展相对成熟后或其他条件下将其持有的权益资本在市场上出售或以其他的方式收回投资并实现投资收益的过程,当然也有投资失败的止损退出情况。常见的退出方式主要有IPO、兼并收购、股权回购、股权转让、新三板交易、清算等(见图4-2)。

IPO
通过资本市场的溢价和退出功能可以给投资人带来较高的回报,是最理想的退出方式

股权回购
企业股东或管理层回购投资人股份,此方式一般收益较低,特别是在对赌条件的回购中

新三板交易
分为做市转让和协议转让,但是交易量较少

兼并收购
通过其他企业对标的企业进行收购退出,也称为反向并购,此退出方式效率高、操作灵活、一次完成

股权转让
将自己持有的股份转让给第三方

清算
最不愿意的方式,属于投资失败,可能收不回投资款

图4-2 常见的投资人退出方式

第二节 如何创建资本结构表

一、资本结构表的概念

所谓资本结构表,是指创始人、投资人及员工期权池等股权分配和归属情况的表格。其主要用于在融资过程中能够明确反映目标公司的股权结构以及控制权的情况。

二、案例说明

1. 甲、乙、丙3人创立L公司,总投资100万元,分别占股60%、20%、5%,预留15%作为员工期权池。则其资本结构(见表4-4)。

表4-4 L公司初始资本结构

股东	股份占比/%	股份数量	股价/元	总价值/元
甲	60	600000	1	600000
乙	20	200000	1	200000
丙	5	50000	1	50000
员工期权池	15	150000	1	150000
合计	100	1000000		1000000

2. 假定L公司天使轮融资的总额为500万元,占股16%,则L公司:

(1)投后估值为:3125万元(投后估值:500万/16%),投前估值为:3125 - 500 = 2625(万元)。

(2)L公司融资后总股数:600000÷50.4%≈1190476,天使轮投资人持有股份数量为:1190476 - 1000000 = 190476,其股价为:5000000÷190476≈26.25(元)(见表4-5)。

表4-5 L公司天使轮融资后资本结构

股东	股份占比/%	股份数量	股价/元	总价值/元
甲	(1-16%)×60% = 50.4	600000	26.25	15750000
乙	(1-16%)×20% = 16.8	200000	26.25	5250000
丙	(1-16%)×5% = 4.2	50000	26.25	1312500
员工期权池	(1-16%)×15% = 12.6	150000	26.25	3937500
天使轮	16	190476	26.25	4999995
合计	100	1190476		30068745

注:首先,投后估值为:3125万元本应与表4-5的总价值相等,因在数据处理过程中有四舍五入,故存在差异。

其次,即使在融资过程中有不参与同比例稀释的股权、优先股、债转股、退股和期权行权等情况,依然可以方便通过此表来表述,而且清楚明了。本书为了让读者更容易理解,故采用了最直接股权融资方式和最简明的股权结构。

第三节　如何对企业进行估值

企业估值,又称企业价值评估,一般是对企业内在价值即包括企业的资产及获利能力等各方面的评估,企业估值是投融资、收购合并、重组、资产业务出售及新股发行上市等各种交易的前提,而一家企业值多少钱,这又是一个非常专业、复杂的问题,本节主要介绍以下几种估值方法。

一、市盈率(Price – to – Earnings,P/E)估值法

市盈率的计算公式为

$$P/E = 总市值/净利润$$

首先,需要评估目标公司的每股收益(Earning Per Share)。其次,根据目标公司所在行业的情况、公司经营状况、成长性等拟定合理的市盈率。

$$股权估值 = 每股收益(EPS) \times 合理的市盈率(P/E)$$

企业的净利润和市盈率指标容易受经济周期的影响,两种因素相互叠加会导致周期性企业估值水平在一个周期内呈现大幅起落的特征,所以在应用市盈率估值法时应注意以下要点(见图 4 – 3)。

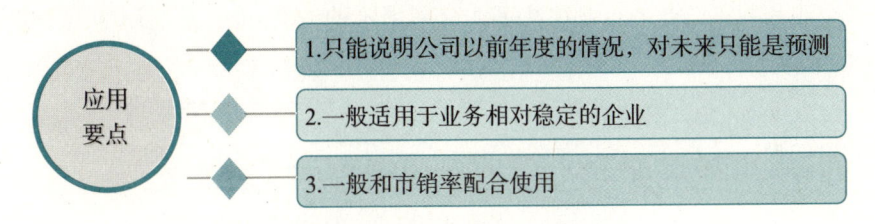

应用要点:
1. 只能说明公司以前年度的情况,对未来只能是预测
2. 一般适用于业务相对稳定的企业
3. 一般和市销率配合使用

图 4 – 3　市盈率估值法的应用要点

二、市销率(Price – to – Sales,P/S)估值法

市销率的计算公式为

$$P/S = 总市值/主营业务收入$$

1. 优点

(1)不易受到财务计算方式影响,即不易被操作;(2)亏损企业也可以使用;(3)不受所得税税率的影响,不同市场的企业可以比较;(4)排除了折旧摊

销这些非现金成本的影响。

2.缺点

(1)无法反映公司成本,不论成本上升或下降市销率都不变化;(2)不能规避关联交易;(3)只能用于同行业对比,不同行业的市销率对比没有意义;(4)P/S会随着公司营收规模的扩大而下降,营收规模越大的公司P/S越低;(5)还要重新计算债权的价值以及长期投资的价值;(6)没有考虑到税收因素,如果两个企业因税收政策相差较大,则无法进行比较。

3.适用对象

(1)充分竞争行业的企业;(2)没有巨额商誉的公司;(3)净利润亏损,但毛利、营业利润并不亏损的公司。

三、市净率(Price – to – Book Value,P/BV)估值法

市净率的计算公式为

$$P/BV = 总市值/净资产$$

净资产是公司资本金、资本公积金、资本公益金、法定公积金、任意公积金、未分配盈余等项目的合计,它代表全体股东共同享有的权益。

因为一些企业的无形资产、品牌和特定资源并未进入其资产负债表,所以制造企业和新兴产业的企业往往不适合采用这种估值方法,其适用的范围如图4-4所示。

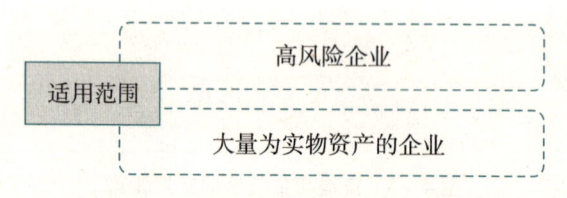

```
                    ┌─────────────────┐
                    │   高风险企业    │
 ┌────────┐         └─────────────────┘
 │适用范围│
 └────────┘         ┌─────────────────────┐
                    │ 大量为实物资产的企业│
                    └─────────────────────┘
```

图4-4 市净率估值法的适用范围

四、贴现现金流(Discounted Cash Flow,P/C)估值法

贴现现金流估值法,是指把公司未来特定期间内的预期自由现金流贴现为当前现值。本质还是来自"金钱的时间价值"这一金融的基础概念。金钱具有时间价值,是基于人们希望现在而不是未来取得金钱,因而当金钱用于存款或投资时,理应获得利息,这样,金钱的未来价值(future value)应大于现值(present value)才行。而未来价值与现值之间的系数就是折现率。但是,如果公司有并购重组等重大变化,预测结果可能会相差很大;此指标评估会使用一些专业的参数(如预期收益率、股利增长率和折现率等),而这些参数具有不确定性,所以预测结果可能不准确。

企业产生的、在满足了再投资需要之后剩余的现金流量,这部分现金流量是在不影响公司持续发展的前提下可供分配给企业资本供应者的最大现金额。简单地说,自由现金流量(FCF)是指企业经营活动产生的现金流量(OCF)扣除资本性支出(Capital Expenditures,CE)的差额。即 FCF = OCF - CE。自由现金流分为企业自由现金流(FCFF)和股权自由现金流(FCFE)两种形式,具体见图4-5。

表现形式:
- 企业自由现金流(FCFF)=(1-税率)×息税前利润(EBIT)+折旧-资本性支出(CAPX)-净营运资金(NWC)的变化
- 股权自由现金流(FCFE)= FCFF-债权人现金流量

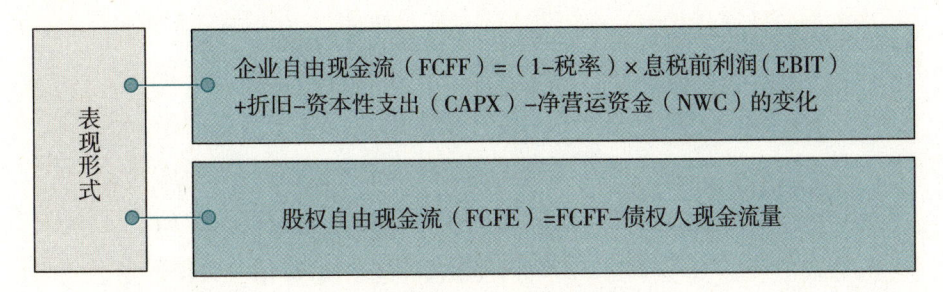

图4-5 自由现金流的两种表现形式

公司自由现金流的贴现模型为

$$FV = FC + \sum_{t=1}^{+\infty} \frac{FCFF_t}{(1+WACC)^t}$$

其中,FV 为公司价值;FC 为当前未使用资产的存量即企业当前的货币资金、短期投资和长期投资之和;$FCFF_t$ 为第 t 年的公司现金流量;WACC 为公司的加权平均资本成本。

股权自由现金流的贴现模型为

$$EV = FC + \sum_{t=1}^{+\infty} \frac{FCFE_t}{(1+K_e)^t}$$

其中,EV 为股权价值;FC 为当前未使用资产的存量;$FCFE_t$ 为第 t 年的股权自由现金流量;K_e 为 e 年股票目标报酬率。

五、市现率（P/EBITDA）估值法

市现率的计算公式为

$$P/EBITDA = 股权价值/税息折旧摊销前收益$$

其中，EBITDA = 净利润 + 所得税 + 折旧 + 摊销 + 利息费用。

市现率的缺点：(1) 要求企业的业绩相对稳定，否则可能会出现较大误差；(2) 未考虑所得税因素，税收减免或补贴会导致两家企业的 EBITDA 相等但税后净利润相差很大。

六、净资产（Net Asset Value，NAV）估值法

净资产的计算公式为

$$开发物业的净资产值 = 现有开发项目以及土地储备项目在未来销售过程中形成的净现金流折现值 - 负债。$$

$$投资物业的净资产值 = 当前项目净租金收入按设定的资本化率折现后的价值 - 负债。$$

$$净负债 = 总负债 - 公司现有货币资金$$

净资产估值法一般用在地产公司，地产公司在一定销售价格、开发速度和折现率的假设下，地产企业当前储备项目的现金流折现价值剔除负债后，即净资产价值。

七、重估净资产（Revaluated Net Assets Value，RNAV）估值法

重估净资产的计算公式为

$$RNAV = (物业面积 \times 市场均价 - 净负债)/总股份$$

其中，净负债 = 总负债 - 现金。

$$净负债 = 总负债 - 公司现有货币资金$$

重估净资产估值法适用于房地产企业或有大量自有物业的公司。其意义为公司现有物业按市场价出售应值多少钱，如果买下公司所花的钱少于公司按市场价出卖自有物业收到的钱，那么表明该公司股票在二级市场被低估。

八、PE/G 估值法

PE/G 的计算公式为

$$PE/G = 市盈率(PE)/企业年盈利增长率(G)$$

市盈率(PE)可以以市销率、市现率替代。

企业年盈利增长率可以以税前利润的成长率或营业利润的成长率或营收的成长率或每股收益年增长率替代。

该指标适用 IT 等成长性较高的企业，PE/G 是在 P/E 估值法的基础上发展起来的，是将市盈率与企业成长率结合起来的一个指标，它弥补了 PE 对企业动态成长性估计的不足。这种方法的核心是，计算 3 年的核心指标的成长情况，比如收入、利润，再结合当期市盈率、市净率，得到公司的 PE/G 水平与 PS/G 水平，它既兼顾了短期性，分子是当期的 PE 或 PS；又考虑到了长期性，分母是长期的成长率，即未来若干年的成长性。

九、其他估值方法

其他估值方法见表 4-6。

表 4-6 其他估值方法

序号	估值方法	计算方式
1	账面价值估值法	账面价值＝总资产－总负债
2	重置成本法	待评估资产价值＝重置全价－综合贬值＝重置全价×综合成新率
3	创业投资估值法	当前股权价值＝退出时的股权价值÷(1＋目标收益率)^N
4	博克斯法	创意、团队、产品、盈利模式等分别估值然后加总
5	DDM 估值法	股利贴现估值法，目前基本不适用
6	清算估值法	假设清算，将企业拆分为各资产包，并分别估算这些资产包的价值，然后加总

第四节 PE/VC 交易条款及谈判策略

一、反稀释条款

(一)反稀释条款的概念

所谓反稀释条款，是指新股发行时比前轮投资价格低的时候，前轮投资人要求反稀释权利保护的条款。保护条款,也即反稀释保护措施,包括价值性反稀释条款和结构性反稀释条款,如图4-6所示。

保护措施
- 价值性反稀释条款投资人有权以没有成本或很少成本获得新发行的股份
- 结构性反稀释条款
  - 转换权:公司发生送股、股份拆分、合并等股份重组时,转换价格作相应调整
  - 优先购买权:前轮投资人有优先购买至少与当前股比数量相应的新股

图4-6 反稀释保护措施

(二)反稀释条款的分类

反稀释条款的分类见图4-7。

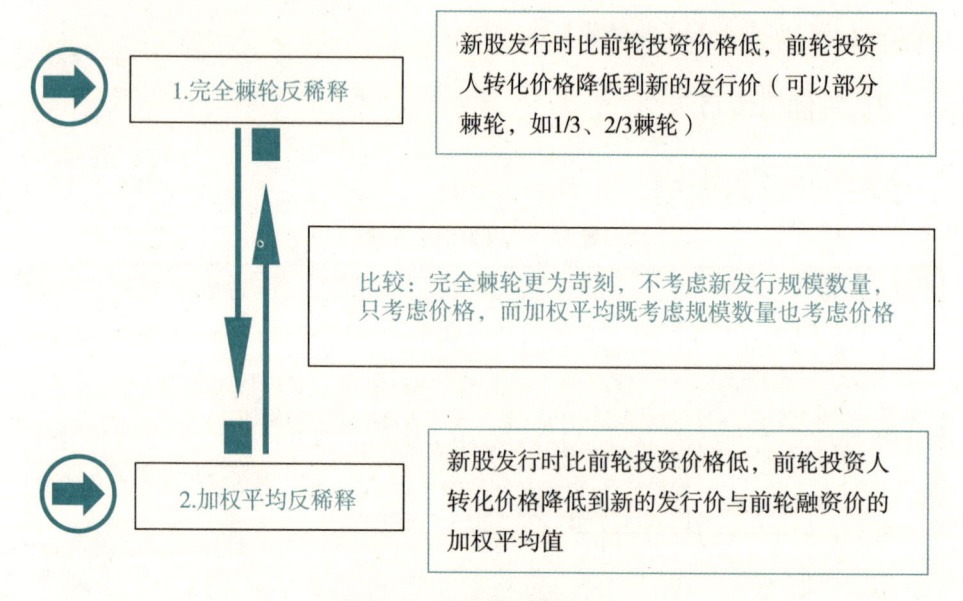

1. 完全棘轮反稀释:新股发行时比前轮投资价格低,前轮投资人转化价格降低到新的发行价(可以部分棘轮,如1/3、2/3棘轮)

比较:完全棘轮更为苛刻,不考虑新发行规模数量,只考虑价格,而加权平均既考虑规模数量也考虑价格

2. 加权平均反稀释:新股发行时比前轮投资价格低,前轮投资人转化价格降低到新的发行价与前轮融资价的加权平均值

图4-7 反稀释条款的分类

(三)反稀释条款示范

示范1:公司在后续融资时对应的认购价格低于投资人本协议的认购价格的,投资人有权要求创始股东无偿(或以象征性价格)转让公司部分股权以反映公司的重新估值达到投资人的投资价值。

第四章 股权融资

示范2：A系列优先股的转换价格将按照一个（完全棘轮）调整以减少在公司以低于可适用的转换价格的购买价格发行额外的权益证券时的稀释，但如下的股份除外：(1)员工期权池股份；(2)董事会批准的一个兼并、合并、并购或类似的商业联合而支付非现金对价而发行的股份；(3)经董事会批准的任何设备贷款或租赁安排、房地产租赁安排或从银行或类似的金融机构的债务融资而发行的股份）。

反稀释的例外：

上述示范2中的但书条款就是例外，对于创始股东，例外条款越多越有利。

（四）反稀释条款的谈判策略

反稀释条款的谈判策略主要从以下三个角度进行（见图4-8）。

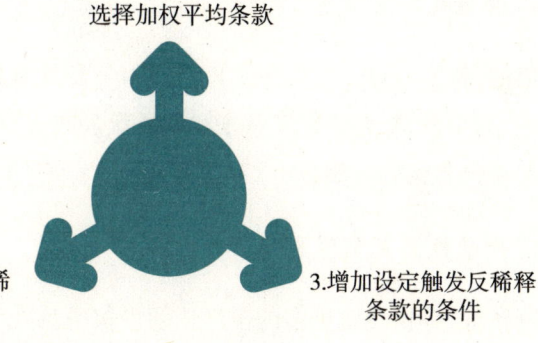

1. 如果二选一，则尽量选择加权平均条款
2. 尽可能多地列举反稀释的例外情形
3. 增加设定触发反稀释条款的条件

图4-8 反稀释条款的谈判策略

二、共同出售权条款

共同出售权，是指如果某些股东（创始人或管理团队）出售其股份，则其他股东（投资人）有权要求潜在的购买人以同样的价格和同样的条件购买他们持有的股份。

通常还限定创始人和管理团队在一定期限内不得转让、出售其股份。

三、领售权条款

（一）领售权条款的概念

领售权条款，是指出售股份的特定股东有权要求其他股东按照其与潜在的购买人谈好的条件和价格出售其股份的条款。

创始人和管理团队等普通股股东与投资人之间可以相互约定针对对方的领售权条款(双向条款)。

(二)领售权条款的触发条件

领售权条款的触发条件:(1)未在规定时间内完成 IPO;(2)未能完成某项重大收购、重组;(3)未能完成既定的财务指标;(4)达到既定投资期后退出不明朗及管理层决定不实行 IPO;(5)未能攻克某项高精尖技术等。

上述列举是针对创始人和管理团队等普通股股东,若触发,则投资人有权启动领售权条款,出售股份或清算公司。

(三)领售权条款示范

示范:在合格 IPO/(其他条件)之前,如果多数 A 类优先股股东同意出售或清算公司,剩余的 A 类优先股股东和普通股股东应该同意此交易,并以同样的价格和条件出售他们的股份。

(四)领售权条款的限制条件

限制条件,是指设定更多的条件让领售权条款处于休眠状态,换个角度看,这就是目标公司创始人的谈判策略,具体策略从三个角度分析(见图 4-9)。

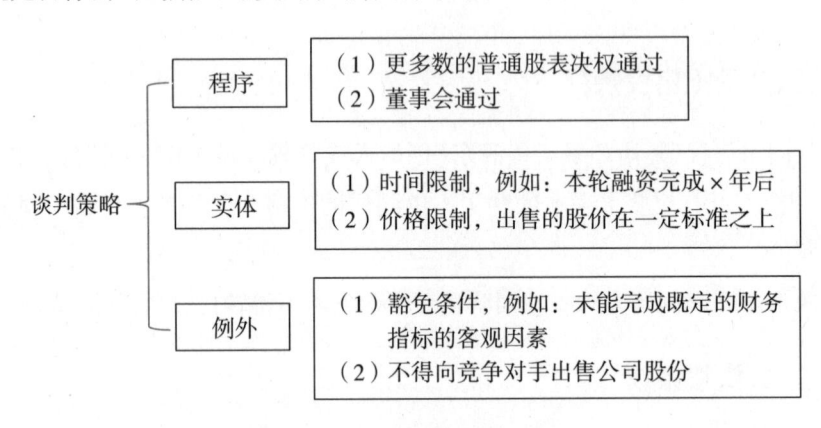

谈判策略
- 程序
  - (1)更多数的普通股表决权通过
  - (2)董事会通过
- 实体
  - (1)时间限制,例如:本轮融资完成×年后
  - (2)价格限制,出售的股价在一定标准之上
- 例外
  - (1)豁免条件,例如:未能完成既定的财务指标的客观因素
  - (2)不得向竞争对手出售公司股份

图 4-9 领售权条款的谈判策略

四、清算优先权条款

(一)清算优先权的概念

清算优先权,是指公司进入清算或发生视同清算事件时,优先股股东有优先于其他普通股股东获得剩余财产分配的权利。

(二)清算优先权的类型

清算优先权由两个部分组成:优先权(Preference)和参与分配权(Participation)。根据参与分配的程度清算优先权又分为三类:完全参与分配清算优先权、附上限参与分配清算优先权和不参与分配清算优先权,具体划分见图4–10。

```
                    清算优先权
                  根据参与分配
                      程度
         ┌───────────────┼───────────────┐
   完全参与分配      附上限参与分配        不参与分配
    清算优先权         清算优先权          清算优先权
   优先清偿金额+      优先清偿金额+       仅支付优先清偿
   一起按股比分配    一起按股比分配      金额,不参与
                    到一定的回报          其他分配
```

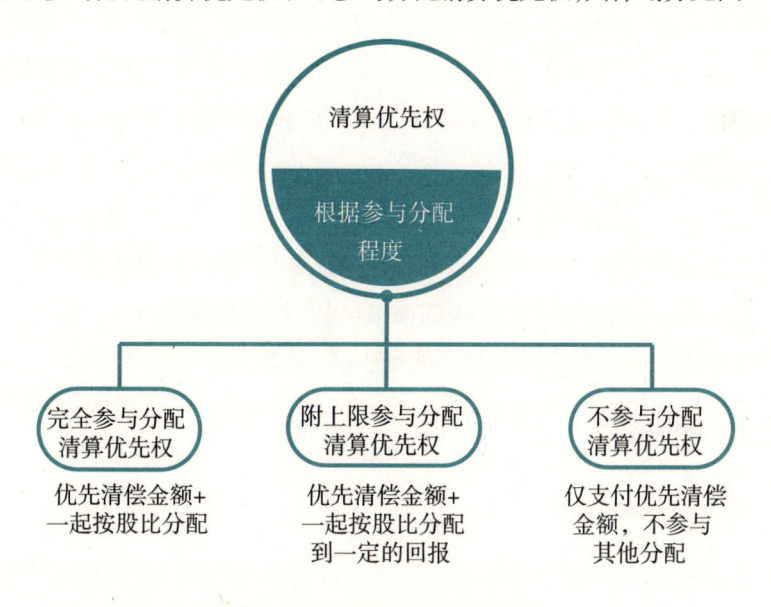

图4–10　清算优先权的类型

(三)清算优先权的触发条件

1. 清算,包括注销解散清算和公司破产清算。
2. 视同清算,兼并、合并、并购、控制权改变以及公司全部或部分资产出售等。

(四)清算优先权条款示范

示范1：完全参与分配清算优先权,在支付给A系列优先股股东清算优先权回报之后,剩余资产由普通股股东与A系列优先股股东按相当于转换后股份比例进行分配。

示范2：附上限参与分配清算优先权,在支付给A系列优先股股东清算优先权回报之后,剩余资产由普通股股东与A系列优先股股东按相当于转换后股份比例进行分配;但A系列优先股股东一旦其获得的回报达到×倍于原始购买价格以及宣布但尚未发放的股利,将停止参与分配。之后,剩余的资产将由普通股股东按比例分配。

示范3：不参与分配清算优先权,在公司清算或结束业务时,A系列(根据VC的投资顺序,用A、B、C系列等表示)优先股股东有权优先于普通股股东获得每股×倍于原始购买价格的回报以及宣布但尚未发放的股利。

(五)清算优先权条款的谈判策略

1. 优先适用顺序:不参与 > 附上限 > 完全参与(分配清算优先权)。
2. 清算优先权的倍数(投资人的回报倍数)尽可能降低。
3. 清算优先权的触发条件尽可能减少,限制条件尽可能增加。

五、回赎权条款

(一)回赎权的概念

在特定条件下,投资人有权要求公司/特定股东按照一定的价格回购其公司的股份。投资人享有的这项权利即回赎权。

(二)回赎权的触发条件

1. 在预计的期间无退出途径,包括未能IPO、未能出售公司股份等。
2. 公司前景、商业或财务状况发生重大不利变化,包括未能兑现业绩承诺、行业政策发生重大变化等。

（三）回赎主体

向投资人回赎主体包括公司和创始人，具体如图4-11所示。

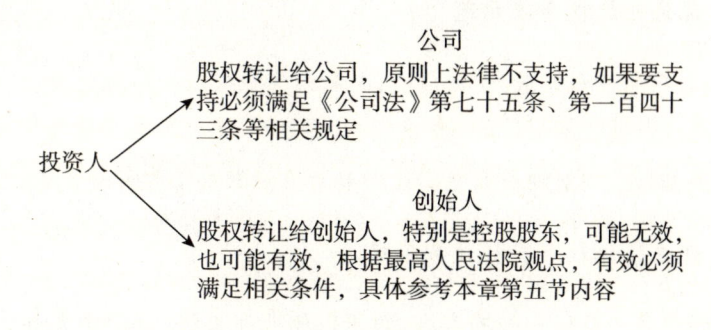

```
                    公司
                    股权转让给公司，原则上法律不支持，如果要支
                    持必须满足《公司法》第七十五条、第一百四十
                    三条等相关规定
投资人
                    创始人
                    股权转让给创始人，特别是控股股东，可能无效，
                    也可能有效，根据最高人民法院观点，有效必须
                    满足相关条件，具体参考本章第五节内容
```

图4-11 回赎主体

（四）回赎权条款示范

示范：如果大部分优先股股东同意，公司应从第五年开始，分3年回购已发行在外的A类优先股，回购价格等于原始购买价加上已宣布但尚未支付的红利。

六、优先购买权条款

优先购买权，是指如果公司在未来发行任何股份，投资人将有权在同等条件下，按其持股比例参与新股份的认购，以至少保持其在公司的持股比例不会减少。

七、优先分红权条款

（一）优先分红权的概念

优先分红权，是指公司在派发股息的时候，优先股股东享有比普通股股东优先分配一定比例分红的权利。

在目前的投资环境中，投资人一般都不会过多关注分红和股息，而是更多关注企业的成长性和长期投资的价值，期望在以10倍左右或者更多的倍数的投资价值退出。但是目前投资人在投资条款中还有相当一部分保留着该条款。关于优先股的具体内容请参照第一章优先股的内容。

所以，笔者认为，投资人保留该条款主要基于：一是标准合同条款的缘故；

二是希望目标公司不要分派股息,而将利润留存公司,将公司做得更值钱,因为保留了优先分红权,创始人如果再行分红就觉得不划算。

(二)优先分红权条款示范

示范:公司同意派发股息、分红时,A系列优先股股东有权优先于其他普通股股东获得按照投资额累计的8%的年有限股息,同时A系列优先股股东还有权按可转换基础上的普通股数量按比例参与普通股派发的剩余股息分配。

(三)优先分红权条款的谈判策略

具体参考第一章优先股的内容,对于创始股东来讲,其中绝大部分B类型的优先股比起A类型优先股更有利,故创始人在和投资人谈判的时候可以尽量争取给予投资人B类型优先股。

八、排他性条款

(一)排他性条款的概念

排他性条款,是指在约定的期间内(通常是90天左右),公司不得再与其他投资人进行融资谈判或资产处置和收购等谈判,因为在此期间投资人要完成尽职调查、签约和交割等工作,通常还会附有违约金条款。

(二)排他性条款示范

示范:公司与创始人承诺自签订投资条款清单后90天内,不得直接或间接地采取任何行动去协商、谈判出售股本及融资,或本公司有关的资产收购、出售等与本次交易相关的要约或签订任何与本协议相关的协定。

(三)排他性条款的谈判策略

1. 如果该条款投资人不能放弃,则尽量缩短排他性期限。
2. 尽量选择成功较高的投资机构,或者可能列出有某些机构不受该条款约束。

九、员工期权池条款

（一）员工期权池条款的概念

员工期权池条款，也称员工持股计划（Employee Stock Ownership Plans，ESOP），是指公司计划预提多少股份用于在未来发放给部分员工，作为激励股。

（二）员工期权池条款示范

示范：交割后，在公司现有股东持有的股权中，另行提取投资后公司股权总额的××%作为在未来发放给董事、高级管理人员、高级技术人员等员工的激励股权。

（三）员工期权池条款的谈判策略

计提的股权比例数量和激励计划执行时间可以协商。保证既能保持控制权（包括在后续融资和股权激励中），也能达到激励的效果。

十、董事会条款

（一）董事会条款的概念

董事会条款，也称董事会席位条款，是指投资人是否可以以董事的身份进入董事会，能进入几人等相关约定。

（二）董事会条款示范

示范：公司董事会由 X 名董事组成，其中投资人有权任命 Y 名董事进入公司董事会，投资人任命的董事有权进入战略委员会、审计委员会、提名委员会、薪酬与考核委员会。

（三）董事会条款的谈判策略

1. 在众多的案例中，不是所有的投资人都可以进入董事会，所以关于条款创始人可以首先提出拒绝。

2. 即使投资人可以委派人员进入董事会，绝对不能占多数，否则公司经营决策权就被投资人控制。另外,投资人进入董事会后分别进入的专业委员会双方可以协商。

十一、对赌条款

(一)对赌条款的概念

对赌条款又称对赌协议,也称估值调整协议(Valuation Adjustment Mechanism,VAM),是投资方与融资方在达成协议时,双方对于未来不确定情况的一种约定。如果约定的条件出现,投资方可以行使一种估值调整协议权利;如果约定的条件没有出现,融资方则行使一种权利。所以,对赌协议实际上就是期权的一种形式。

(二)对赌条款的类型

1. 根据对赌条件的不同,可以将对赌协议分为如图4-12所示的六种类型。

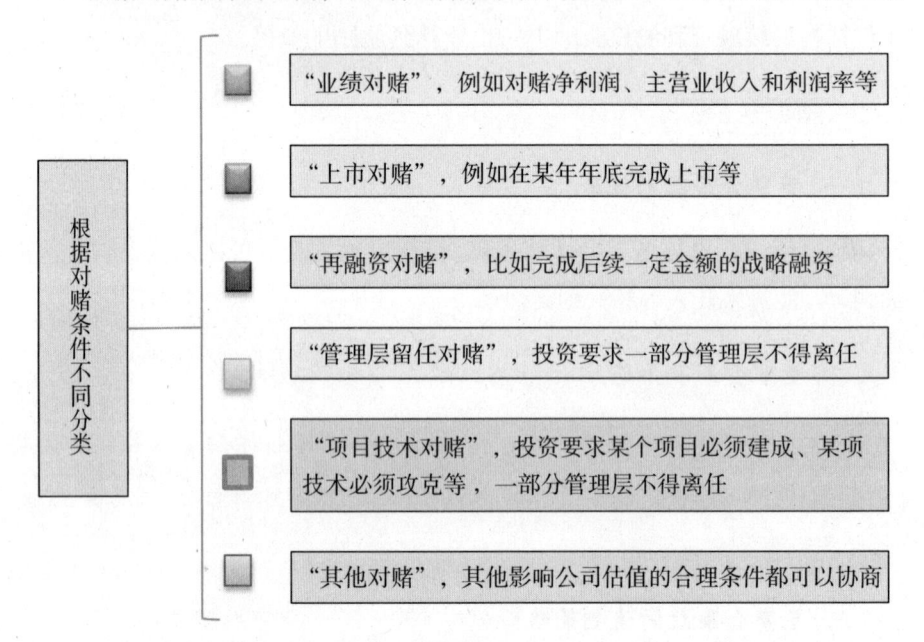

根据对赌条件不同分类:
- "业绩对赌",例如对赌净利润、主营业收入和利润率等
- "上市对赌",例如在某年年底完成上市等
- "再融资对赌",比如完成后续一定金额的战略融资
- "管理层留任对赌",投资要求一部分管理层不得离任
- "项目技术对赌",投资要求某个项目必须建成、某项技术必须攻克等,一部分管理层不得离任
- "其他对赌",其他影响公司估值的合理条件都可以协商

图4-12 根据对赌条件划分对赌协议的类型

2. 触发对赌条款生效后,根据投资人采取的调整估值的手段工具不同,可以将对赌协议分为如图4-13所示的七种类型。

根据调整估值手段工具不同分类
- "股权调整型",目标企业和(或)原股东将给予投资方一定数量的股权进行补偿
- "现金补偿型",目标企业和(或)原股东将给予投资方一定数量的货币补偿,但不再调整双方之间的股权比例
- "股权回购型",目标企业的原股东将以投资方的投资款加固定回报的价格回购投资人的股份
- "公司治理调整型",投资人有权对目标公司的董事、监事、高级管理人员加以调整,转化投资人控制型公司治理模式
- "低价增资型",目标企业将同意股权投资方以低廉价格再向企业增资一部分股权
- "股权优先型",投资人获得特定的权利,如股权优先分配权,剩余财产有限分配权或者一定的表决权利等
- "其他对赌型",当目标公司未能实现对赌协议规定的条件时,双方协商的其他调整估值的合理方式

图 4-13　根据调整估值工具划分对赌协议的类型

(三)对赌协议的相关案例

1. 上市或业绩对赌+股权回购型

2005年12月,东光微电的创始股东同中国—比利时直接股权投资基金(以下简称中比基金)的增资案中。中比基金向东光微电增资4000万元,增资后占公司29.93%的股权。招股书显示,增资起始日后5年内,如果由于公司经营业绩不符合上市要求,或者公司经营业绩连续2年净资产收益率(扣除非经常性损益)低于10%,中比基金可要求原股东或公司以现金形式赎回乙方所持全部股份,双方约定了赎回价格。

2. 业绩对赌+股权调整型

广东金刚玻璃科技股份有限公司对赌协议源自2007年1次增资扩股中引入了战略投资者,《关于公司设立以来股本演变情况专项说明》中有如下描述:2007年12月29日和2008年1月10日,公司及大股东金刚实业分别与天堂硅谷、汇众工贸和保腾创投签订《增资扩股协议》。《增资扩股协议》中附加了对

赌条款,该条款约定如果公司达不到协议约定的经营业绩等条件,金刚实业将向3家投资者无偿转让部分股份予以补偿。

3. 上市对赌+股权回购型

最高人民法院就"蓝泽桥、湖北天峡鲟业有限公司与宜都天峡特种渔业有限公司投资合同纠纷上诉案"作出的二审判决[(2014)民二终字第111号]。

投资协议书四方主体即甲方九鼎投资中心、乙方蓝泽桥、丙方宜都天峡公司、丁方湖北天峡公司共同签署了1份补充协议,约定:除非甲方另以书面形式同意延长,如果丙方在自本次投资完成之日起至2014年12月31日止的期间内未完成公开发行股票和上市,则甲方可于2014年12月31日后随时要求丙方、乙方及丁方受让甲方持有的全部或部分丙方股份,乙方和丁方承诺予以受让。

4. 业绩对赌+利润分配型

2010年11月,苏州九鼎、上海九鼎(甲方)与李广元(乙方)、明星电缆(丙方)签订了《苏州周原九鼎投资中心(有限合伙)、上海瓯温九鼎股权投资中心(有限合伙)对四川明星电缆股份有限公司之投资协议书》。三方协议约定,在上市前,如果丙方年度净资产收益率低于15%,则丙方须于年度结束后5个月内至少对上一年度实现净利润的80%进行分配。

5. 业绩对赌+股权锁定型

沈阳新松机器人自动化股份有限公司(以下简称机器人)在2009年10月的招股说明书中披露了核心管理团队与金石投资有限公司之股东协议:首先,在2008年度公司股东大会将提名1名金石投资有限公司代表担任公司董事。其次,核心管理团队承诺并保证:以2007年度经审计的税后净利润3920万元为计算基数,并以该基数计算的截至本年度(2008年度、2009年度和2010年度)经审计的税后净利润年复合增长率不低于27%。

在满足上述条件的同时,并不违反法律法规规定的情况下,机器人核心管理团队成员可在自2008年、2009年以及2010年3个完整的会计年度之正式审计报告出具日起至下一年度正式审计报告出具前1日止的期间内,共计转让不超过其现时持有公司股份的25%,最后一个转让期间截至2011年12月31日。除此之外,核心管理团队成员在此期间不得转让其持有的公司股份。

6. 上市对赌+现金补偿型与业绩对赌+股权调整型

小肥羊与3i集团(欧洲最大的私募投资公司之一)对赌约定,如果小肥羊

第四章　股权融资

在2008年9月30日之前实现IPO，则该笔债权将在上市前夕自动转换成普通股；如果小肥羊未能在此之前实现IPO，则投资方按照约定的利率到期收回本金及利息。协议中要求小肥羊的收入和利润在连续3年内均实现40%的复合增长率，如果完不成，小肥羊必须按投资时的约定将更多的股份转让给3i。

（四）对赌条款的相关规定

《最高人民法院全国法院民商事审判工作会议纪要》（法〔2019〕254号）

二、关于公司纠纷案件的审理

会议认为，审理好公司纠纷案件，对于保护交易安全和投资安全，激发经济活力，增强投资创业信心，具有重要意义。要依法协调好公司债权人、股东、公司等各种利益主体之间的关系，处理好公司外部与内部的关系，解决好公司自治与司法介入的关系。

（一）关于"对赌协议"的效力及履行

实践中俗称的"对赌协议"，又称估值调整协议，是指投资方与融资方在达成股权性融资协议时，为解决交易双方对目标公司未来发展的不确定性、信息不对称以及代理成本而设计的包含了股权回购、金钱补偿等对未来目标公司的估值进行调整的协议。从订立"对赌协议"的主体来看，有投资方与目标公司的股东或者实际控制人"对赌"、投资方与目标公司"对赌"、投资方与目标公司的股东、目标公司"对赌"等形式。人民法院在审理"对赌协议"纠纷案件时，不仅应当适用合同法的相关规定，还应当适用公司法的相关规定；既要坚持鼓励投资方对实体企业特别是科技创新企业投资原则，从而在一定程度上缓解企业融资难问题，又要贯彻资本维持原则和保护债权人合法权益原则，依法平衡投资方、公司债权人、公司之间的利益。对于投资方与目标公司的股东或者实际控制人订立的"对赌协议"，如无其他无效事由，认定有效并支持实际履行，实践中并无争议。但投资方与目标公司订立的"对赌协议"是否有效以及能否实际履行，存在争议。对此，应当把握如下处理规则：

5.【与目标公司"对赌"】投资方与目标公司订立的"对赌协议"在不存在法定无效事由的情况下，目标公司仅以存在股权回购或者金钱补偿约定为由，主张"对赌协议"无效的，人民法院不予支持，但投资方主张实际履行的，人民法院应当审查是否符合公司法关于"股东不得抽逃出资"及股份回购的强制性规定，判决是否支持其诉讼请求。

投资方请求目标公司回购股权的,人民法院应当依据《公司法》第35条关于"股东不得抽逃出资"或者第142条关于股份回购的强制性规定进行审查。经审查,目标公司未完成减资程序的,人民法院应当驳回其诉讼请求。

投资方请求目标公司承担金钱补偿义务的,人民法院应当依据《公司法》第35条关于"股东不得抽逃出资"和第166条关于利润分配的强制性规定进行审查。经审查,目标公司没有利润或者虽有利润但不足以补偿投资方的,人民法院应当驳回或者部分支持其诉讼请求。今后目标公司有利润时,投资方还可以依据该事实另行提起诉讼。

中国证券监督管理委员会《监管规则适用指引——发行类第4号》

4-3 对赌协议

投资机构在投资发行人时约定对赌协议等类似安排的,保荐机构及发行人律师、申报会计师应当重点就以下事项核查并发表明确核查意见:一是发行人是否为对赌协议当事人;二是对赌协议是否存在可能导致公司控制权变化的约定;三是对赌协议是否与市值挂钩;四是对赌协议是否存在严重影响发行人持续经营能力或者其他严重影响投资者权益的情形。存在上述情形的,保荐机构、发行人律师、申报会计师应当审慎论证是否符合股权清晰稳定、会计处理规范等方面的要求,不符合相关要求的对赌协议原则上应在申报前清理。

发行人应当在招股说明书中披露对赌协议的具体内容、对发行人可能存在的影响等,并进行风险提示。

解除对赌协议应关注以下方面:

(1)约定"自始无效",对回售责任"自始无效"相关协议签订日在财务报告出具日之前的,可视为发行人在报告期内对该笔对赌不存在股份回购义务,发行人收到的相关投资款在报告期内可确认为权益工具;对回售责任"自始无效"相关协议签订日在财务报告出具日之后的,需补充提供协议签订后最新一期经审计的财务报告。

(2)未约定"自始无效"的,发行人收到的相关投资款在对赌安排终止前应作为金融工具核算。

(五)对赌条款的谈判策略

1.从对赌条件上看,创始人应当尽量选择公司和自己能够完成的目标或更

第四章 股权融资

有利于公司发展的方式。

2. 从对赌的后果上看,即使没有实现对赌条件,也要尽量选择对公司和自己"伤害"最小的方式。

第五节 关于标的公司对赌效力的认定

一、标的公司对赌承担业绩补偿损害债权人利益,该对赌条款无效

案例: 甘肃世恒有色资源再利用有限公司、香港迪亚有限公司与苏州工业园区海富投资有限公司、陆波增资纠纷民事判决书[中华人民共和国最高人民法院民事判决书(2012)民提字第11号]

1. 世恒公司股权架构

世恒公司股权架构(见图4-14)。

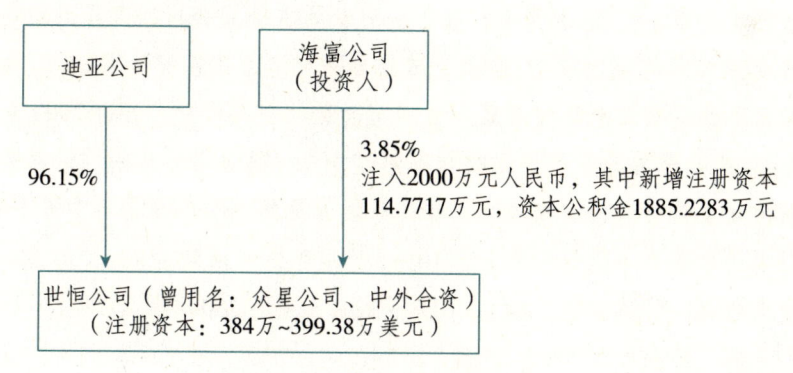

```
   迪亚公司              海富公司
                        (投资人)

                         3.85%
    96.15%          注入2000万元人民币,其中新增注册资本
                    114.7717万元,资本公积金1885.2283万元

         世恒公司(曾用名:众星公司、中外合资)
            (注册资本:384万~399.38万美元)
```

图4-14 世恒公司股权架构

2. 世恒公司与投资人对赌主体

世恒公司与投资人对赌主体(见图4-15)。

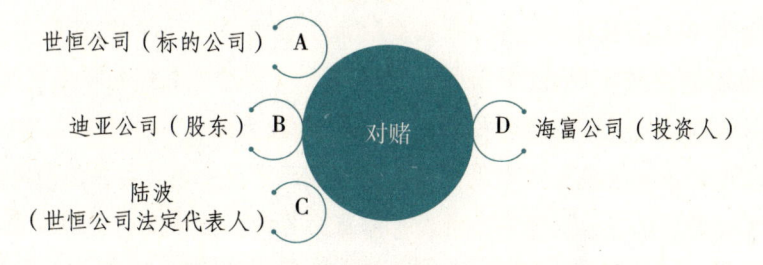

```
世恒公司(标的公司)  A

迪亚公司(股东)  B   对赌   D  海富公司(投资人)

  陆波              C
(世恒公司法定代表人)
```

图4-15 世恒公司与投资人的对赌主体

世恒公司、迪亚公司、陆波与投资人海富公司签订《增资协议》等相关法律文书,涉及对赌条款的约定如下文。

3. 对赌内容

(1)上市对赌:《增资协议》签订后,众星公司应尽快成立"公司改制上市工作小组",着手筹备安排公司改制上市的前期准备工作,工作小组成员由股东代表和主要经营管理人员组成。协议各方应在条件具备时将公司改组成规范的股份有限公司,并争取在境内证券交易所发行上市。

(2)业绩对赌:众星公司2008年净利润不低于3000万元人民币。如果众星公司2008年实际净利润完不成3000万元,海富公司有权要求众星公司予以补偿,如果众星公司未能履行补偿义务,海富公司有权要求迪亚公司履行补偿义务。补偿金额=(1-2008年实际净利润÷3000万元)×本次投资金额。

(3)股权回购约定:如果截至2010年10月20日,由于众星公司的原因造成无法完成上市,则海富公司有权在任一时刻要求迪亚公司回购届时海富公司持有之众星公司的全部股权,迪亚公司应自收到海富公司书面通知之日起180日内按以下约定回购金额向海富公司一次性支付全部价款。若自2008年1月1日起,众星公司的净资产年化收益率超过10%,则迪亚公司回购金额为海富公司所持众星公司股份对应的所有者权益账面价值;若自2008年1月1日起,众星公司的净资产年化收益率低于10%,则迪亚公司回购金额=(海富公司的原始投资金额-补偿金额)×(1+10%×投资天数÷360)。

4. 最高人民法院观点

(1)标的公司因未能实现对赌条件而承担业绩补偿条款约定无效

在《增资协议书》中约定,如果世恒公司实际净利润低于3000万元,则海富公司有权从世恒公司处获得补偿,并约定了计算公式。这一约定使海富公司的投资可以取得相对固定的收益,该收益脱离了世恒公司的经营业绩,损害了公司利益和公司债权人利益,根据《公司法》第二十条和《中外合资经营企业法》第八条的规定认定《增资协议书》中的这部分条款无效。

(2)标的公司大股东因未能实现对赌条件而承担业绩补偿条款约定有效

在《增资协议书》中,迪亚公司对于海富公司的补偿承诺并不损害公司及公司债权人的利益,不违反法律法规的禁止性规定,是当事人的真实意思表示,是有效的。迪亚公司对海富公司承诺了众星公司2008年的净利润目标并约定了补偿金额的计算方法。在众星公司 2008 年的利润未达到约定目标的情况下，迪亚公司应当依约应海富公司的请求对其进行补偿。

法条链接

《公司法》(已被修订)

第二十条 公司股东应当遵守法律、行政法规和公司章程，依法行使股东权利，不得滥用股东权利损害公司或者其他股东的利益；不得滥用公司法人独立地位和股东有限责任损害公司债权人的利益。

公司股东滥用股东权利给公司或者其他股东造成损失的，应当依法承担赔偿责任。

公司股东滥用公司法人独立地位和股东有限责任，逃避债务，严重损害公司债权人利益的，应当对公司债务承担连带责任。

《中外合资经营企业法》(已失效)

第八条 合营企业获得的毛利润，按中华人民共和国税法规定缴纳合营企业所得税后，扣除合营企业章程规定的储备基金、职工奖励及福利基金、企业发展基金，净利润根据合营各方注册资本的比例进行分配。

……

二、标的公司对赌承担大股东回购款连带责任因未经股东会追认，该对赌条款无效

案例： 通联资本管理有限公司、成都新方向科技发展有限公司、四川久远新方向智能科技有限公司与公司有关的纠纷再审民事判决书[中华人民共和国最高人民法院民事判决书(2017)最高法民再258号]

1. 久远公司股权架构

《增资扩股协议》签订时，目标公司久远公司股权结构(见图4-16)。

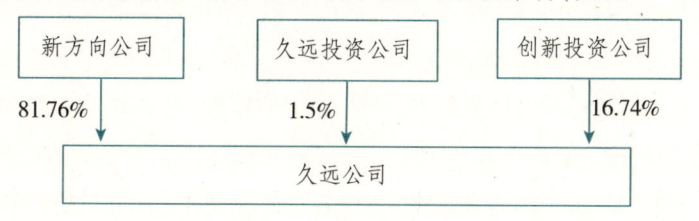

图4-16 久远公司股权架构

由图 4-16 可知,新方向公司占 81.76%,四川久远投资控股集团有限公司占 1.5%,成都高新创新投资有限公司占 16.74%。

2. 久远公司投资人的对赌主体

久远公司投资人的对赌主体(图 4-17)。

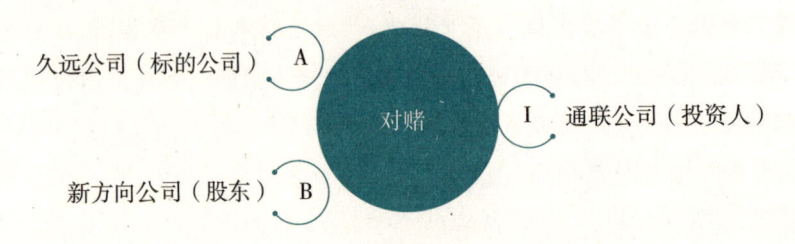

图 4-17 久远公司与投资人的对赌主体

3. 对赌内容

久远公司、新方向公司与投资人通联公司签订《增资扩股协议》等相关法律文书,并涉及对赌条款的约定。《增资扩股协议》部分内容如下文。

上市对赌:

《增资扩股协议》

6.1 当出现以下情况之一时,甲方(通联公司)有权要求乙方(久远公司)或丙方(新方向公司)回购甲方所持有的全部乙方股份;

6.1.1 甲方在 2012 年 6 月 30 日对乙方能否 IPO 上市进行独立判断,并在 2012 年 7 月 30 日前决定是否要求乙方回购甲方所持有的全部乙方股份;

6.1.2 如果乙方不能在 2013 年 12 月 31 日前获得中国证监会关于乙方首次公开发行股票并上市的核准文件,该等原因包括乙方经营业绩方面不具备上市条件,或由于乙方历史沿革方面的不规范未能实现上市目标,或由于参与乙方经营的丙方存在重大过错、经营失误原因造成乙方无法上市;

6.1.3 在 2013 年 12 月 31 日之前的任何时间,丙方或乙方发生股权变更而导致乙方的实际控制人发生变化;

6.1.4 在 2013 年 12 月 31 日之间的任何时间,丙方或乙方明示放弃本协议项下的乙方上市安排或工作;

6.1.5 甲方在 2014 年 3 月 30 日对乙方能否 IPO 上市再次进行独立判断,并在 2014 年 4 月 30 日前决定是否要求乙方或丙方回购甲方所持有的全部乙方股份。

第四章　股权融资

4. 最高人民法院观点

（1）新方向公司作为目标公司的大股东回购通联公司股份合法有效

《增资扩股协议》中约定新方向公司在约定触发条件成就时按照约定价格回购通联公司持有的久远公司股权，该约定实质上是投资人与目标公司原股东达成的特定条件成就时的股权转让合意，该合意系当事人真实意思表示，亦不存在违反公司法规定的情形。

（2）目标公司对回购款的支付系担保责任，故连带责任无效

《公司法》第十六条第二款规定："公司为公司股东或者实际控制人提供担保的，必须经股东会或者股东大会决议。"久远公司在《增资扩股协议》中承诺对新方向公司进行股权回购义务承担连带责任，但并未向通联公司提供相关的股东会决议，亦未得到股东会决议追认，而通联公司未能尽到基本的形式审查义务，从而认定久远公司法定代表人向生建代表公司在《增资扩股协议》上签字、盖章行为，对通联公司不发生法律效力。该连带责任本质属于连带担保责任，理由是久远公司不是股权回购的义务主体，并不产生久远公司回购本公司股份的法律后果，所以其承担的连带责任属于从义务（具体参见判决书内容）。

（3）久远公司应承担"连带责任条款"无效后的过错赔偿责任

通联公司在签订《增资扩股协议》时，因《久远公司章程》中并无公司对外担保议事程序的规定，通联公司有合理理由相信向生建有权代表公司对外签订有担保意思表示内容的《增资扩股协议》，但其未能尽到要求目标公司提交股东会决议的合理注意义务，导致担保条款无效，对协议中约定的担保条款无效自身存在过错。而久远公司在公司章程（2009年6月9日之前）中未规定公司对外担保及对公司股东、实际控制人提供担保议事规则，导致公司法定代表人使用公章的权限不明，法定代表人向生建未经股东会决议授权，越权代表公司承认对新方向公司的股权回购义务承担履约连带责任，其对该担保条款无效也应承担相应的过错责任。《最高人民法院关于适用〈中华人民共和国担保法〉若干问题的解释》第七条规定："主合同有效而担保合同无效，担保人无过错的，担保人不承担民事责任；担保人有过错的，担保人承担民事责任的部分，不应超过债务人不能清偿部分的二分之一。"根据该条规定，通联公司、久远公司在《增资扩股协议》中约定的"连带责任"条款无效，双方均存在过错，久远公司对新方向公司承担的股权回购款及利息，就不能清偿部分承担1/2的赔偿责任。

三、标的公司对赌承担大股东回购款连带责任虽未经股东会追认,但因投资人尽到审慎义务,该对赌条款有效

案例:强静延、曹务波、山东瀚霖生物技术有限公司股权转让纠纷再审民事判决书[中华人民共和国最高人民法院民事判决书(2016)最高法民再128号]

1. 瀚霖公司股权架构(因投资人较多,不详细说明)

瀚霖公司股权架构(图4-18)。

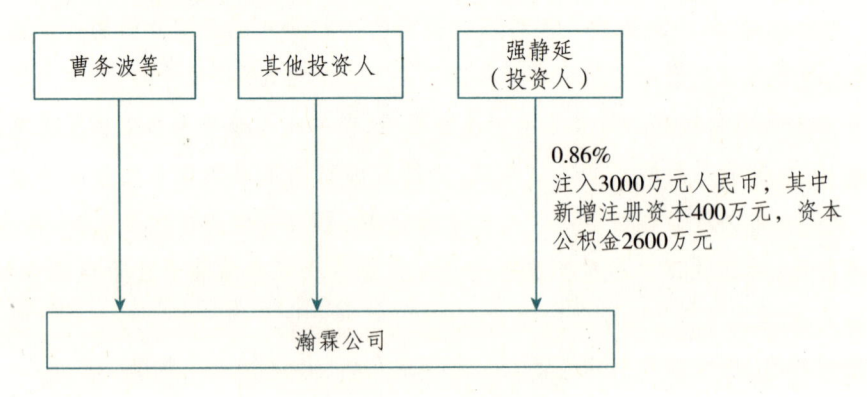

```
曹务波等    其他投资人    强静延
                        (投资人)
                        
                        0.86%
                        注入3000万元人民币,其中
                        新增注册资本400万元,资本
                        公积金2600万元
         
         瀚霖公司
```

图4-18 瀚霖公司股权架构

2. 瀚霖公司与投资人对赌主体

瀚霖公司与投资人的对赌主体(图4-19)。

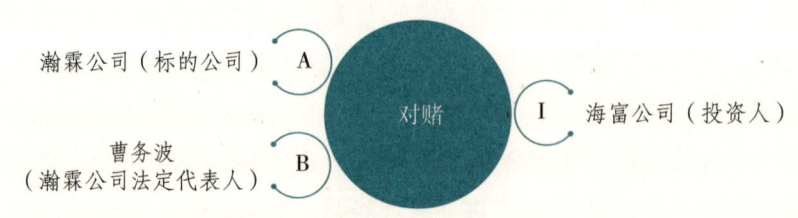

```
瀚霖公司(标的公司)  A
                        对赌    I  海富公司(投资人)
曹务波              B
(瀚霖公司法定代表人)
```

图4-19 瀚霖公司与投资人的对赌主体

3. 对赌内容

瀚霖公司作为甲方,北京冷杉投资中心(有限合伙)、福建国耀投资有限公司、强静延、孙博、许欣欣作为乙方,曹务波作为丙方,三方共同签订了《增资协议书》和《补充协议书》。《补充协议书》部分内容如下文。

上市对赌:

《补充协议书》第二条第一款约定:曹务波承诺争取目标公司于2013年6

月 30 日前获准首次公开发行股票并在国内主板或创业板证券交易所上市（以下简称合格 IPO）；

第二款约定：如果目标公司未能在 2013 年 6 月 30 日前完成合格 IPO，强静延有权要求曹务波以现金方式购回强静延所持的目标公司股权，回购价格为强静延实际投资额再加上每年 8% 的内部收益率溢价，计算公式为 $P = M \times (1 + 8\%)^T$，其中：P 为回购价格，M 为实际投资额，T 为自本次投资完成日至强静延执行选择回购权之日的自然天数除以 365；

第六款约定：瀚霖公司为曹务波的回购提供连带责任担保。

4. 最高人民法院观点

案涉《补充协议书》所约定担保条款合法有效，瀚霖公司应当依法承担担保责任，理由如下：

(1) 强静延已对瀚霖公司提供担保经过股东会决议的事宜尽到审慎注意和形式审查义务。案涉《增资协议书》载明"瀚霖公司已通过股东会决议，原股东同意本次增资；各方已履行内部程序确保其具有签订本协议的全部权利；各方授权代表已获得本方正式授权"。《补充协议书》载明"甲方（瀚霖公司）通过股东会决议同意本次增资扩股事项"。因两份协议书约定内容包括增资数额、增资用途、回购条件、回购价格以及瀚霖公司提供担保等"一揽子"事项，两份协议书均由瀚霖公司盖章及其法定代表人签名。对于债权人强静延而言，增资扩股、股权回购、公司担保本身属于链条型的整体投资模式，基于《增资协议书》及《补充协议书》的上述表述，强静延有理由相信瀚霖公司已对包括提供担保在内的增资扩股"一揽子"事项通过股东会决议，曹务波已取得瀚霖公司授权代表公司对外签订担保条款，且瀚霖公司在本案审理中亦没有提交其他相反证据证明该公司未对担保事项通过股东会决议，故应当认定强静延对担保事项经过股东会决议的事宜已尽到审慎注意和形式审查义务，因而案涉《补充协议书》所约定担保条款对瀚霖公司已发生法律效力。

(2) 强静延的投资全部用于公司经营发展，瀚霖公司全体股东因而受益，故应当承担担保责任。《公司法》第十六条之立法目的系防止公司大股东滥用控制地位，出于个人需要、为其个人债务而由公司提供担保，从而损害公司及公司中小股东权益。本案中，案涉担保条款虽系曹务波代表瀚霖公司与强静延签订，但是 3000 万元款项并未供曹务波个人投资或消费使用，亦并非完全出于曹务波个人需要，而是全部投入瀚霖公司资金账户，供瀚霖公司经营发展使用，有利于瀚霖公司提升持续盈利能力。这不仅符合公司新股东强静延的个人利益，也符合公司全体股东的利益，瀚霖公司本身是最终的受益者。即使确如瀚霖公司所述股东会并未对担保事项进行决议，但是该担保行为有利于瀚霖公司的自身经营发展需要，并未损害公司及公司中小股东权益，不违反《公司法》第十六条之立法目的。因此，认定瀚霖公司承担担保责任，符合一般公平原则。

第五章 控 制 权

第一节 控制权概述

一、控制权的概念

公司控制权,是指能够对股东会、董事会的决议产生重大影响或者能够实际支配公司行为的权力,具体包括能够决定和实质影响公司的经营方针和决策、组织机构运作、对董事和高级管理人员的提名及任免及业务运营等权利的集合。其渊源是对公司的直接或者间接的股权投资和(或)协议或其他关系。

二、谁享有控制权

享有控制权的主体包括两类:一是控股股东;二是实际控制人。控股股东是因占股优势而形成对公司的控制;实际控制人主要是通过投资、协议等方式而支配公司。在一家公司中关于实际控制人可能有三种情形,包括只有一个实际控制人、有多个实际控制人或无实际控制人。具体如图5-1所示。

```
控制权
├── 控股股东
│   ├── 1  出资额或持股占50%以上
│   └── 2  虽然不足50%，但是表决权已足以对股东会、股东（大）会的决议产生重大影响
└── 实际控制人
    ├── ● 一个实际控制人
    ├── ● 多个实际控制人
    ├── ● 无实际控制人
    └── 虽不是公司的股东，但通过投资关系、协议或者其他安排，能够实际支配公司行为的人
```

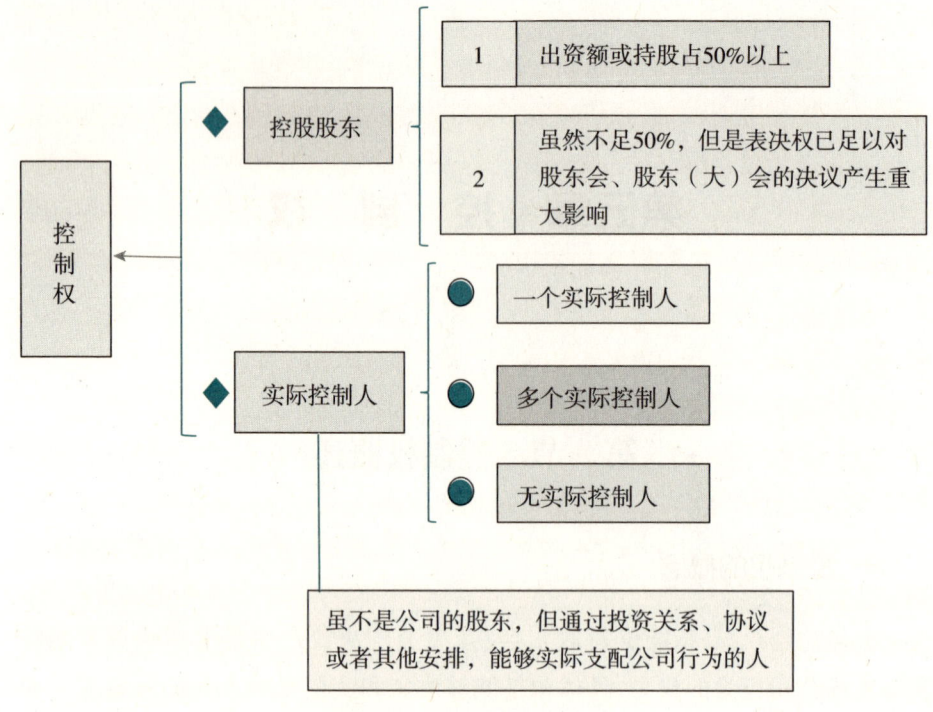

图 5-1　享有控制权的主体

三、控制权的相关法律法规

《公司法》

第二百六十五条　本法下列用语的含义：

（一）高级管理人员，是指公司的经理、副经理、财务负责人，上市公司董事会秘书和公司章程规定的其他人员。

（二）控股股东，是指其出资额占有限责任公司资本总额超过百分之五十或者其持有的股份占股份有限公司股本总额超过百分之五十的股东；出资额或者持有股份的比例虽然低于百分之五十，但依其出资额或者持有的股份所享有的表决权已足以对股东会的决议产生重大影响的股东。

（三）实际控制人，是指通过投资关系、协议或者其他安排，能够实际支配公司行为的人。

（四）关联关系，是指公司控股股东、实际控制人、董事、监事、高级管理人员与其直接或者间接控制的企业之间的关系，以及可能导致公司利益转移的其他关系。但是，国家控股的企业之间不仅因为同受国家控股而具有关联关系。

《上市公司收购管理办法》（2020年修正）

第八十四条 有下列情形之一的，为拥有上市公司控制权：

（一）投资者为上市公司持股50%以上的控股股东；

（二）投资者可以实际支配上市公司股份表决权超过30%；

（三）投资者通过实际支配上市公司股份表决权能够决定公司董事会半数以上成员选任；

（四）投资者依其可实际支配的上市公司股份表决权足以对公司股东大会的决议产生重大影响；

（五）中国证监会认定的其他情形。

四、如何认定控股股东

控股股东，是指其出资额占有限责任公司资本总额50%以上或者其持有的股份占股份有限公司股本总额50%以上的股东；出资额或者持有股份的比例虽然不足50%，但依其出资额或者持有的股份所享有的表决权已足以对股东会、股东大会的决议产生重大影响的股东。其存在两种情形：

（1）占公司股本总额50%以上的股东，通常称为绝对控股股东；

（2）占股虽然不足50%，但依其持有的股份所享有的表决权已足以对股东大会的决议产生重大影响的股东，通常称为相对控股股东。对如何理解"对股东大会的决议产生重大影响"，因没有量化所以存在争议。

五、如何认定实际控制人

实际控制人，是指虽不一定是公司的股东，但通过投资关系、协议或者其他安排，能够实际支配公司行为的人。对于如何认定实际控制人目前主要适用中国证券监督管理委员会《〈首次公开发行股票注册管理办法〉第十二条、第十三条、第三十一条、第四十四条、第四十五条和〈公开发行证券的公司信息披露内容与格式准则第57号——招股说明书〉第七条有关规定的适用意见——证券期货法律适用意见第17号》（〔2023〕14号）（以下简称《第17号意见》）。根据《第17号意见》，实际控制人是指拥有公司控制权、能够实际支配公司行为的主体。在确定公司控制权归属时，应当本着实事求是的原则，尊重企业的实际情况，以发行人自身的认定为主，由发行人股东予以确认。保荐机构、发行人律师应当通过核查公司章程、协议或者其他安排以及发行人股东大会（股东出席会议情况、表决过程、审议结果、董事提名和任命等）、董事会（重大决策的提议和表决过程等）、监事会及发行人经营管理的实际运作情况，对实际控制人认定发表明确意见。发行人股权较为分散但存在单一股东控股比例达到百分之三十的情形的，若无相反的证据，原则上应当将该股东认定为控股股东或者实际控制人。

（一）一个实际控制人

一个实际控制人，即出资额或者持股比例最大的股东，我们通常所说的一股独大。包括自然人、公司或其他组织等形式。另外，虽然股权不足50%，但是通过签订委托投票权、AB股结构等方式而在表决上拥有控制权，故成为一个实际控制人。

（二）多个实际控制人

多个实际控制人，即《第17号意见》第三条所述情形，多人共同拥有公司控制权的情形。

《第17号意见》

二、关于《首次公开发行股票注册管理办法》第十二条"实际控制人没有发生变更"和第四十五条控股股东、实际控制人锁定期安排的理解与适用

（二）共同实际控制人

发行人主张多人共同拥有公司控制权的，应当符合以下条件：

1. 每人都必须直接持有公司股份或者间接支配公司股份的表决权；

2. 发行人公司治理结构健全、运行良好，多人共同拥有公司控制权的情况不影响发行人的规范运作；

3. 多人共同拥有公司控制权的情况，一般应当通过公司章程、协议或者其他安排予以明确。公司章程、协议或者其他安排必须合法有效、权利义务清晰、责任明确，并对发生意见分歧或者纠纷时的解决机制作出安排。该情况在最近三十六个月（主板）或者二十四个月（科创板、创业板）内且在首发后的可预期期限内是稳定、有效存在的，共同拥有公司控制权的多人没有出现重大变更；

4. 根据发行人的具体情况认为发行人应当符合的其他条件。

法定或者约定形成的一致行动关系并不必然导致多人共同拥有公司控制权,发行人及中介机构不应为扩大履行实际控制人义务的主体范围或者满足发行条件而作出违背事实的认定。主张通过一致行动协议共同拥有公司控制权但无第一大股东为纯财务投资人等合理理由的,一般不能排除第一大股东为共同控制人。共同控制人签署一致行动协议的,应当在协议中明确发生意见分歧或者纠纷时的解决机制。

实际控制人的配偶、直系亲属,如持有公司股份达到百分之五以上或者虽未达到百分之五但是担任公司董事、高级管理人员并在公司经营决策中发挥重要作用,保荐机构、发行人律师应当说明上述主体是否为共同实际控制人。

如果发行人最近三十六个月(主板)或者二十四个月(科创板、创业板)内持有、实际支配公司股份表决权比例最高的主体发生变化,且变化前后的主体不属于同一实际控制人,视为公司控制权发生变更。发行人最近三十六个月(主板)或者二十四个月(科创板、创业板)内持有、实际支配公司股份表决权比例最高的主体存在重大不确定性的,比照前述规定执行。

(三)无实际控制人

无实际控制人,一般是股权极度分散的公司加之各个股东之间没有关于一致行动的条款或者协议,最终无法判决实际控制人是谁。

六、创始人保持控制权的措施

无论是在股权架构设计,还是在股权激励或股权融资的时候,创始人保持对公司的控制权尤为重要,未能做到这一点而因此失败的创业者比比皆是。故公司创始人失去控制权,对于创业者来说是非常可怕的事情。创始人如何保持和维持对公司的控制权,实现创始人的控制地位,本书通过制度设计和相关措施来巩固或维持或重新获得对公司的控制权。

公司控制权是从股东所有权中派生出来的管理性权利。它在本质上是一种新的利益存在方式,是利益冲突的产物。公司控制权的正当行使,对公司企业的产生和发展发挥了关键的推动作用,有利于建立股东之间的信任基础,有利于提高公司运行的效率。它是一种表征公司运行状态的评价体系,其真正价值就是平衡地维护各方相关主体的现实利益和合理的期望利益。

笔者认为,创始人的控制权应该在公司设立之初或在股权变动的时候(股权激励、股权融资等)就要预设条款或制度来防止控制权的丧失或者能够在控制权丧失的情况下重获控制权。就此,我们有了两套策略:一是通过制度或条款等方式一直能够保持控制权的"主动进攻型策略"(见图5-2);二是通过预设的制度或条款等方式在丧失或可能丧失控制权的情况下采取的"防守反击型策略"(见图5-3)。

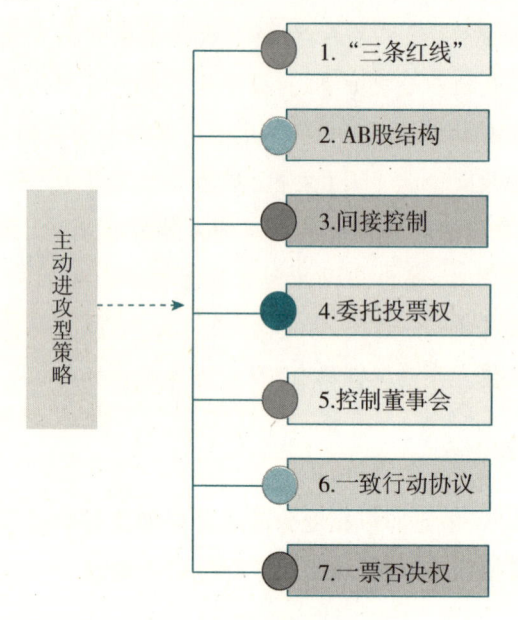

主动进攻型策略：
1. "三条红线"
2. AB股结构
3. 间接控制
4. 委托投票权
5. 控制董事会
6. 一致行动协议
7. 一票否决权

图5-2　主动进攻型策略

防守反击型策略：
1. 定向增发
2. 管理层收购
3. 资产重组
4. 修改公司章程

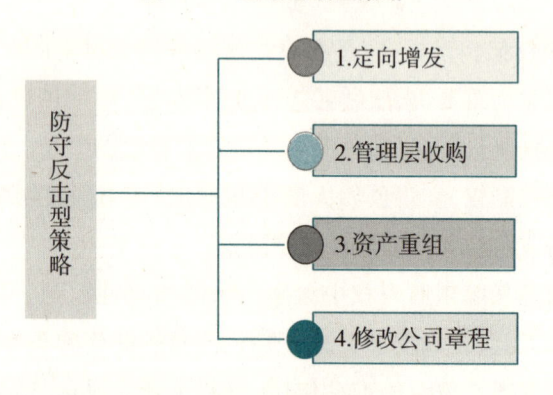

图5-3　防守反击型策略

第二节 主动进攻型策略

一、"三条红线"

根据《公司法》第六十六条规定:"股东会的议事方式和表决程序,除本法有规定的外,由公司章程规定。股东会作出决议,应当经代表过半数表决权的股东通过。股东会作出修改公司章程、增加或者减少注册资本的决议,以及公司合并、分立、解散或者变更公司形式的决议,应当经代表三分之二以上表决权的股东通过。"

根据上述条款和其他条款,要警惕"三条红线"(见表 5-1)。

表 5-1 股权比例的"三条红线"

股权比例	权 利
>2/3	修改公司章程,增减注册资本,合并、分立、解散或变更公司形式等
>1/2	一般事项表决权
>1/3	对重大事项的一票否决权(表格所列的第一行事项)

二、AB 股结构

A 股:普通股,向所有外部投资人发行。

B 股:战略股(创始股),创始人和高管持有每股对应例如 10 个投票权的 B 类股。B 股表决权比例大于持股权比例。

C 股:分红股(无投票权,无表决权)。

案例: 2018 年 6 月 11 日凌晨,证监会披露《小米集团公开发行存托凭证招股说明书》文件(以下简称招股书),资料显示,在持股比例方面,小米公司创始人、董事长兼 CEO 雷军持股 31.41%,联合创始人、总裁林斌持股 13.33%,联合创始人、品牌战略官黎万强持股 3.24%。小米采取同股不同权股权架构。小米以 CDR 形式实现在 A 股上市后,将成为 A 股市场"同股不同权"第 1 家公司。小米的股权类型复杂,包括 A 类普通股(即 A 类股份)、B 类普通股(即 B 类股份)、优先股(含 A 系列优先股、B 系列优先股等)。其中的同股不同权(即 AB

股)安排为:对于提交股东大会的任何决议案,A 类股份持有人每股可投 10 票,而 B 类股份持有人每股仅可投 1 票。但对于保留事项的议案,A 类股份、B 类股份每股均只有 1 票的投票权。①

三、间接控制

所谓间接控制,一般是为公司设立持股平台,持股平台是公司实施股权激励过程当中比较常用的一种操作模式。具体而言,就是在母公司之外以被激励对象作为主要的成员来搭建的有限合伙企业或者特殊目的公司,由有限合伙企业或特殊目的公司持有母公司的股权,从而实现被激励对象间接持有母公司股权的目的(见图 5-4)。

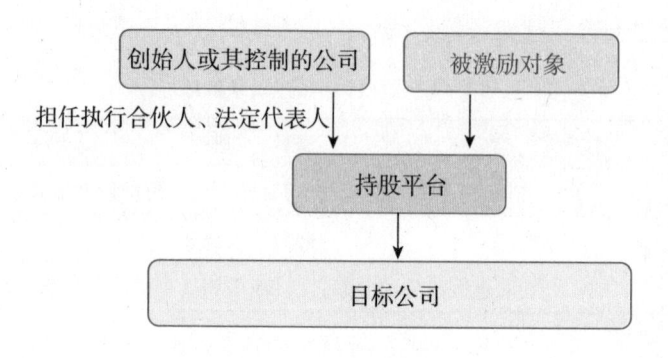

图 5-4 间接控制

案例:张玉良的"格林兰"模式:张玉良设立了从"壹有限合伙"到"叁拾贰有限合伙"共计 32 个有限合伙企业,然后在每一个小的有限合伙安排中,格林兰投资作为普通合伙人(GP),只象征性出资 1000 元即获得了管理权。这样,在一共 32 个小有限合伙安排中,格林兰投资累计出资额只有 3.2 万元。也就是说,格林兰投资以 3.2 万元控制了 3759.74 万元的员工持股权。这是关键安排的第一步。在此基础上,以 32 个小有限合伙安排为有限合伙人(LP),格林兰投资作为普通合伙人(GP),出资 6.8 万元(注册资本 10 万元,其余的 3.2 万元已经作为对 32 个小有限合伙安排的出资),成立了大的有限合伙安排"上海格林兰"。这是关键安排的第二步。张玉良通过注册资本仅有 10 万元的格林兰

---

① 案例来源于 2018 年 6 月 12 日《新京报》B03 版:财经头条。

投资,控制了 3766.55 万元的内部人持股权(见图 5-5)。大合伙企业上海格林兰持有重组后新公司的股权比例为 28.83%。根据重组预案,"本次交易中,拟注入资产的预估值为 655 亿元",则上海格林兰所持新公司 28.83% 的股权,对应的资产价值则为 188.8365 亿元!①

◆ 张玉良10万元出资控制188亿元的绿地集团

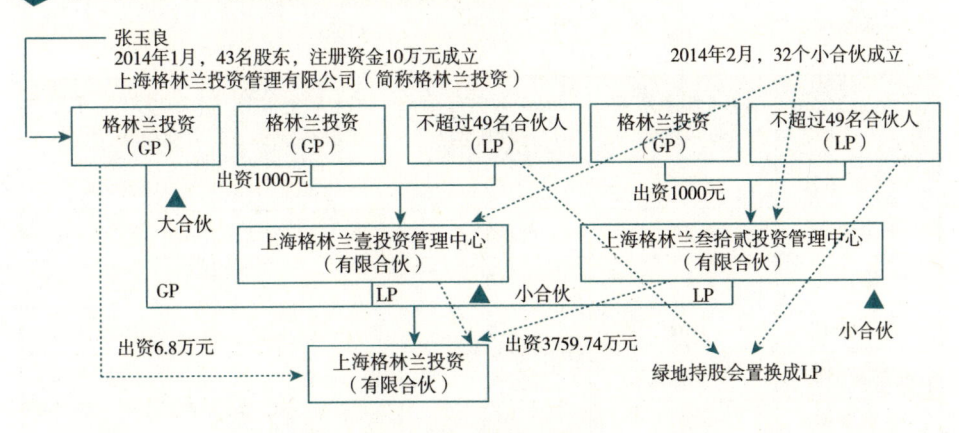

图 5-5 "格林兰"模式

四、委托投票权(Proxy Voting)

委托投票权,是指股东在股东大会召开之前已经在某些问题上进行了投票或把投票权转让给出席股东大会的其他人来行使。表决权委托,排他性地授予核心创始人(见图 5-6)。

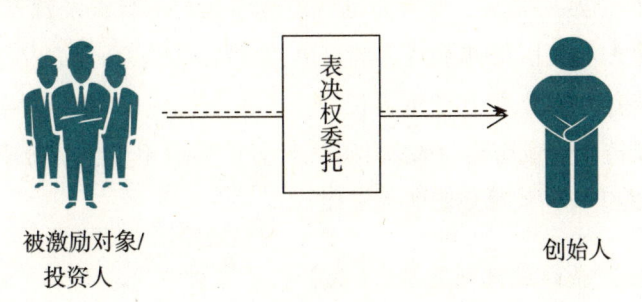

图 5-6 委托投票权

---

① 2014 年 3 月 19 日大智慧阿思达克通讯,发稿:龚俞勇、何巨骉,审校:肖云祥、田新杰。

案例: 查看京东上市招股书(2014年4月14日版本)和上市后相关文书可以发现,虽然上市前刘强东仅仅持有约23%的股权比例,但是他通过DST、红杉资本、老虎基金、高瓴资本、腾讯等股东委托投票权的方式,取得了京东上市前超过半数(56%)的投票权和上市后83.7%投票权,如表5-2所示。

表5-2 京东上市前后刘强东股权比例

单位:%

股东	2014年上市前股权比例	2014年上市后股权比例	2014年上市前投票权比例	2014年上市后投票权比例
刘强东团队	23	20	56	83.70
老虎基金	22	16	18	3.20
腾讯	17	18	14	3.70
高瓴资本	16	11	13	2.30
俄罗斯DST	11	8	9	1.60
今日资本	9	7.8	8	1.40
红杉资本	2	1	2	0.30

五、控制董事会

公司的日常经营管理主要由公司董事会负责,股东会很少参与公司经营管理活动,所以创始人控制了董事会也就控制了公司的日常经营管理。另外,董事会成员为3人以上,董事会决议的表决,实行一人一票,所以在董事会里的人数越多就越有话语权,或担任董事长并授予董事长特权(如特别事项一票否决权),这样就控制了董事会,所以控制董事会重要的手段包括董事的提名与罢免、董事会的组成与议事规则的决定权。

(一)董事会组成规则范本(节选)

第十条 董事会人数及成员

董事会设5人,其中甲方推荐2人,乙方推荐2人,丙方推荐1人。公司设董事长1名,由乙方推荐,股东会选举产生;董事长为公司法定代表人;公司设监事1名,由丁方推荐,股东会选举产生;公司设总经理1名,由乙方推荐,董事会聘任。董事任期届满,可连选连任。董事在任期届满前,股东会不得解除其职务。

第十一条 董事长依法享有以下职权:

一、主持股东大会;

二、召集并主持董事会会议;

三、督促和检查董事会决议的执行;

四、签署董事会的重要文件及其他应由公司法定代表人签署的各种文件;

五、管理董事会的办事机构;

六、在董事会休会期间,依照法律、法规和公司章程的规定代行董事会的职权,包括在发生突发重大事件时代表公司及公司董事会行使特别处置权,唯其后应尽快将突发重大事件及特别处置权的行使情况通报其他董事,并取得董事会对行使特别处置权的追认;

七、对于董事会决议事项,董事长有一票决定权。

(二)董事的提名与董事会主席任命

案例:2014 年 3 月,腾讯向京东注资 2.15 亿美元获得京东 15% 的股份。而在董事会层面上,腾讯委派刘炽平为京东的董事。

2014 年 5 月,京东在美国纳斯达克证券交易所正式挂牌上市。京东上市前的董事会构成:京东的董事会为 9 人,老虎基金、Best Alliance、Strong desire 以及 DCM 分别有权任命 1 名董事,而刘强东及管理团队则有权任命 5 名董事,并且有权任命董事会主席。

从董事会席位来看,刘强东及其管理团队与其他股东在董事会的投票权为 5:4,刘强东在董事会的投票权超过半数,在董事会重大问题的决策上刘强东团队拥有主导权。这样刘强东团队在董事会与股东会都有绝对的发言权,从而牢牢把握公司的控制权。[①]

六、一致行动协议

一致行动人,是指通过协议、合作、关联方关系等合法途径扩大其对一个上

---

① 资料来源:证券时报网 > 滚动新闻,2014 年 3 月 10 日。

市公司股份的控制比例，或者巩固其对上市公司的控制地位，在行使上市公司表决权时采取相同意思表示的2个以上的自然人、法人或者其他组织。

案例：凯瑞德31日晚间公告，公司股东张培峰、任飞、王腾、黄进益、郭文芳于2017年7月24日共同签署一致行动协议，根据协议安排及各方持股情况，上述一致行动人共持有公司股票21685383股，占公司总股本的12.32%，超过了公司原控股股东的控股比例，公司实际控制人变更为上述一致行动人。公司原实际控制人吴联模，通过浙江第五季实业有限公司间接持有公司股票20427000股，占公司总股本的11.61%。公司股票自2017年8月1日开市起复牌。①

一致行动协议（范本）

各方在公司股东大会会议中保持的"一致行动"指，各方在公司股东大会中通过举手表决或书面表决的方式行使下列职权时保持一致：

（1）共同提案；

（2）共同投票表决决定公司的经营计划和投资方案；

（3）共同投票表决制订公司的年度财务预算方案、决算方案；

（4）共同投票表决制订公司的利润分配方案和弥补亏损方案；

（5）共同投票表决制订公司增加或者减少注册资本的方案以及发行公司债券的方案；

（6）共同投票表决聘任或者解聘公司经理，并根据经理的提名，聘任或者解聘公司副经理、财务负责人，决定其报酬事项；

（7）共同投票表决决定公司内部管理机构的设置；

（8）共同投票表决制定公司的基本管理制度；

（9）在各方中任何一方不能参加股东大会会议时，应委托另一人参加会议并行使投票表决权；如各方均不能参加股东大会会议时，应共同委托他人参加会议并行使投票表决权；

（10）共同行使在股东大会中的其他职权；

（11）若各方内部无法达成一致意见，各方应按照×方的意向进行表决。

---

① 2017年7月31日上海证券报、中国证券网＞上市公司＞公告解读＞公告快讯《凯瑞德股东签订一致行动人协议　实际控制人变更》。

七、一票否决权

一票否决权,是指对公司有重大影响的事件(可以具体列出,如解散、清算、分立、合并、出售控制权或大部分资产、主营业务变更、重大对外并购、公司预算决算、变更董事会组成规则或人员、聘请与更换审计师、上市、重大人事任免、股权激励、增资等)必须得到核心创始人的同意或赞成表决方可通过并实施。

一方面,占股比例超过 1/3,一般享有《公司法》授予的重大事项一票否决权;另一方面,可以通过协议或章程的方式实现该权利。

案例:国美战争的启示:必须坚决捍卫创始股东的一票否决权。

截至目前,黄光裕家族控制着国美电器 35.98% 的股权,超过 1/3,根据国美电器的公司章程,拥有 1/3 以上股权的股东,对国美的重大事项拥有"一票否决权"。无论如何,为了国美的发展和未来,黄光裕是绝对不会放弃这个权利的。在和陈晓的大战中黄光裕该一票否决权起到了关键性作用。

第三节　防守反击型策略

一、定向增发(Private Placement)

定向增发是增发的一种,是向有限数目的机构(或个人)投资者发行债券或股票等投资产品。其是创始人因目标公司融资过程中被稀释为或可能被稀释为非控股股东的时候,为了能够再夺回和保持控股权的手段之一。

案例:中海海盛定增[①]

2015 年 6 月 4 日晚间,览海上寿宣布受让中海海盛(600896)原控股股东中国海运 14.11% 的股份一周后,中海海盛 6 月 10 日晚间公布非公开发行股票预案,览海上寿的关联方览海投资拟现金全额包揽认购中海海盛本次非公开发行股票约 2.92 亿股。发行完成后,公司第一大股东将变更为览海投资,实际控制人将变更为密春雷。公司股票 6 月 11 日复牌。

---

① 《STCN 解读:中海海盛定增 20 亿　览海投资全额认购成大股东》,载证券时报网,2015 年 6 月 10 日。

预案显示,中海海盛此次拟以 6.85 元/股,向览海投资非公开发行股票约 2.92 亿股,募集资金不超过 20 亿元。由于航运行业处于低潮,公司经营状况不佳,中海海盛表示,扣除发行费用后的募集资金净额将全部用于偿还贷款。

值得注意的是,本次非公开发行股票将导致公司实际控制人变更。而就在 6 月 4 日,经公开征集和评审,中国海运确定览海上寿为股权受让人。中国海运拟向览海上寿转让 8200 万股股票,占中海海盛已发行股本总额的 14.11%。

拟转让股份的转让价格为 12.55 元/股,转让总价款为 10.29 亿元。股份转让完成后,中国海运的持股比例将降至 13.38%,览海上寿的持股比例升至 14.11%,成为公司第一大股东。

由于览海上寿的控股股东为览海集团,览海集团的控股股东为密春雷,览海上寿与本次发行对象览海投资互为关联方,本次非公开发行完成后,览海投资将持有公司 33.43% 股份,成为公司的控股股东,二者将合计持有公司 42.82% 股份,实际控制人将由国务院国资委变更为密春雷。原控股股东中国海运的持股比例将进一步降至 8.91%。

二、管理层收购(MBO)

管理层收购,是指公司的管理者与经理层利用奖金、利润分成或自有资金对公司股份的购买,以实现对公司所有权结构、控制权结构和资产结构的改变,实现管理者以所有者和经营者合一的身份主导重组公司,进而获得产权预期收益的一种收购行为。管理层收购可以激励内部人员积极性、降低代理成本、改善企业经营状况。

案例:在宝万之战中,为了应对"蛮人"的恶意收购,万科于 2014 年 4 月 23 日召开事业合伙人创始大会,共 1320 名万科员工(包含在万科任职的全部 8 名董事、监事和高级管理人员)加入该事业合伙人计划,并同时签署《授权委托与承诺书》,将其在经营利润所产生的全部权益委托给盈安合伙的普通合伙人进行投资管理,包括引入融资杠杆进行投资。万科对盈安合伙资金进行委托管理成立了金鹏 1 号资管计划和德赢 1 号资管计划,这 2 个基金管理人分别是国信证券和招商财富,其目的是执行万科事业合伙制度,投资万科 A 股,在 2 年多的时间持股比例就达到 7.12%。具体持股比例见图 5-7。①

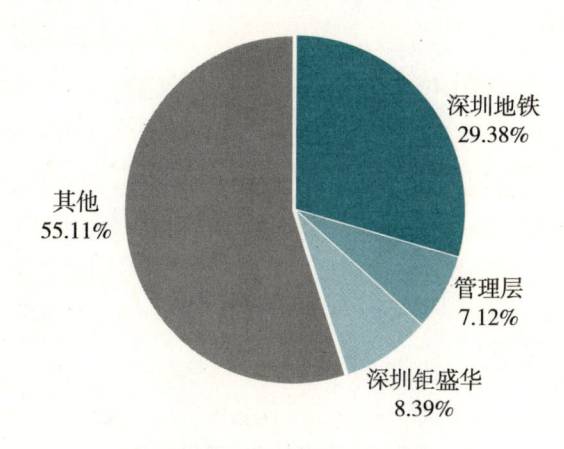

图 5-7　万科股权结构

- 深圳地铁 29.38%
- 管理层 7.12%
- 深圳钜盛华 8.39%
- 其他 55.11%

三、资产重组（Restructuring）

资产重组，是指企业资产的拥有者、控制者与企业外部的经济主体进行的对企业资产的分布状态进行重新组合、调整、配置的过程，或对设在企业资产上的权利进行重新配置的过程。

案例： 以北京指南针科技发展股份有限公司（以下简称指南针）为例，广州展新通讯科技有限公司（以下简称广州展新）为指南针控股股东，重大资产重组前持有公司 31.49% 股份。指南针于 2014 年 12 月向广州展新非公开发行 7000 万股股份购买广州展新持有 100% 股权的天一星辰（北京）科技有限公司，重大资产重组完成后广州展新持有的指南针股份增加了 7000 万股，持有的股份变更为 9303 万股，持股比例变更为 65%，成为控股股东（见图 5-8）。②

---

① 郑指梁、吕永丰：《合伙人制度——有效激励而不失控制权是怎样实现的》，清华大学出版社 2017 年版，第 52~53 页。
② 赵江涛：《初创企业创始股东在股权稀释后保持公司控制权的法律路径探析》，载法律网，2015 年 10 月 20 日。

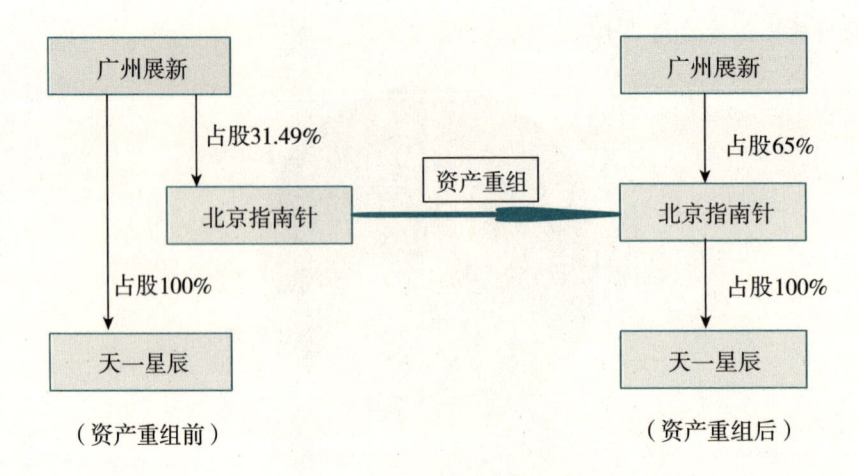

```
       广州展新                              广州展新
          |                                    |
          | 占股31.49%                         | 占股65%
          ↓            资产重组                ↓
       北京指南针  ——————————————→         北京指南针
          |                                    |
          | 占股100%                           | 占股100%
          ↓                                    ↓
       天一星辰                              天一星辰

     （资产重组前）                        （资产重组后）
```

图 5-8　指南针资产重组案例

四、修改公司章程

一是大股东通过修改公司章程来增加外部竞争者收购难度和时间成本，进而确保自身的实际控制权。二是大股东通过修改公司章程获得主动攻击型和防守反击型的策略手段。关于公司章程的内容详见第六章。

第六章 公司章程与股东协议

第一节 公司章程概述

一、公司章程与股东协议

(一)公司章程与股东协议的区别

公司章程与股东协议之间的内容不仅有交叉,也有很大的区别,都有其重要作用。两者区别如表6-1所示。

表6-1 公司章程与股东协议的区别

类别	公司章程	股东协议
性质	公司宪章	合同关系
法律效力认定基础	《公司法》	《民法典》
内容分配	公司事务	股东之间事务
形成与修改方式	以股东会的多数决方式形成	以协商谈判双方都同意的方式形成
效力范围	设立公司时必备,对公司、股东、董事、监事、高级管理人员具有约束力	设立公司时自愿形成,仅对协议签署方有约束力
优先适用	(1)关于公司事务的,章程效力优于股东协议;关于股东之间事务的,股东协议效力优于章程 (2)生效时间在后的优于生效时间在前的 (此处有争议,仅为本书观点)	

1. 从两者的法律性质角度看,公司章程如同一个"国家的宪法",其规定了公司名称、住所、经营范围、经营管理制度等重大事项的基本文件,也是公司必

备的规定公司组织及活动基本规则的书面文件。公司章程是股东共同一致的意思表示,载明了公司组织和活动的基本准则,是公司的宪章。而股东协议是股东之间或部分股东之间关于双方权利义务的约定,可以约定相互之间的权利义务关系和公司章程无法添加的内容。

2. 从法律效力认定基础来看,因为章程是依据《公司法》而制定,且遵循《公司法》的基本原则和规定,虽然《公司法》授予了公司章程可以自由约定的内容,但是仍有一部分属于法定内容,所以其是否生效主要根据《公司法》的相关规定来考量。具体包括:(1)公司设立时的公司章程是否有法律效力,即该章程内容是否违反国家法律法规,其制定程序是否违反《公司法》等相关规定。(2)公司章程的修改是否具有法律效力,一般公司章程的修改都是以公司决议的形式完成,故该公司章程的修改内容是否生效基于公司决议是否生效。根据《公司法》第二十五、二十六、二十七条的规定和《公司法司法解释四》第五条的规定,包括无效、可撤销和不成立之公司决议,也就存在无效、可撤销和不成立之公司章程条款。而股东协议是基于双方协商谈判并就双方的权利义务达成后的约定。故其是否生效基于《民法典》的规定。《民法典》第一百四十四条、一百四十六、一百五十三和第一百五十四条规定了无效情形,第一百四十五、一百四十七、一百四十八、一百四十九、一百五十和第一百五十一条规定了可撤销情形,第一百四十五、一百六十八和第一百七十一条规定了效力待定的情形,第五百三十三条规定了可变更情形,第五百六十三条规定了解除情形等。

3. 从二者所约定的内容来看,因为考虑到二者的法律性质和法律效力,笔者认为,公司章程主要应规定公司事务,包括公司经营范围;公司设立方式;公司股份总数,每股金额和注册资本;发起人和姓名或者名称、认购的股份数;股东的权利和义务;董事会的组成、职权、任期和议事规则;公司的法定代表人;监事会的组成、职权、任期和议事规则;公司利润分配方法;公司的解散事由与清算办法;公司的通知和公告办法等。股东协议主要用来约定股东之间的权利义务。

4. 从形成和修改方式来看,一般在公司初次设立的时候形成的公司章程是经过所有股东一致同意而形成并在国家行政监督机构备案,而之后的修改,可能并非股东一致同意而通过的,同时修改程序必须按照《公司法》和公司章程规定执行。股东协议不管是最初的协议还是之后的补充协议都必须经协商股东双方同意方可生效,同时没有其他程序上的约束。

5. 从效力范围来看,根据《公司法》第五条的规定,设立公司必须依法制定公司章程。公司章程对公司、股东、董事、监事、高级管理人员具有约束力。公司章程属于设立公司的必要条件。而股东协议无所谓有或没有,合同具有相对性,不是合同的相关方,该协议对其没有法律效力。

(二)股东协议详解

1. 股东协议概述

股东协议,是股东之间有关共同出资、共同经营的民事合同,也是公司成立后如何经营管理、决策、利润分配、纠纷如何解决等重要运营规则的基本依据,所以,股东协议是公司治理的重要工具,但是我国的《公司法》对于股东协议未作出任何规定,其法律效力是《民法典》和《公司法》规范的范畴,但是在实务中,重视股东协议的公司却寥寥无几,故造成大量的股权纠纷。根据我们对全国法院审理的股权纠纷的案件分析可知,这类纠纷每年都在增加,主要纠纷集中在股权转让纠纷、公司清算纠纷股东资格确认纠纷、股东知情权纠纷、损害公司利益责任纠纷股东出资纠纷和请求公司收购股份纠纷等(见附录)。

2. 股东协议的框架结构

一个典型的股东协议包括如下主要条款(见表6-2)。

表6-2 股东协议的主体内容

条款	主体内容
1. 合作背景及合作方式	规定设立公司的目的、经营范围、公司设立的名称、类型和经营场所等
2. 发起人在公司设立中的权利与义务	主要规定各发起人在公司设立过程中所应承担的义务
3. 投资比例与股权分配	规定各股东投资比例与股权比例是否对等,不对等时如何处理
4. 注册资本、出资方式与期限	公司设立时注册资本,现金、土地使用权、实物、知识产权等还是其他出资方式,以及何时到账,需要办理什么出资到位的手续
5. 组织机构、经营管理框架	关于股东会、董事会(董事)、监事(会)、经理、财务负责人等相关权限的设定等

续表

条款	主体内容
6.设立失败的责任承担	各发起人承担的发起义务不同,也可能在发起设立中所产生的费用较多,最终失败导致纠纷
7.股权转让的特殊约定	创立公司不易,对于股权转让的严格限制必不可少
8.退出机制条款	关于股东个人状况或违反法律的规定或合同的约定而发生的当然退出和被决议除名的情况规定
9.隐名股东的条款	关于这类代持股的问题往往造成很多纠纷,故应当在法律效力和权利义务上约定清楚
10.分红权与剩余财产分配权	涉及分红权优先、剩余财产分配优先和相关的比例的调整等变化都可以在此约定清楚
11.增资条款	增资可能涉及股东的增加投入、优先购买权和股权比例的变化。这些都将影响股东个人利益,如果不事先约定,则可能产生纠纷
12.股东知情权条款	在股权纠纷案件中,股东知情权纠纷发生很多,关于股东知情权的限制应当合法合理
13.违约责任	一份协议的,违约责任一定要写清楚,否则可能会无法追究违约责任就会可能无法执行
14.争议解决办法	协商/仲裁/诉讼,仲裁和诉讼的机构在哪里会影响到纠纷处理的成本
15.附则	通用条款,关于生效、份数、解释和说明等

3.股东协议重点条款详解和实务要点

(1)股权转让条款

关于股权转让的相关规定:

《公司法》

第八十四条 有限责任公司的股东之间可以相互转让其全部或者部分股权。

股东向股东以外的人转让股权的,应当将股权转让的数量、价格、支付方式和期限等事项书面通知其他股东,其他股东在同等条件下有优先购买权。股东自接到书面通知之日起三十日内未答复的,视为放弃优先购买权。两个以上股东行使优先购买权的,协商确定各自的购买比例;协商不成的,按照转让时各自的出资比例行使优先购买权。

公司章程对股权转让另有规定的,从其规定。

《公司法》授权有限责任公司的公司章程另行规定关于股权转让的特殊约定,也当然授权《股东协议》,《股东协议》可以做以下约定。

- 公司成立3年内,股东不得转让股权。
- 公司共有5名股东,为ABCDEF,若F股东转让股权,则A股东比其他股东有优先购买权。
- 即使所有股东都放弃优先购买权,转让方股东也不得将股权转让给和公司有竞争关系的第三方。
- 转让方每次转让不得超过其股权的50%,不能在12个月内全部转让。

(2)退出机制条款

此部分的内容在本书第三章股权激励第五节股权激励中退出机制的设置中做了详细论述,此处不再赘述,对于退出条款如果无法在公司章程中体现,则应放到《股东协议》中。

(3)隐名股东的条款

关于隐名股东的法律问题本书第一章第四节作详细说明,不再赘述。但是笔者认为隐名股东、名义股东和其他股东一起签订《股东协议》并将下列内容列进去是避免纠纷的必要措施。

- 甲方虽然是隐名股东,但是按照《公司法》和公司章程中涉及股东权利的规定,对公司具有经营管理和决策的权利。乙方作为甲方的名义股东,不享有公司的任何权利。
- 甲方作为隐名股东,其他所有股东有义务在甲方要求配合办理手续,包括所有新增股东。
- 甲方作为隐名股东承担投资经营风险,乙方作为名义股东不承担公司的投资风险,如果因为乙方作为名义股东而遭受损失有权向甲方追偿。
- 乙方作为名义股东,未经甲方单独事项特别书面授权不得代表公司或甲方签署任何文件,不得对外以公司名义作出任何形式的承诺或担保,若因此给公司或甲方造成损失的,公司或甲方有权向甲方追偿。

(4)分红权与剩余财产分配权条款

关于分红权与剩余财产分配权的相关规定:

《公司法》

第一百四十四条 公司可以按照公司章程的规定发行下列与普通股权利不同的类别股：

（一）优先或者劣后分配利润或者剩余财产的股份；

（二）每一股的表决权数多于或者少于普通股的股份；

（三）转让须经公司同意等转让受限的股份；

（四）国务院规定的其他类别股。

公开发行股份的公司不得发行前款第二项、第三项规定的类别股；公开发行前已发行的除外。

公司发行本条第一款第二项规定的类别股的，对于监事或者审计委员会成员的选举和更换，类别股与普通股每一股的表决权数相同。

第一百四十五条 发行类别股的公司，应当在公司章程中载明以下事项：

（一）类别股分配利润或者剩余财产的顺序；

（二）类别股的表决权数；

（三）类别股的转让限制；

（四）保护中小股东权益的措施；

（五）股东会认为需要规定的其他事项。

第二百一十条 公司分配当年税后利润时，应当提取利润的百分之十列入公司法定公积金。公司法定公积金累计额为公司注册资本的百分之五十以上的，可以不再提取。

公司的法定公积金不足以弥补以前年度亏损的，在依照前款规定提取法定公积金之前，应当先用当年利润弥补亏损。

公司从税后利润中提取法定公积金后，经股东会决议，还可以从税后利润中提取任意公积金。

公司弥补亏损和提取公积金后所余税后利润，有限责任公司按照股东实缴的出资比例分配利润，全体股东约定不按照出资比例分配利润的除外；股份有限公司按照股东所持有的股份比例分配利润，公司章程另有规定的除外。

公司持有的本公司股份不得分配利润。

第二百三十六条 清算组在清理公司财产、编制资产负债表和财产清单后，应当制订清算方案，并报股东会或者人民法院确认。

公司财产在分别支付清算费用、职工的工资、社会保险费用和法定补偿金，缴纳所欠税款，清偿公司债务后的剩余财产，有限责任公司按照股东的出资比例分配，股份有限公司按照股东持有的股份比例分配。

清算期间，公司存续，但不得开展与清算无关的经营活动。公司财产在未依照前款规定清偿前，不得分配给股东。

《最高人民法院关于适用〈中华人民共和国公司法〉若干问题的规定（四）》

第十四条 股东提交载明具体分配方案的股东会或者股东大会的有效决议，请求公司分配利润，公司拒绝分配利润且其关于无法执行决议的抗辩理由不成立的，人民法院应当判决公司按照决议载明的具体分配方案向股东分配利润。

《公司法》关于分红权做了明确的授权，即可以不按照股权比例进行分配，对剩余财产没有进行明确规定，只是在《公司法》第一百四十四条和第一百四十五条规定了类别股关于剩余财产分配的自由约定授权等内容。但事实上股东之间可以约定剩余财产比例分配和清算优先权等内容，关于此内容在本书第一章股权家族第三节股权类型图谱、第二章股权架构设计第二节顶层股权架构设计中的"三板斧"及其他章节做了详细阐述，此处不再赘述。

（5）增资条款

关于增资条款的相关规定：

《公司法》

第二百二十七条 有限责任公司增加注册资本时，股东在同等条件下有权优先按照实缴的出资比例认缴出资。但是，全体股东约定不按照出资比例优先认缴出资的除外。

股份有限公司为增加注册资本发行新股时，股东不享有优先认购权，公司章程另有规定或者股东会决议决定股东享有优先认购权的除外。

在我国《公司法》中关于增资条款的内容较少，只是规定了股东有优先按照实缴的出资比例认缴出资，且对于此内容和其他诸多内容授权股东之间进行自由约定，也正是这些授权，导致在实务中产生了大量的纠纷，为了预防纠纷，应在《股东协议》中将增资扩股可能出现的如下情形表述清楚。

● 公司有股东 ABCD，股权比例为 40%、30%、15%、15%，公司如果增资，股东 A 比其他股东更有权行使优先认购权。

- 公司新增资本时，各股东在收到公司书面新增资本通知15日内没有回复或虽然回复但未按照通知的方式、时间将资本金注入公司，视为放弃优先购买权。
- 公司在进行A轮股权融资的时候，股东D的股权比例保持不变，也无须按照融资后的估值增加注册资本金，其他股东按照股权比例进行稀释。

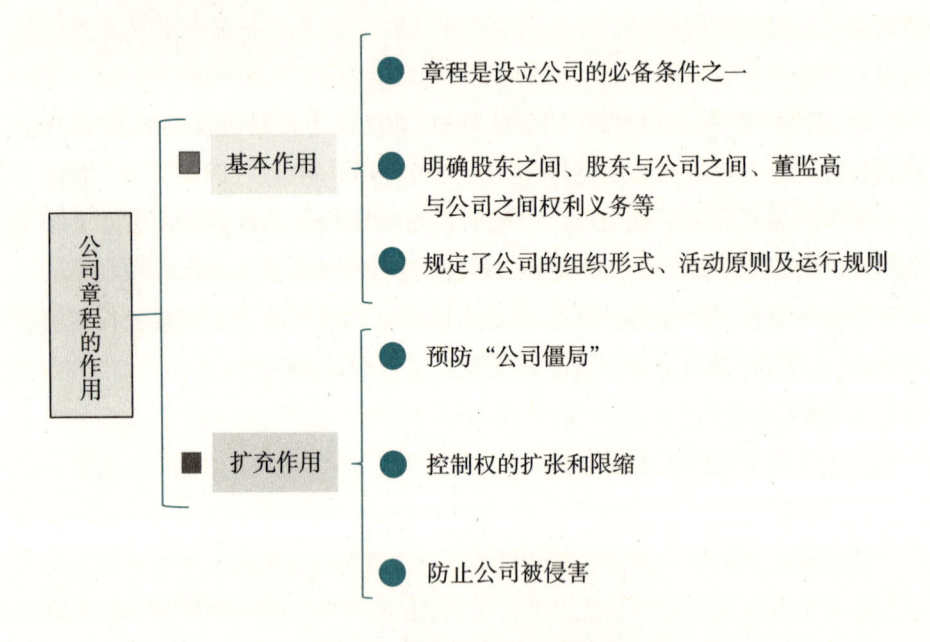

二、公司章程的重要作用

公司章程的重要作用（见图6-1）。

```
                    ┌─ 章程是设立公司的必备条件之一
         ┌ 基本作用 ─┼─ 明确股东之间、股东与公司之间、董监高
         │          │    与公司之间权利义务等
公司      │          └─ 规定了公司的组织形式、活动原则及运行规则
章程的 ──┤
作用      │          ┌─ 预防"公司僵局"
         └ 扩充作用 ─┼─ 控制权的扩张和限缩
                    └─ 防止公司被侵害
```

图6-1 公司章程的重要作用

(一) 基本作用

1. 公司章程是设立公司的必备条件之一。《公司法》第五条规定，设立公司必须依法制定公司章程。公司章程是公司设立的最主要条件和最重要的文件。公司设立时在国家行政监督管理机关进行审批的时候，章程是必备条件，否则不允许登记。

2. 公司章程明确股东之间、股东与公司之间、董监高与公司之间权利义务等，如果将公司所涉及的各方面的权利义务都能在章程中规定好，则有利于公司有序开展业务、正常运转。

3. 公司章程规定了公司的组织形式、活动原则及运行规则,包括股东会、董事(会)、监事(会)权限、议事方式和表决方式和财务会计制度等。

(二)扩充作用

所谓章程的扩充作用,是指股东为了保护公司或自己的利益,通过章程的形式在股东、董事、监事等的权利、公司的运行规则的自治范围内进行扩张或限缩的约定,从而达到诸如预防公司僵局、保持创始人控制权、中小股东权益保护和防止公司被侵害等事件发生。

1. 预防公司僵局,如在章程中约定股权退出机制,何种情形可以退出,退出的程序、价格和收购的主体等。也可以约定在出现公司僵局的时候,大股东可以行使一票表决权,决定是将公司解散还是采取何种办法继续存续。

2. 控制权的扩张和限缩,是指大股东可以通过公司章程强化自己的控制权,也可以是小股东通过章程的形式限缩大股东的控制权。例如表决权委托、AB 股结构,限制股东会决议的表决权最低数量、限制股权转让等的控制权扩张手段。又如重要事项必须经过所有股东全票通过、累积投票权、小股东可以选派董事等的控制权限缩手段。

3. 防止公司被侵害,是指通过公司章程形式,对股东、董监高和外部进行程序和实体上的规定。例如增加公司对外(内)担保、借款等的要求,增加对股东义务、董监高的勤勉义务的具体规定,增加外部收购的难度等。

三、公司章程的记载事项

公司章程的记载事项根据是否由法律明确规定分为绝对必要记载事项和任意记载事项,具体见图 6-2。

记载事项

绝对必要记载事项

是公司章程必须记载、不可缺少的法定事项，缺少其中任何一项或任何一项记载不合法，整个章程即归无效，如果没有记载或记载不合法，国家行政管理监督部门不允许备案

任意记载事项

是指法律未予明确规定，是否记载于章程，由章程制定人根据本公司实际情况任意选择记载的事项。公司章程任意记载的事项，只要不违反法律规定、公共秩序和善良风俗，章程制定人就可根据实际需要而载入公司章程

图6-2　公司章程的记载事项

第二节　公司章程自治及其边界

公司章程，对公司来讲就如"国家的根本大法"，是公司治理机制、运行的依据，是以《公司法》为基础，是所有股东的共同意志体现。《公司法》作为一部指导和规范全国公司治理机制和运行的法律，不可能把涉及公司所有的治理机制和运行的方方面面都写进去，也不可能顾全形形色色的各类公司。故《公司法》通过"由公司章程规定""依照公司章程的规定""公司章程另有规定的除外"等表述，授权公司股东针对自己的公司特殊情况设置相关制度规范。

在实际的公司注册中，笔者发现绝大多数公司股东根本没有意识到公司章程的重要性，一般都是使用国家行政机关的样本，忽视了《公司法》赋予公司章程可以自主约定的事项。这样有可能为我们的企业今后的经营和发展造成重大的障碍。故笔者希望各位创业人士和各位企业家能够重视起来，笔者希望通过本书对《公司法》的梳理和解读提高各位读者对《公司法》和公司章程的重视，更希望作为公司股东应该设计最适合自己公司实际情况的章程。那么如何设计自己的公司章程，首先就需要学习和理解《公司法》授权公司章程的具体内容，即本节所述的公司章程中究竟哪些可以自由约定呢？笔者通过对《公司法》长期梳理和归纳总结，有53个事项是可以自由约定的。

关于自由约定可分为两类：一类是有限制的自由约定，另一类是充分的自由约定。

有限制的自由约定，又分为：(1)在范围内的自由约定，一般表述为：依照公司章程的规定，由……担任、决议等，下文以"▲"标识。(2)在范围外的自由约定，一般表述为：公司章程规定的其他职权、事由等，下文以"★"标识。充分的自由约定，一般表述为：公司章程另有规定或者全体股东另有约定的除外，下文以"●"标识(见表6-3)。

表6-3 公司章程的规定事项

序号	事项	法条	理解与适用
		第一章 总则	
1	经营范围	第九条 公司的经营范围由公司章程规定。公司可以修改公司章程，变更经营范围。 公司的经营范围中属于法律、行政法规规定须经批准的项目，应当依法经过批准▲	属于法律、行政法规规定须经批准的项目，应当依法经过批准
2	法定代表人	第十条 公司的法定代表人按照公司章程的规定，由代表公司执行公司事务的董事或者经理担任。▲ 担任法定代表人的董事或者经理辞任的，视为同时辞去法定代表人。 法定代表人辞任的，公司应当在法定代表人辞任之日起三十日内确定新的法定代表人	1.章程中约定是职位，不要约定自然人，否则导致章程修订麻烦。 2.这是选择项，不是任何人都可以当法定代表人
3	公司担保	第十六条 公司向其他企业投资或者为他人提供担保，按照公司章程的规定，由董事会或者股东会▲；公司章程对投资或者担保的总额及单项投资或者担保的数额有限额规定的●，不得超过规定的限额。 ……	1.对外投资和担保可以在章程中约定，也可以不约定。 2.如果约定，可以约定具体程序和数额等
4	"三会"表决方式	第二十四条 公司股东会、董事会、监事会召开会议和表决可以采用电子通信方式，公司章程另有规定的除外●	新《公司法》创新使用"电子通信方式"明确表决方式，同时授权公司章程作任意约定

续表

序号	事项	法　条	理解与适用
		第二章　有限责任公司的设立和组织机构	
5	公司章程载明事项	第四十六条　有限责任公司章程应当载明下列事项：……（八）股东会认为需要规定的其他事项。★ 股东应当在公司章程上签名或者盖章	1. 公司章程应当载明的事项不可减少。 2. 经股东会表决同意，公司章程也可以增加其他事项
6	认缴出资额缴纳期限	第四十七条　有限责任公司的注册资本为在公司登记机关登记的全体股东认缴的出资额。全体股东认缴的出资额由股东按照公司章程的规定自公司成立之日起五年内缴足。▲ 法律、行政法规以及国务院决定对有限责任公司注册资本实缴、注册资本最低限额、股东出资期限另有规定的，从其规定	1. 新《公司法》最长期限是五年内缴足。 2. 公司章程可以约定在五年内缴足的年限和每次的具体实缴金额
7	出资方式	第四十八条　股东可以用货币出资，也可以用实物、知识产权、土地使用权、股权、债权等可以用货币估价并可以依法转让的非货币财产作价出资；但是，法律、行政法规规定不得作为出资的财产除外。★ 对作为出资的非货币财产应当评估作价，核实财产，不得高估或者低估作价。法律、行政法规对评估作价有规定的，从其规定	1. 新《公司法》新增了股权和债权出资。 2. 除了列举的类型，其他可以依法转让的非货币财产也可以出资，但是除非有另外规定
8	股东会职权	第五十九条　股东会行使下列职权：……（九）公司章程规定的其他职权★	1. 不可以取消或改变已列出的股东会职权。 2. 可以增加股东会职权。 3. 该条款适用于股份有限公司
9	定期会议召开时间	第六十二条　股东会会议分为定期会议和临时会议。定期会议应当依照公司章程的规定按时召开●……	定期会议可以约定多次和具体时间
10	股东会召开通知时间	第六十四条　召开股东会会议，应当于会议召开十五日前通知全体股东；但是，公司章程另有规定或者全体股东另有约定的除外●	1. 可以约定提前开会时间可长可短，但要合理（例如股东长期在较远的外地，只提前一天等不合理）。 2. 还可以通过签订股东协议等形式改变

续表

序号	事项	法　条	理解与适用
11	表决权	第六十五条　股东会会议由股东按照出资比例行使表决权；但是，公司章程另有规定的除外●	1. AB 股执行的依据可以在章程中体现。 2. 也可以约定变动的表决权比例
12	股东会议事方式与表决程序	第六十六条　股东会的议事方式和表决程序，除本法有规定的外，由公司章程规定★……	1. 议事方式是指公司以什么方式就公司的重大问题进行讨论并作出决议，比如新《公司法》第二十四条规定的电子通信方式，如微信群方式等。 2. 表决程序是指公司的股东会召开的具体程序
13	董事会职权	第六十七条　有限责任公司设董事会，本法第七十五条另有规定的除外。董事会行使下列职权：……（十）公司章程规定或者股东会授予的其他职权★……	1. 同 8 2. 本条款适用于股份有限公司
14	董事长与副董事长产生办法	第六十八条　……董事会设董事长一人，可以设副董事长。董事长、副董事长的产生办法由公司章程规定●	1. 可以通过选举和指定、委派等方式 2. 本条款适用于股份有限公司
15	审计委员会	第六十九条　有限责任公司可以按照公司章程的规定在董事会中设置由董事组成的审计委员会，行使本法规定的监事会的职权，不设监事会或者监事。公司董事会成员中的职工代表可以成为审计委员会成员▲	1. 可以在董事会中设置审计委员会 2. 审计委员成员中可以有职工代表
16	董事任期	第七十条　董事任期由公司章程规定，但每届任期不得超过三年。董事任期届满，连选可以连任▲	1. 章程可以规定任期可以一年一届等 2. 本条款适用于股份有限公司
17	董事会议事方式与表决程序	第七十三条　董事会的议事方式和表决程序，除本法有规定的外，由公司章程规定★	同 12

续表

序号	事项	法条	理解与适用
18	经理职权	第七十四条 有限责任公司可以设经理,由董事会决定聘任或者解聘。经理对董事会负责,根据公司章程的规定或者董事会的授权行使职权。经理列席董事会会议●	经理职权根据公司章程的规定和董事会授权,《公司法》对授权范围不作规定
19	监事会职工代表比例	第七十六条 监事会应当包括股东代表和适当比例的公司职工代表,其中职工代表的比例不得低于三分之一,具体比例由公司章程规定▲	≥1/3 都可以自由约定比例
20	监事会职权	第七十八条 监事会行使下列职权:……(七)公司章程规定的其他职权★	1. 同 8 2. 本条款适用于股份有限公司
21	监事会的议事方式和表决程序	第八十一条 监事会每年度至少召开一次会议,监事可以提议召开临时监事会会议。监事会的议事方式和表决程序,除本法有规定的外,由公司章程规定★	同 12
		第三章 有限责任公司的股权转让	
22	股权转让	第八十四条 有限责任公司的股东之间可以相互转让其全部或者部分股权。……公司章程对股权转让另有规定的,从其规定●	可以自由约定(司法实践有争议)
23	股权继承	第九十条 自然人股东死亡后,其合法继承人可以继承股东资格;但是,公司章程另有规定的除外●	可以自由约定
		第四章 股份有限公司的设立和组织机构	
24	股份公司章程载明事项	第九十五条 股份有限公司章程应当载明下列事项:……(十三)股东会认为需要规定的其他事项★	同 5
25	成立大会的召开和表决程序	第一百零三条 ……以发起设立方式设立股份有限公司成立大会的召开和表决程序由公司章程或者发起人协议规定★	同 12

第六章　公司章程与股东协议

续表

序号	事项	法条	理解与适用
26	临时股东大会召开情形	第一百一十三条　股东会应当每年召开一次年会。有下列情形之一的,应当在两个月内召开临时股东会会议:……(六)公司章程规定的其他情形★	可以自由增加,以便处理应急事务
27	累积投票制	第一百一十七条　股东会选举董事、监事,可以依照公司章程的规定或者股东会的决议,实行累积投票制●	可以实行累积投票制,从而保护小股东的表决权(选举权)
28	股份有限公司的审计委员会	第一百二十一条　股份有限公司可以按照公司章程的规定在董事会中设置由董事组成的审计委员会,行使本法规定的监事会的职权,不设监事会或者监事。▲…… 审计委员会的议事方式和表决程序,除本法有规定的外,由公司章程规定。★ 公司可以按照公司章程的规定在董事会中设置其他委员会●	1.可以在董事会中设置审计委员会,不设监事会或者监事。 2.议事方式和表决程序授权章程约定。 3.可以设置诸如薪酬与考核委员会、战略委员会、提名委员会等
29	经理职权	第一百二十六条　股份有限公司设经理,由董事会决定聘任或者解聘。 经理对董事会负责,根据公司章程的规定或者董事会的授权行使职权。经理列席董事会会议●	同18
30	监事会职工代表比例	第一百三十条　……监事会成员为三人以上。监事会成员应当包括股东代表和适当比例的公司职工代表,其中职工代表的比例不得低于三分之一,具体比例由公司章程规定。监事会中的职工代表由公司职工通过职工代表大会、职工大会或者其他形式民主选举产生▲	≥1/3 都可以自由约定比例
31	监事会的议事方式和表决程序	第一百三十二条　监事会每六个月至少召开一次会议。监事可以提议召开临时监事会会议。 监事会的议事方式和表决程序,除本法有规定的外,由公司章程规定……★	同12

序号	事项	法　条	理解与适用
32	上市公司的章程载明事项	第一百三十六条　……上市公司的公司章程除载明本法第九十五条规定的事项外，还应当依照法律、行政法规的规定载明董事会专门委员会的组成、职权以及董事、监事、高级管理人员薪酬考核机制等事项▲	特别规定，需要载明更多事项
		第六章　股份有限公司的股份发行和转让	
33	面额股和无面额股	第一百四十二条　公司的资本划分为股份。公司的全部股份，根据公司章程的规定择一采用面额股或者无面额股。▲采用面额股的，每一股的金额相等。 公司可以根据公司章程的规定将已发行的面额股全部转换为无面额股或者将无面额股全部转换为面额股▲	公司章程约定采用面额股或者无面额股及相互转换
34	类别股	第一百四十四条　公司可以按照公司章程的规定发行下列与普通股权利不同的类别股：▲ （一）优先或者劣后分配利润或者剩余财产的股份； （二）每一股的表决权数多于或者少于普通股的股份； （三）转让须经公司同意等转让受限的股份； （四）国务院规定的其他类别股。 公开发行股份的公司不得发行前款第二项、第三项规定的类别股；公开发行前已发行的除外 ……	公司章程约定详细类别股类型及权利范围
35	发行类别股的公司章程载明事项	第一百四十五条　发行类别股的公司，应当在公司章程中载明以下事项： （一）类别股分配利润或者剩余财产的顺序； （二）类别股的表决权数； （三）类别股的转让限制； （四）保护中小股东权益的措施； （五）股东会认为需要规定的其他事项★	1. 发行类别股的公司章程应当载明的事项不可减少。 2. 经股东会表决同意，公司章程也可以增加其他事项

续表

序号	事项	法　条	理解与适用
36	类别股股东的权利	第一百四十六条　发行类别股的公司，有本法第一百一十六条第三款规定的事项等可能影响类别股股东权利的，除应当依照第一百一十六条第三款的规定经股东会决议外，还应当经出席类别股股东会议的股东所持表决权的三分之二以上通过。公司章程可以对需经类别股股东会议决议的其他事项作出规定★	章程对类别股股东的权利扩张与限制的约定
37	股份发行	第一百五十二条　公司章程或者股东会可以授权董事会在三年内决定发行不超过已发行股份百分之五十的股份。但以非货币财产作价出资的，应当经股东会决议。▲董事会依照前款规定决定发行股导致公司注册资本、已发行股份数发生变化的，对公司章程该项记载事项的修改不需再由股东会表决	章程可以授权董事会发行股份
38	股份转让	第一百五十七条　股份有限公司的股东持有的股份可以向其他股东转让，也可以向股东以外的人转让；公司章程对股份转让有限制的，其转让按照公司章程的规定进行●	公司章程对股份有限公司股份转让可以作任意性规定
39	上市公司董监高股份转让	第一百六十条　……公司董事、监事、高级管理人员应当向公司申报所持有的本公司的股份及其变动情况，在就任时确定的任职期间每年转让的股份不得超过其所持有本公司股份总数的百分之二十五；所持本公司股份自公司股票上市交易之日起一年内不得转让。上述人员离职后半年内，不得转让其所持有的本公司股份。公司章程可以对公司董事、监事、高级管理人员转让其所持有的本公司股份作出其他限制性规定▲……	可以约定更严的限制

续表

序号	事项	法　条	理解与适用
40	公司不得为他人取得本公司或者其母公司的股份提供财务资助	第一百六十三条　公司不得为他人取得本公司或者其母公司的股份提供赠与、借款、担保以及其他财务资助，公司实施员工持股计划的除外。 为公司利益，经股东会决议，或者董事会按照公司章程▲或者股东会的授权作出决议，公司可以为他人取得本公司或者其母公司的股份提供财务资助，但财务资助的累计总额不得超过已发行股本总额的百分之十。董事会作出决议应当经全体董事的三分之二以上通过 ……	公司章程授权董事会决议为公司利益而为他人取得本公司或者其母公司的股份提供财务资助
41	股份继承	第一百六十七条　自然人股东死亡后，其合法继承人可以继承股东资格；但是，股份转让受限的股份有限公司的章程另有规定的除外●	可以作任意约定
		第七章　国家出资公司组织机构的特别规定	
42	章程的制定与修改	第一百六十八条　国家出资公司的组织机构，适用本章规定；本章没有规定的，适用本法其他规定。▲ 第一百七十一条　国有独资公司章程由履行出资人职责的机构制定。 第一百七十二条　国有独资公司不设股东会，由履行出资人职责的机构行使股东会职权。履行出资人职责的机构可以授权公司董事会行使股东会的部分职权，但公司章程的制定和修改，公司的合并、分立、解散、申请破产，增加或者减少注册资本，分配利润，应当由履行出资人职责的机构决定。 第一百七十六条　国有独资公司在董事会中设置由董事组成的审计委员会行使本法规定的监事会职权的，不设监事会或者监事	1.制定和修改应当由履行出资人职责的机构决定。 2.除了本章规定的内容，组织机构和公司章程的内容适用其他章节。 3.第一百七十六条区别于第六十九、一百二十一条使用"可以设置审计委员会"的表述

续表

序号	事项	法条	理解与适用
第八章　公司董事、监事、高级管理人员的资格和义务			
43	关联交易	第一百八十二条　董事、监事、高级管理人员,直接或者间接与本公司订立合同或者进行交易,应当就与订立合同或者进行交易有关的事项向董事会或者股东会报告,并按照公司章程的规定经董事会或者股东会决议通过。▲ 董事、监事、高级管理人员的近亲属,董事、监事、高级管理人员或者其近亲属直接或者间接控制的企业,以及与董事、监事、高级管理人员有其他关联关系的关联人,与公司订立合同或者进行交易,适用前款规定	公司章程可以约定关联交易的议事方式和表决方式等
44	同业竞争	第一百八十四条　董事、监事、高级管理人员未向董事会或者股东会报告,并按照公司章程的规定经董事会或者股东会决议通过,不得自营或者为他人经营与其任职公司同类的业务▲	公司章程对同业竞争的约定
45	董、高、监的忠实勤勉义务	第一百八十八条　董事、监事、高级管理人员执行职务违反法律、行政法规或者公司章程的规定,给公司造成损失的,应当承担赔偿责任。★ 第一百九十条　董事、高级管理人员违反法律、行政法规或者公司章程的规定,损害股东利益的,股东可以向人民法院提起诉讼★	公司章程可以约定董监高的具体忠实勤勉义务情形
第十章　公司财务、会计			
46	财务会计报告报送股东的期限	第二百零九条　有限责任公司应当依照公司章程规定的期限将财务会计报告送交各股东●	可以按月、季度、半年等期限
47	利润分配比例	第二百一十条　公司弥补亏损和提取公积金后所余税后利润,有限责任公司按照股东实缴的出资比例分配利润,全体股东约定不按照出资比例分配利润的除外;股份有限公司按照股东所持有的股份比例分配利润,公司章程另有规定的除外●	分红比例可以约定不按照股权比例或实际出资比例

续表

序号	事项	法条	理解与适用
48	聘用、解聘会计师事务所	第二百一十五条　公司聘用、解聘承办公司审计业务的会计师事务所,按照公司章程的规定,由股东会、董事会或者监事会决定▲	权限在谁可以提前约定
		第十一章　公司合并、分立、增资、减资	
49	公司合并	第二百一十九条　公司与其持股百分之九十以上的公司合并,被合并的公司不需经股东会决议,但应当通知其他股东,其他股东有权请求公司按照合理的价格收购其股权或者股份。 公司合并支付的价款不超过本公司净资产百分之十的,可以不经股东会决议;但是,公司章程另有规定的除外●	公司合并支付价款占公司净资产比例的约定
50	认缴新增资本优先权	第二百二十七条　有限责任公司增加注册资本时,股东在同等条件下有权优先按照实缴的出资比例认缴出资。但是,全体股东约定不按照出资比例优先认缴出资的除外。● 股份有限公司为增加注册资本发行新股时,股东不享有优先认购权,公司章程另有规定或者股东会决议决定股东享有优先认购权的除外●	自由约定认缴新增资本是否有优先权
		第十二章　公司解散和清算	
51	公司解散事由	第二百二十九条　公司因下列原因解散: (一)公司章程规定的营业期限届满或者公司章程规定的其他解散事由出现;★……	可以增加约定公司解散事由
52	清算组成员	第二百三十二条　公司因本法第二百二十九条第一款第一项、第二项、第四项、第五项规定而解散的,应当清算。董事为公司清算义务人,应当在解散事由出现之日起十五日内组成清算组进行清算。 清算组由董事组成,但是公司章程另有规定或者股东会决议另选他人的除外●	约定清算组成人员
		第十五章　附则	
53	高级管理人员的范围	第二百六十五条　本法下列用语的含义: 高级管理人员,是指公司的经理、副经理、财务负责人,上市公司董事会秘书和公司章程规定的其他人员▲……	公司章程可以确定具体哪些岗位属于高级管理人员

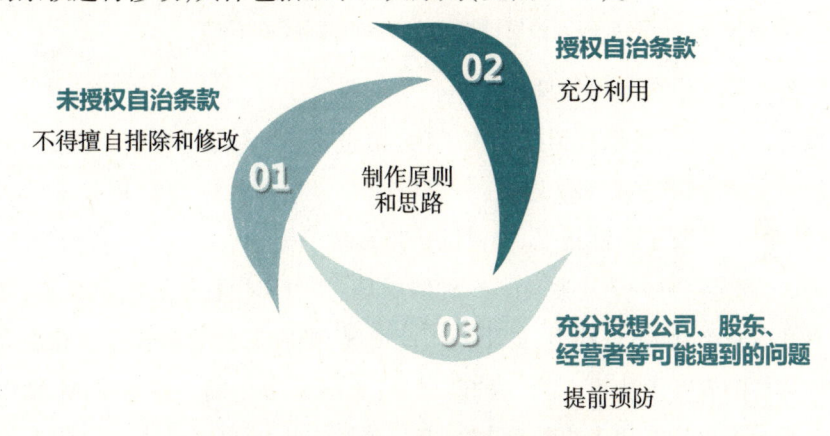

第三节　公司章程的制作

一、公司章程的制作原则和思路

（一）公司章程制作的三大原则

公司章程的制作应以《公司法》为基础，根据其授权确定是否可以对公司章程的条款进行修改，具体包括以下三大原则（见图6-3）。

未授权自治条款
不得擅自排除和修改

授权自治条款
充分利用

01　制作原则和思路

充分设想公司、股东、经营者等可能遇到的问题
提前预防

图6-3　公司章程的制作原则和思路

1. 未授权自治条款，关于《公司法》的强制性规定，即没有授权公司章程进行修改和删除的条款，在公司章程制作的过程中不能删除和修改。

2. 授权自治条款，关于《公司法》的任意性规定，即授权公司章程进行修改和删除的条款，在公司章程制作的过程中应该根据自己公司、股东、经营者等实际情况进行充分运用修改。

3. 充分设想公司、股东、经营者等可能遇到的问题，然后通过公司章程的方式预防。

（二）公司章程制作的思路

公司章程制作的思路主要是指如何预防公司经营过程中可能出现的各种问题及问题出现后如何解决（见图6-4）。

- 问题1　公司陷入僵局如何处理
- 问题2　创始人控制权随着股权被稀释而旁落怎么办
- 问题3　公司被恶意收购怎么办
- 问题4　公司股东、董事、监事、高级管理人员不尽职怎么办

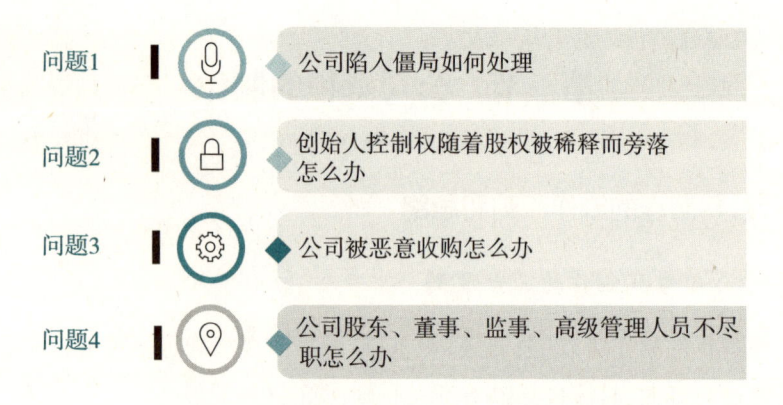

图6-4　公司、股东、经营者可能遇到的问题

1. 公司陷入僵局如何处理

首先，规定完善的股权退出制度。"公司僵局"的形成往往是股东之间对公司的经营发展无法达成一致意见，所以可以在公司章程中约定某股东可以退出，如果退出，其股份由谁接受，接受的价格和程序等。

其次，规定完善的表决制度。一种僵局是：其中某些股东无法联系上，导致无法召开股东会，则可以约定，如果发生此情况，则股东会的召开程序和表决权行使的方式随着发生变更。另一种僵局是：长期无法达成一致意见的，则可以增加分类表决权制度和表决权回避制度。分类表决权制度是指可以将所议事项进行分类，对于不同的事项分由不同的股东进行表决或不同的事项或有不同的情形分不同的表决通过程序；表决权回避制度是指如果表决事项与某股东相关，其不参与表决，并调整表决通过比例。

最后，规定完善的公司解散事由和程序制度。在目前的《公司法》规定的解散事由中增加相关可以解散的其他可能发生的情形，同时将解散的程序事先在公司章程中规定好，将解散决议的议事规则和表决程序进行可操作的简化。

2. 创始人控制权随着股权被稀释而旁落怎么办

本书第五章主要阐述了创始人如何保持控制权，则在制作公司章程的时候可以将有关措施在公司章程中事前规定，或者规定在公司章程修改过程中可以加入的权利。

3. 公司被恶意收购怎么办

首先，在公司章程中设置一些增加收购者获得公司控制权难度的条款。如

董事在任期届满以前，股东大会不得无故解除其职务；除董事辞职或违反法律法规等特殊情况，在每届董事局任期内，每年更换的董事不得超过全部董事人数的1/4等。以此增加罢免公司管理层的难度。

其次，增加收购程序的难度，如规定有权提交临时提案、自行召集和主持股东大会的股东必须"连续270日以上"持有公司股份，这些股东提交的特别议案还须获得"3/4以上"赞成票才能通过。

4. 公司股东、董事、监事、高级管理人员不尽职怎么办

首先，公司股东不仅有出资义务，还有召开股东会、推选董事，部分股东还有经营管理的职责等，对于这些《公司法》和公司章程官方范本并没有规定。故在公司章程制作的过程中，可以增加股东应当参加股东会、进行表决的义务，如果不能履行职责，则应承担相应的法律责任。

其次，董事、监事、高级管理人员的《公司法》规定较少，主要表现为勤勉义务，或股东会有权罢免等，但是可以在公司章程中细化勤勉义务的内容。

二、公司章程与议事规则

公司议事规则，是指公司"三会"（股东会、董事会和监事会或为股东会、董事会及董事会内设的审计委员会）的职权、召集和通知、决议方式、表决权的行使、参会人员等相关规定。为了提高公司决策和执行的效率，提高监督的有效性，《公司法》授权公司股东会、董事会和监事会的议事规则在合法合理的范围内可以根据本公司的状况自行约定。

（一）股东会的议事规则

公司股东会的议事规则主要包括股东会的职权、召集、决议方式、表决权的行使等内容，但《公司法》对此只作了相对比较简单的指导性规定，以下列举了《公司法》关于股东会议事规则的部分规定。然而，股东会是公司最重要的机构，股东会会议是最重要的会议，涉及公司的几乎所有的重要事项的表决和决策，关系到公司的生死存亡。股东会会议的召开如果出现问题，轻则导致诉讼纠纷，重则公司无法继续运行下去，因此关于股东会的议事规则尤为重要。

1. 关于股东会职权，《公司法》第五十九条规定，"股东会行使下列职权：……（九）公司章程规定的其他职权。对前款所列事项股东以书面形式一致

表示同意的,可以不召开股东会会议,直接作出决定,并由全体股东在决定文件上签名、盖章"。

2. 关于定期会议与临时会议,《公司法》第六十二条规定,"股东会会议分为定期会议和临时会议。定期会议应当按照公司章程的规定按时召开。代表十分之一以上表决权的股东、三分之一以上的董事或者监事会提议召开临时会议的,应当召开临时会议"。

3. 关于会议主持,《公司法》第六十三条规定,"股东会会议由董事会召集,董事长主持;董事长不能履行职务或者不履行职务的,由副董事长主持;副董事长不能履行职务或者不履行职务的,由过半数的董事共同推举一名董事主持。董事会不能履行或者不履行召集股东会会议职责的,由监事会召集和主持;监事会不召集和主持的,代表十分之一以上表决权的股东可以自行召集和主持"。

4. 关于通知,《公司法》第六十四条规定,"召开股东会会议,应当于会议召开十五日前通知全体股东;但是,公司章程另有规定或者全体股东另有约定的除外。股东会应当对所议事项的决定作成会议记录,出席会议的股东应当在会议记录上签名或者盖章"。

5. 关于议事方式与表决程序,《公司法》第六十六条规定,"股东会的议事方式和表决程序,除本法有规定的外,由公司章程规定。股东会作出决议,应当经代表过半数表决权的股东通过。股东会作出修改公司章程、增加或者减少注册资本的决议,以及公司合并、分立、解散或者变更公司形式的决议,应当经代表三分之二以上表决权的股东通过"。

×××公司股东会的议事规则(节选)

1. 召集与通知

(1)股东大会会议由董事会召集,公司董事会秘书室承办。

(2)公司召开股东大会,应当于会议召开四十五日前但不超过六十日前发出书面通知,将会议拟审议的事项以及开会的日期和地点告知所有在册股东。

(3)董事会发布召开股东大会的通知后,股东大会不得无故延期。公司因特殊原因必须延期召开股东大会的,应在原定股东大会召开日前至少五个工作日发布延期通知。董事会在延期通知中应说明原因并公布延期后的召开日期。公司延期召开股东大会的,不得变更原通知规定的有权出席股东大会股东的股权登记日。

（4）拟出席股东大会的股东,应当于会议召开二十日前,将出席会议的书面回复送达公司。公司根据股东大会召开前二十日之前收到的书面回复,计算拟出席会议的股东所代表的有表决权的股份数。拟出席会议的股东所代表的有表决权的股份数达到公司有表决权的股份总数二分之一以上的,公司可以召开股东大会;达不到的,公司应当在五日内将会议拟审议的事项、开会日期和地点以公告形式再次通知股东,经公告通知,公司可以召开股东大会。

（5）股东大会的通知应当符合下列要求:①以书面形式发出;②指定会议的地点、日期和时间;③说明会议将讨论的事项;④向股东提供为使股东对将讨论的事项作出明智决定所需要的资料及解释;⑤如任何董事、监事、总经理和其他高级管理人员与将讨论的事项有重要利害关系,应当披露其利害关系的性质和程度;⑥如果将讨论的事项对该董事、监事、总经理和其他高级管理人员作为股东的影响有别于对其他同类别股东的影响,则应当说明其区别;⑦载有任何拟在会议上提议通过的特别决议的全文;⑧以明显的文字说明,有权出席和表决的股东有权委任一位或者一位以上的股东代理人代为出席和表决,而该股东代表人不必为股东;⑨载明会议投票代理委托书的送达时间和地点。

（6）因意外遗漏未向某有权得到通知的人送出会议通知或者该等人没有收到会议通知,会议及会议作出的决议并不因此无效。

2. 股东委托代理人

（1）股东应当以书面形式委托代理人,由委托人签署或者由其以书面形式委托的代理人签署;委托人为法人的,其法定代表人或者董事会、其他决策机构决议授权的人作为代表出席公司的股东大会,其委托书应当加盖法人印章或者由其董事或者正式委任的代理人签署。

（2）股东出具的委托他人出席股东大会的授权委托书应当载明下列内容:①代理人的姓名;②是否具有表决权;③分别对列入股东大会议程的每一审议事项投赞成、反对或弃权票的指示;④对可能纳入股东大会议程的临时提案是否有表决权,如果有表决权应行使何种表决权的具体指示;⑤委托书签发日期和有效期限;⑥委托人签名(或盖章),委托人为法人股东的,应加盖法人单位印章。

（3）表决代理委托书至少应当在该委托书委托表决的有关会议召开前二十四小时,或者在指定表决时间前二十四小时,备置于公司住所或者召集会议的通知中指定的其他地方。委托书由委托人授权他人签署,授权签署的授权书或者其他授权文件应当经过公证。经公证的授权书或者其他授权文件,应当和表决代理委托书同时备置于公司住所或者召集会议的通知中指定的其他地方。

(4)任何由公司董事会发给股东用于任命股东代理人的委托书的格式,应当让股东自由选择指示股东代理人投赞成票或者反对票,并就会议每项议题所要作出表决的事项分别作出指示。委托书应当注明如果股东不做指示,股东代理人可以按自己的意思表决。

3.开会

(1)有任何下列情形之一的,董事会应当在两个月内召开临时股东大会:①公司未弥补亏损达股本总额的三分之一时;②持有公司发行在外的有表决权的股份百分之十及以上的股东以书面形式要求召开临时股东大会时;③董事会认为必要或者监事会提出召开时;④二分之一以上的独立董事提议召开时。

(2)年度股东大会和应股东或监事会的要求提议召开的股东大会不得采取通信表决方式;临时股东大会审议下列事项时,不得采取通信表决方式:①公司增加或者减少注册资本;②发行公司债券;③公司的分立、合并、解散和清算;④《公司章程》的修改;⑤利润分配方案和弥补亏损方案;⑥董事会和监事会成员的任免;⑦需股东大会审议的关联交易。

(二)董事会的议事规则

董事是由股东会选举产生的,由董事组成的行使公司经营管理决策权和执行权的机构,董事会议事规则是其能够顺畅行使相关职权的关键方式,是解决和预防董事会僵局或决策执行效率低下的重要工具,所以公司应该详细制定董事会规则。董事会议事规则包括董事的遴选与淘汰、激励与约束规则,董事会规模大小、机构的设置,董事会职权、议事方式和表决方式等。以下列举了《公司法》关于董事会议事规则的部分相关规定。

1.关于董事会职权,《公司法》第六十七条规定,"董事会对股东会负责,行使下列职权:……(十)公司章程规定或者股东会授予的其他职权"。

2.关于董事会会议的召集和主持,《公司法》第七十二条规定,"董事会会议由董事长召集和主持;董事长不能履行职务或者不履行职务的,由副董事长召集和主持;副董事长不能履行职务或者不履行职务的,由半数以上董事共同推举一名董事召集和主持"。

3.关于董事会的议事方式和表决程序,《公司法》第七十三条规定,"董事会的议事方式和表决程序,除本法有规定的外,由公司章程规定。董事会会议应当有过半数的董事出席方可举行。董事会作出决议,应当经全体董事的过半数通过。董事会决议的表决,应当一人一票。董事会应当对所议事项的决定作成会议记录,出席会议的董事应当在会议记录上签名"。

4.关于董事:(1)董事成员,《公司法》第六十八条规定,"有限责任公司董事会成员为三人以上,其成员中可以有公司职工代表。职工人数三百人以上的有限责任公司,除依法设监事会并有公司职工代表的外,其董事会成员中应当有公司职工代表。董事会中的职工代表由公司职工通过职工代表大会、职工大会或者其他形式民主选举产生。董事会设董事长一人,可以设副董事长。董事长、副董事长的产生办法由公司章程规定"。(2)董事任期,该法第七十条规定,"董事任期由公司章程规定,但每届任期不得超过三年。董事任期届满,连选可以连任。董事任期届满未及时改选,或者董事在任期内辞任导致董事会成员低于法定人数的,在改选出的董事就任前,原董事仍应当依照法律、行政法规和公司章程的规定,履行董事职务。董事辞任的,应当以书面形式通知公司,公司收到通知之日辞任生效,但存在前款规定情形的,董事应当继续履行职务"。(3)董事无理由解聘,该法第七十一条规定,"股东会可以决议解任董事,决议作出之日解任生效。无正当理由,在任期届满前解任董事的,该董事可以要求公司予以赔偿"。

×××公司董事议事规则(节选)

第二十四条 董事长应当在与提议人协商其所提议题、议案和决议草案以后,确定是否有必要召集董事会会议。如果董事或总经理提议召集董事会会议并有明确、完整的议案和决议草案,董事长原则上应当召集董事会会议。

第二十五条 董事会召开临时董事会会议的,应当于会议召开三日前以书面或口头方式通知全体董事。如有董事长不能履行职责时,应当指定执行或其他董事代行其召集临时董事会会议;董事长无故不履行职责,亦未指定具体人员代行其职责的,可由董事负责召集会议。

第二十六条 董事会会议应由二分之一以上的董事出席方可举行。

第二十七条　董事会会议由董事长召集和主持,董事长因特殊原因不能履行其职责时,由董事长书面委托其他董事召集和主持董事会会议。委托书应载明会议时间、地点、议题、议案和决议草案、授权范围。由双方签名,在会议上宣读后,与会议资料一并存档。

第二十八条　召开定期董事会会议应由董事长在会议召开七日前通知,组织和准备会议资料。

第二十九条　经董事长审阅会议资料并确认无误后,应于会议召开十日前,以书面形式通知全体董事并抄送全体监事,载明会议时间、地点、会议议题,并附全部会议资料。各董事接到会议通知后,应在会议送达通知上签名。如遇特殊情况,可以口头或电话通知,但必须对通知的具体时间和地点作出记录,存入董事会档案。

(三) 监事会的议事规则

监事会是由监事组成的对公司内部经营管理活动行使监督权的机构,监事会议事规则是其能够顺畅行使监督职权的关键方式,所以公司应该详细制定监事会规则。监事会规则包括监事的遴选与淘汰、激励与约束规则,监事会规模大小、机构的设置,监事会职权、议事方式和表决方式等。以下列举了《公司法》关于监事会议事规则的部分相关规定。

1. 关于职工监事,监事会应当包括股东代表和适当比例的公司职工代表,其中职工代表的比例不得低于三分之一,具体比例由公司章程规定。监事会中的职工代表由公司职工通过职工代表大会、职工大会或者其他形式民主选举产生。

2. 关于监事会召集和主持,监事会主席召集和主持监事会会议,监事会主席不能履行职务或者不履行职务的,由半数以上监事共同推举1名监事召集和主持监事会会议。

3. 关于监事的聘任,监事的任期每届为3年,监事任期届满,连选可以连任。监事任期届满未及时改选,或者监事在任期内辞职导致监事会成员低于法定人数的,在改选出的监事就任前,原监事仍应当依照法律、行政法规和公司章程的规定,履行监事职务。董事、高级管理人员不得兼任监事。

4. 关于监事会职权,《公司法》第七十八条规定,"监事会、不设监事会的公司的监事行使下列职权：……（七）公司章程规定的其他职权"。

5.议事方式与表决程序。监事会每年度至少召开一次会议，监事可以提议召开临时监事会会议。监事会的议事方式和表决程序，除《公司法》有规定的外，由公司章程规定。监事会决议应当经半数以上监事通过。监事会应当对所议事项的决定作成会议记录，出席会议的监事应当在会议记录上签名。

监事会的议事规则（节选）

第十七条 监事会每6个月至少召开一次会议。监事可以提议召开临时监事会会议。会议通知方式为：电子邮件、邮寄、传真、电报、电话或专人送达；通知时限为：临时监事会会议召开的前三个工作日。如遇特殊情况，经全体监事的过半数同意，临时监事会会议的召开可不受前述通知时限的限制。监事会的议事方式为：监事会会议。监事会的表决程序为：监事实行一人一票制。监事会决议应当经全体监事半数以上通过。

第二十四条 对董事会、董事的监督重点

监事会对董事会和董事的履职监督重点包括：

（一）遵守法律法规、规章以及其他规范性文件的情况；

（二）遵守《公司章程》、股东会议事规则、董事会议事规则，执行股东大会决议，在经营管理、重大决策中依法行使职权和履行义务的情况；

（三）改善公司治理以及加强内控体系建设和内控制度执行有效性的情况；

（四）发展战略、经营理念、资本管理、人事管理的情况；

（五）信息披露及维护中小股东和其他利益相关者利益情况；

（六）董事参加会议、发表意见、提出建议的情况，特别是通信会议方式表决时董事充分发表意见的情况；

（七）股东大会对董事会、董事会对董事长、首席执行官、总裁及其他高级管理人员的授权事项及授权执行情况；

（八）独立董事是否持续具备应有的独立性，是否有足够的时间和精力有效履行职责，履行职责时是否受到公司主要股东、实际控制人或非独立董事、监事、高级管理人员的不当影响等。独立董事对重大关联交易、利润分配方案、可能损害中小股东权益或造成公司重大损失等有关事项发表独立意见的情况；

（九）董事会专门委员会的执行情况，董事会专门委员会成员是否按照董事会专门委员会议事规则履行职责；

（十）其他需要监督的事项。

第二十八条　监事会会议形成的决议、记录等文件，应于两个工作日内存档，保存期限不少于10年。

三、公司章程与股东权利

关于股东权利在本书第一章已经做了详细阐述，故在此不再说明。而股东表决权、资产收益权和优先购买权是股权架构设计、股权激励、股权投融资和争夺公司控制权最重要的工具和手段。故关于这三类权利的公司章程的扩张和限缩就更加重要了。

（一）关于表决权

1.表决权行使方式

根据《公司法》第六十五条对公司章程关于表决权的行使方式另行规定的授权，公司章程可以规定：(1)按照认缴出资额对应的股权比例行使表决权；(2)按照实缴资本金对应的股权比例行使表决权；(3)按照股东人数表决；(4)设定AB股，即同股不同权（表决权）；(5)"剥夺"某股东表决权，即某些股东无表决权。

2.议事方式和表决程序

根据《公司法》第六十六条对公司章程关于表决权的议事方式和表决程序另行规定的授权，公司章程可以规定：(1)股东会决议的一般事项是经1/2以上表决权通过，也可以设定其他比例，如40%、60%、88%和100%等。(2)对于重大事项，可以约定超过2/3以上都是可以的，如77%、90%、100%等。(3)《公司法》第六十五条，从内容的表述来看是按照出资比例形式表决，但同时也规定了公司章程另有规定的除外。所以，股东会也可以按照类似董事会人数表决进行。(4)关于会议召开的另行规定有更多的自治空间，包括但不限于：①每年召开股东会的次数和时间、临时股东会召开的条件和必须召开的规定；②股东会谁提议召开、谁主持、通知方式、通知的内容、何时通知；③提案什么时候提、有什么条件、提案谁审核、不通过怎么办；④股东会召开期间的记录、委托人的审核、投票、计票、异议复审；⑤决议的书面形式、签字盖章、归档、保管和备案等。

第六章 公司章程与股东协议

3. 表决权的公司章程扩张与限缩的条款

（1）提高推选候选董事的条件；

（2）小股东表决权委托给大股东；

（3）大股东享有一票否决权；

（4）签订一致行动协议；

（5）重要事项必须经股东会全票通过，即提高决策表决权通过比例；

（6）大股东有推荐超过半数董事会席位董事的权利；

（7）股东会的一般事项表决按照股东人数表决。

（二）关于资产收益权

1. 资产收益权的自治规定

根据《公司法》第二百一十条对全体股东关于资产收益权另行约定的授权，公司章程可以对股东的分红权、股份增值权和剩余财产的分配权另行规定。

2. 资产收益权的公司章程扩张与限缩的条款

（1）公司同意派发股息、分红时，A系列优先股股东有权优先于其他普通股股东获得按照投资额累计的8%的年有限股息，同时A系列优先股股东还有权按可转换基础上的普通股数量按比例参与普通股派发的剩余股息分配。

（2）在支付给A系列优先股股东清算优先权回报之后，剩余资产由普通股股东与A系列优先股股东按相当于转换后股份比例进行分配；但A系列优先股股东一旦其获得的回报达到×倍于原始购买价格以及宣布但尚未发放的股利，将停止参与分配。之后，剩余的资产将由普通股股东按比例分配。

（3）某股东只享有公司利润分红的权利，不享有股份增值的权利。

（三）关于优先购买权

1. 优先购买权的自治规定

根据《公司法》第二百二十七条对全体股东关于优先购买权另行约定的授权，公司章程可以对股东在股权转让时和增资扩股时关于受让和认购的另行规定。

2. 优先购买权的公司章程扩张与限缩的条款

（1）大股东比其他所有股东享有股权转让的优先购买权；

(2) 大股东比其他所有股东享有在增资扩股时优先购买权；

(3) 按照出资比例由多到少的顺序行使优先购买权。

四、公司章程的修改

（一）相关规定

《公司法》

第六十六条 股东会的议事方式和表决程序，除本法有规定的外，由公司章程规定。

股东会作出决议，应当经代表过半数表决权的股东通过。

股东会作出修改公司章程、增加或者减少注册资本的决议，以及公司合并、分立、解散或者变更公司形式的决议，应当经代表三分之二以上表决权的股东通过。

第一百一十六条 股东出席股东会会议，所持每一股份有一表决权，类别股股东除外。公司持有的本公司股份没有表决权。

股东会作出决议，应当经出席会议的股东所持表决权过半数通过。

股东会作出修改公司章程、增加或者减少注册资本的决议，以及公司合并、分立、解散或者变更公司形式的决议，应当经出席会议的股东所持表决权的三分之二以上通过。

因此，有限责任公司修改公司章程必须经代表2/3以上表决权的股东通过。股份有限公司修改公司章程必须经出席会议的股东所持表决权的2/3以上通过。

（二）公司章程修正原则

1. 遵循公司章程的制作原则。

2. 对于限制股东权利或增加其义务的条款，未经该股东同意的，则对该股东无法律效力。

3. 对于公司事务，包括组织架构调整、经营方针调整、董事、经理、财务负责人的相关职权、任命等，虽然部分股东未同意，但是其修改对公司及所有股东生效。

4. 不得损害债权人利益原则。公司债权人的合法权益受到法律保护,例如《公司法》第二百二十四条第二款规定:"公司应当自股东会作出减少注册资本决议之日起十日内通知债权人,并于三十日内在报纸上或者国家企业信用信息公示系统公告。债权人自接到通知之日起三十日内,未接到通知的自公告之日起四十五日内,有权要求公司清偿债务或者提供相应的担保。"

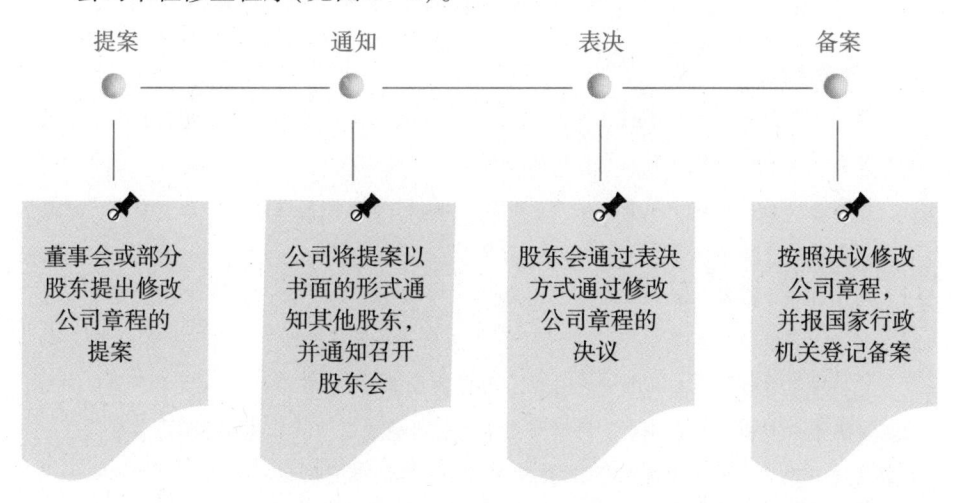

(三)公司章程修正程序

公司章程修正程序(见图6-5)。

```
    提案            通知            表决            备案
```

| 董事会或部分股东提出修改公司章程的提案 | 公司将提案以书面的形式通知其他股东,并通知召开股东会 | 股东会通过表决方式通过修改公司章程的决议 | 按照决议修改公司章程,并报国家行政机关登记备案 |

图6-5 公司章程修正程序

1. 提案

无论是有限责任公司还是股份有限公司,所有的股东都享有提案权,在《公司法》中关于有限责任公司的提案权内容没有规定,在股份有限公司章节第一百一十五条第二款作了相关规定,单独或者合计持有公司1%以上股份的股东,可以在股东会会议召开10日前提出临时提案并书面提交董事会。临时提案应当有明确议题和具体决议事项。董事会应当在收到提案后2日内通知其他股东,并将该临时提案提交股东会审议;但临时提案违反法律、行政法规或者公司章程的规定,或者不属于股东会职权范围的除外。公司不得提高提出临时提案股东的持股比例。此条款并非就是说在股份有限公司里少于1%股份的股东就没有提案权,该条款只是表述持有公司1%股份的股东所提交的提案,股东应当进行股东大会审议，那么对于少于1%股份的股东并没有规定，笔者认为，对于少于1%股份的股东的提案，股东大会可以审议，也可以不审议。

2. 通知

通知召开股东会，通知方式、时间、需要审议的事项等在有限责任公司必须按照《公司法》或公司章程或股东约定进行；在股份有限公司中，必须严格按照《公司法》的规定进行。

参考法条

《公司法》

第六十四条 召开股东会会议，应当于会议召开十五日前通知全体股东；但是，公司章程另有规定或者全体股东另有约定的除外。

股东会应当对所议事项的决定作成会议记录，出席会议的股东应当在会议记录上签名或者盖章。

第一百一十五条 召开股东会会议，应当将会议召开的时间、地点和审议的事项于会议召开二十日前通知各股东；临时股东会会议应当于会议召开十五日前通知各股东。

单独或者合计持有公司百分之一以上股份的股东，可以在股东会会议召开十日前提出临时提案并书面提交董事会。临时提案应当有明确议题和具体决议事项。董事会应当在收到提案后二日内通知其他股东，并将该临时提案提交股东会审议；但临时提案违反法律、行政法规或者公司章程的规定，或者不属于股东会职权范围的除外。公司不得提高提出临时提案股东的持股比例。

公开发行股份的公司，应当以公告方式作出前两款规定的通知。

股东会不得对通知中未列明的事项作出决议。

---

3. 表决

关于股东会表决的规定如下：

《公司法》第六十六条规定，"股东会的议事方式和表决程序，除本法有规定的外，由公司章程规定。股东会作出决议，应当经代表过半数表决权的股东通过。股东会作出修改公司章程、增加或者减少注册资本的决议，以及公司合并、分立、解散或变更公司形式的决议，应当经代表三分之二以上表决权的股东通过"。

《公司法》第一百一十六条规定,"股东出席股东会会议,所持每一股份有一表决权,类别股股东除外。公司持有的本公司股份没有表决权。股东会作出决议,应当经出席会议的股东所持表决权过半数通过。股东会作出修改公司章程、增加或者减少注册资本的决议,以及公司合并、分立、解散或者变更公司形式的决议,应当经出席会议的股东所持表决权的三分之二以上通过"。

4. 备案

《公司法》第三十五条规定,"公司申请变更登记,应当向公司登记机关提交公司法定代表人签署的变更登记申请书、依法作出的变更决议或者决定等文件。公司变更登记事项涉及修改公司章程的,应当提交修改后的公司章程。公司变更法定代表人的,变更登记申请书由变更后的法定代表人签署"。

附录：2019~2024年全国股权纠纷诉讼裁判数据分析报告

检索条件

数据时间段：2019年1月1日至2024年2月1日。

数据来源：威科先行法律信息库。

案由：与公司有关的纠纷（股权纠纷）。

案件数量：402419件。

数据采集时间：2024年2月1日。

说明：《合同法》已废止，《公司法》已修订，故本书列举相关法条的同时按照《民法典》、2023年修订的《公司法》作相应条文对照说明。

股权纠纷，是指在公司存续过程中股东通过不断行使各种权利来推动公司的运作和股东之间或股东与非股东之间发生股权有关的各种情形并由此而引发的纠纷案件。最高人民法院印发《关于修改〈民事案件案由规定〉的决定》的通知(2020)将股权纠纷设置为与公司有关的纠纷，共计包括28个类型的股权纠纷案件(含4个子案由)，根据大数据检索分析其中股权转让、公司清算、股东资格确认、股东知情权、损害公司利益责任、股东出资纠纷案件6个类型的股权纠纷发生的频率较高，另外增加一个虽然不属于以往发生频率较高，但是今后可能比较常见的案由(请求公司收购股份纠纷)，所以本裁判数据分析报告主要针对这7个类型的股权纠纷案由进行数据检索和分析。

一、股权纠纷诉讼裁判案件概况

(一)案由

本次检索获取了与公司有关的纠纷(股权纠纷),自 2019 年 1 月 1 日至 2024 年 2 月 1 日共 402419 篇裁判文书(见图 1)。

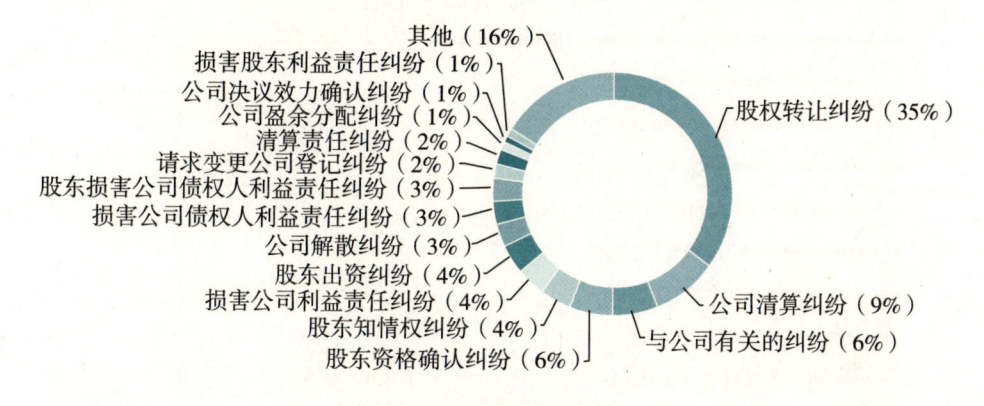

图 1 与公司有关的纠纷

从案由来看,可以看出与公司有关的纠纷(股权纠纷)案件中股权转让纠纷数量及占比最高,占比达到了 35%,其次是公司清算案件占比为 9%,股东资格确认纠纷案件占比为 6%,股东知情权、损害公司利益责任、股东出资纠纷案件均占比为 4%,其他类型的纠纷案件合计占比为 38%。

(二)地域

从地域分布来看,当前股权纠纷案件主要集中在江苏省、上海市、广东省、浙江省、北京市等经济较发达地区,分别占比 10.66%、10.41%、10.19%、7.81%、6.16%。其中,江苏省的案件数量最多,达到 73452 件(见图 2)。

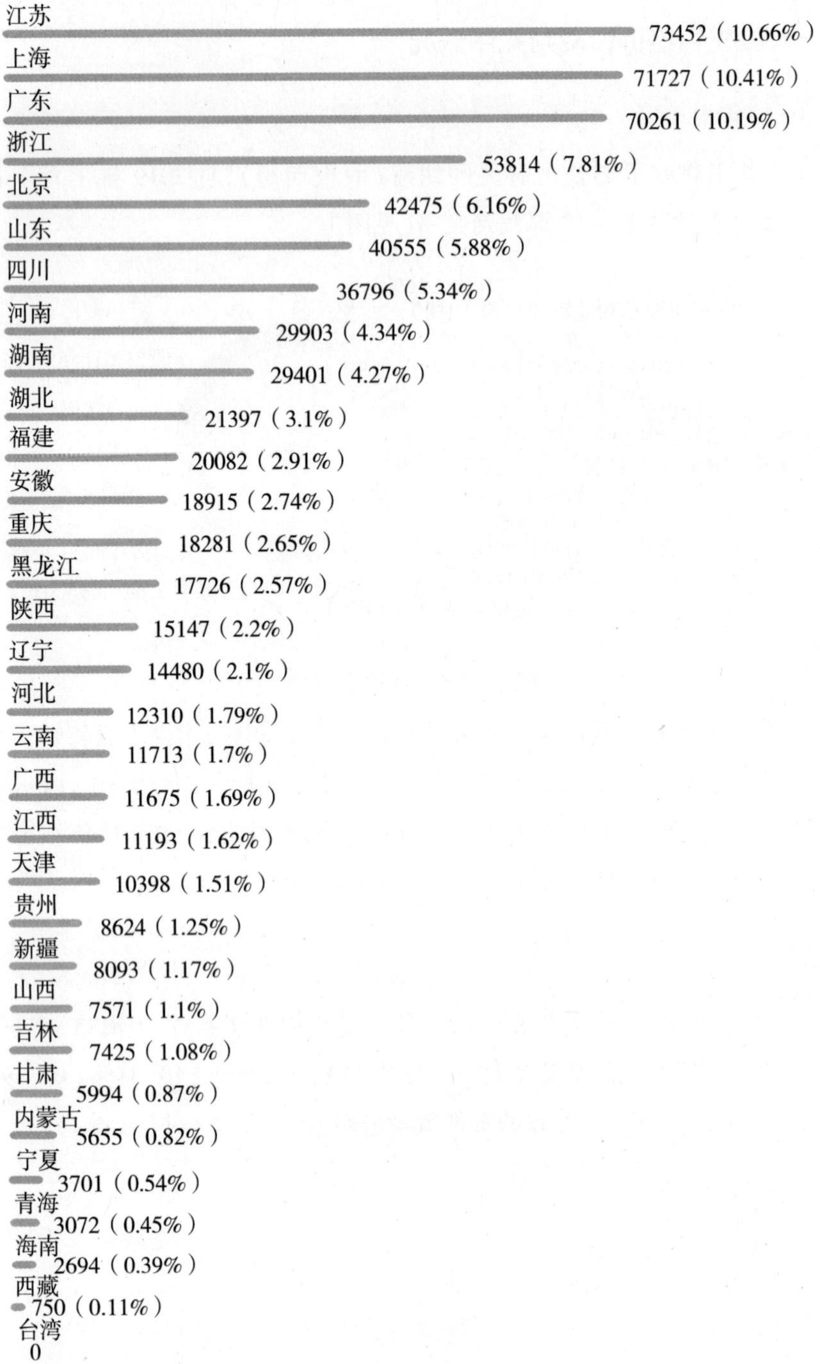

地域	数量	占比
江苏	73452	10.66%
上海	71727	10.41%
广东	70261	10.19%
浙江	53814	7.81%
北京	42475	6.16%
山东	40555	5.88%
四川	36796	5.34%
河南	29903	4.34%
湖南	29401	4.27%
湖北	21397	3.1%
福建	20082	2.91%
安徽	18915	2.74%
重庆	18281	2.65%
黑龙江	17726	2.57%
陕西	15147	2.2%
辽宁	14480	2.1%
河北	12310	1.79%
云南	11713	1.7%
广西	11675	1.69%
江西	11193	1.62%
天津	10398	1.51%
贵州	8624	1.25%
新疆	8093	1.17%
山西	7571	1.1%
吉林	7425	1.08%
甘肃	5994	0.87%
内蒙古	5655	0.82%
宁夏	3701	0.54%
青海	3072	0.45%
海南	2694	0.39%
西藏	750	0.11%
台湾	0	

图 2　地域分布

(三) 标的额

从诉讼标的额来看,当前股权纠纷案例0~10万元案件数量最多占比为40.58%,10万~50万元案件占比为23.08%,100万~500万元案件占比为16.40%,从该饼状图可以看出标的额越小纠纷数量反而越多,这也可能是标的额越小前期缺少专业律师的把关进而导致诉讼可能性更大,另外也可能是与公司有关的纠纷案件中有大量的无标的额纠纷案件(见图3)。

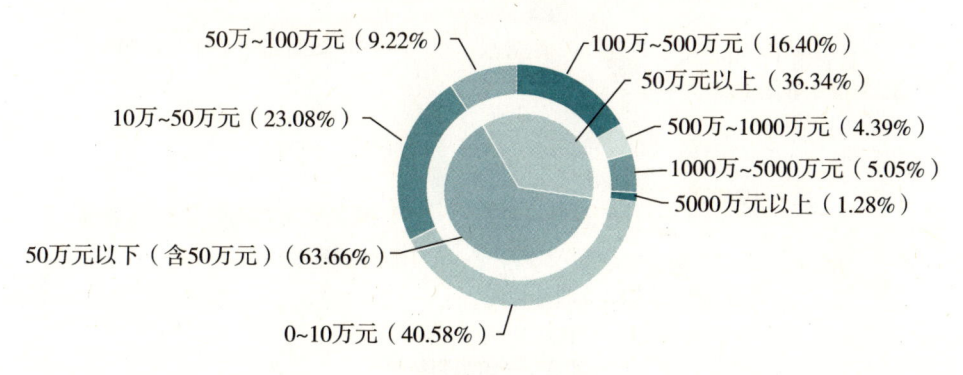

饼图数据:
- 50万~100万元(9.22%)
- 10万~50万元(23.08%)
- 50万元以下(含50万元)(63.66%)
- 0~10万元(40.58%)
- 100万~500万元(16.40%)
- 50万元以上(36.34%)
- 500万~1000万元(4.39%)
- 1000万~5000万元(5.05%)
- 5000万元以上(1.28%)

图3 标的额

(四) 当事人类型

从前述当事人类型情况可以看到,股权纠纷主要发生在自然人与法人之间,占比为47.53%,其次是发生在自然人与自然人之间,占比为37.21%(见图4)。

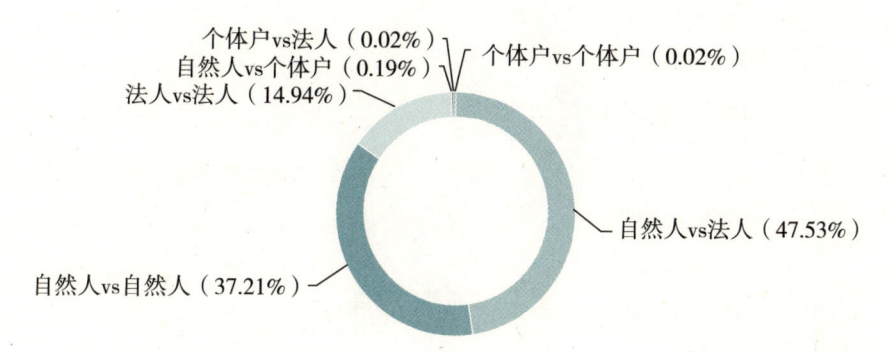

饼图数据:
- 个体户vs法人(0.02%)
- 自然人vs个体户(0.19%)
- 法人vs法人(14.94%)
- 个体户vs个体户(0.02%)
- 自然人vs法人(47.53%)
- 自然人vs自然人(37.21%)

图4 当事人类型

(五)裁判结果

1. 一审裁判结果

通过对一审裁判结果的可视化分析可以看到,当前条件下全部/部分支持的占比仅为32.76%,支持率较低;驳回全部诉讼请求的占比9.69%,驳回起诉的占比3.87%;撤回起诉的占比为26.52%(见图5)。

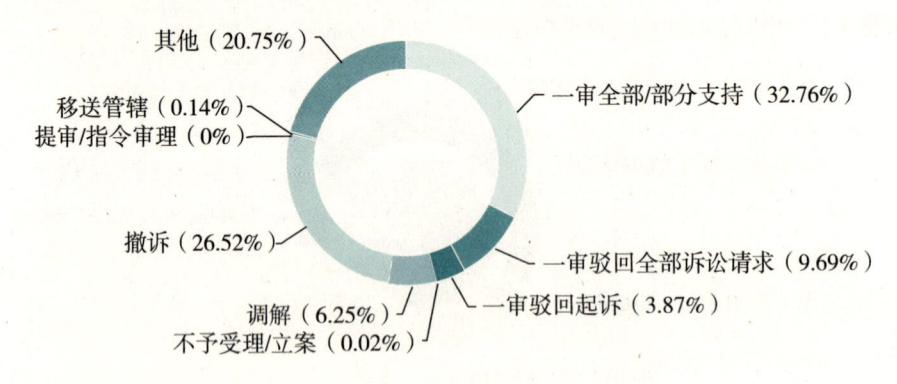

图5 一审裁判结果

2. 二审裁判结果

通过对二审裁判结果的可视化分析可以看到,当前条件下维持原判的占比为63.75%;改判的占比为13.00%;发回重审的占比为5.26%;提审/指令审理的占比为2.46%(见图6)。

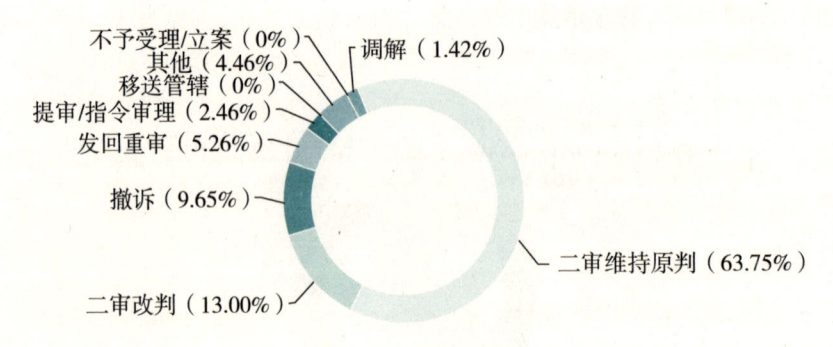

图6 二审裁判结果

3. 再审裁判结果

通过对再审裁判结果的可视化分析可以看到,当前条件下维持原判的占比为66.08%;再审改判占比为6.36%;发回重审占比为2.86%;提审/指令审理的占比为11.62%(见图7)。

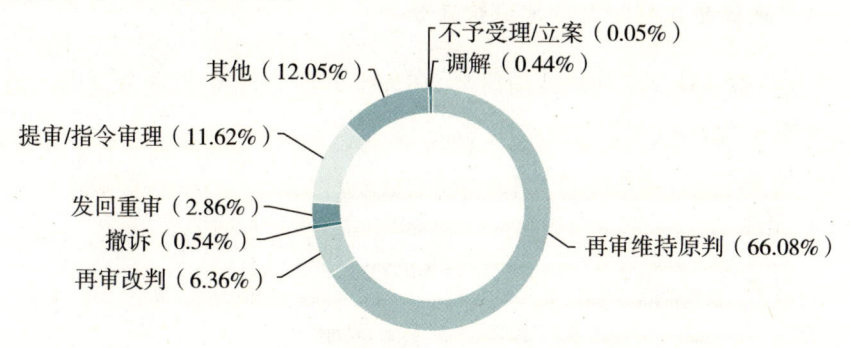

图7 再审裁判结果

饼图数据:
- 不予受理/立案(0.05%)
- 调解(0.44%)
- 再审维持原判(66.08%)
- 再审改判(6.36%)
- 撤诉(0.54%)
- 发回重审(2.86%)
- 提审/指令审理(11.62%)
- 其他(12.05%)

二、股权转让纠纷案件

(一)股权转让纠纷释义

股权转让纠纷包括有限责任公司的股权转让纠纷和股份有限公司的股权转让纠纷两种情况。有限责任公司兼具人合和资合特性,股权转让分为对内转让和对外转让两种情况,对内转让是指股权在股东内部进行转让,对外转让是指股东将其股权向股东以外的人进行转让,《公司法》第四章有限责任公司的股权转让第84~90条和第六章第二节股份有限公司的股份转让第157~167条共计18个条款来规范股权转让行为。

实践中,股权转让纠纷较多,如何通过司法途径解决纠纷,是司法实践中的一个重要问题。尤其是《公司法》对有限责任公司股东对外转让股权作出了限制性规定,如其他股东享有优先购买权、股权转让款没有全面履行、股权转让变更登记没有完成等引发的纠纷不断。大致来看,股权转让纠纷案由下具体的纠纷类型大致包括股权转让合同效力的纠纷、股权转让合同履行的纠纷、瑕疵出资股东股权转让纠纷、股权转让中的瑕疵责任。其中,中外合资经营企业股权转让纠纷、国有股权转让纠纷等,在适用《公司法》的相关规定外,还适用相关特殊规定。

此外,此案由还包括一些特殊类型的股权转让纠纷,比如,股权的继承、股权的分割、股权的遗赠以及夫妻共有股权的法律纠纷等。比如,《公司法》第90条和第167条就针对股权继承问题规定:自然人股东死亡后,其合法继承人可以继承股东资格;但是,公司章程另有规定的除外。

（二）股权转让纠纷案件地域情况分析

本次检索获取了股权转让纠纷自 2019 年 1 月 1 日至 2024 年 2 月 1 日共 146759 篇裁判文书(见图 8)。

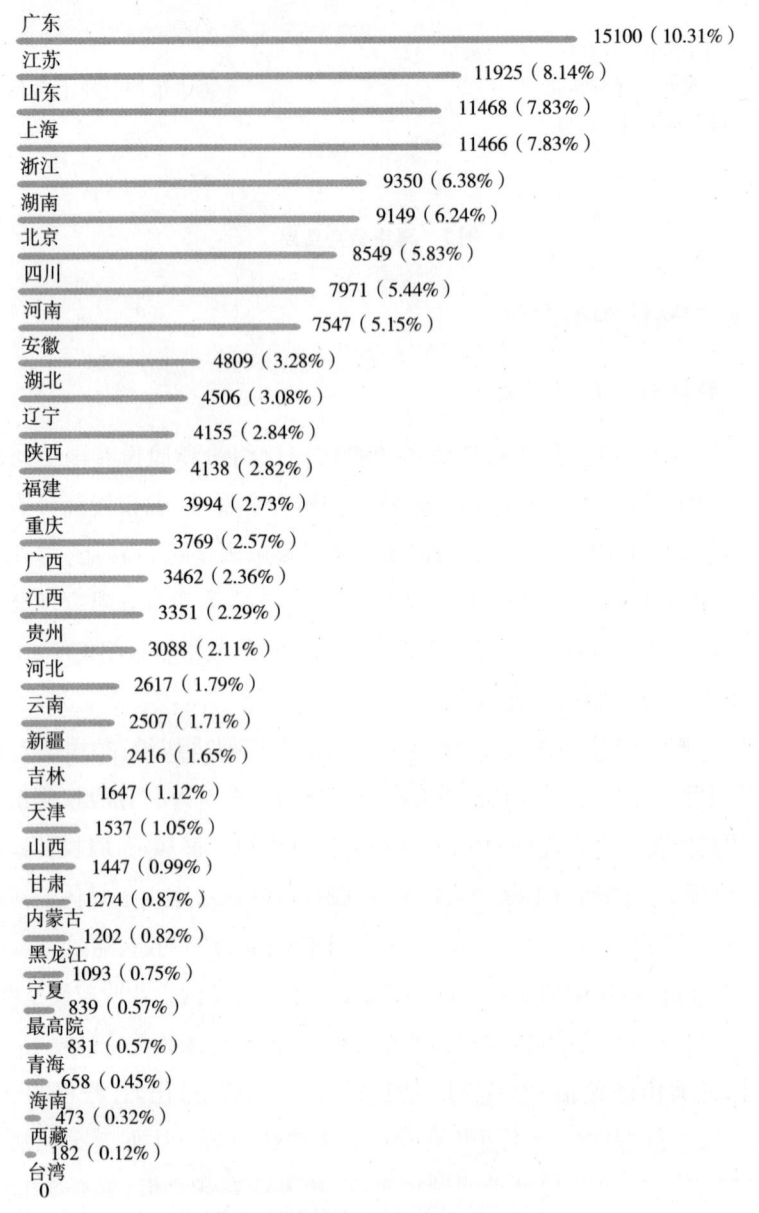

地区	数量	占比
广东	15100	10.31%
江苏	11925	8.14%
山东	11468	7.83%
上海	11466	7.83%
浙江	9350	6.38%
湖南	9149	6.24%
北京	8549	5.83%
四川	7971	5.44%
河南	7547	5.15%
安徽	4809	3.28%
湖北	4506	3.08%
辽宁	4155	2.84%
陕西	4138	2.82%
福建	3994	2.73%
重庆	3769	2.57%
广西	3462	2.36%
江西	3351	2.29%
贵州	3088	2.11%
河北	2617	1.79%
云南	2507	1.71%
新疆	2416	1.65%
吉林	1647	1.12%
天津	1537	1.05%
山西	1447	0.99%
甘肃	1274	0.87%
内蒙古	1202	0.82%
黑龙江	1093	0.75%
宁夏	839	0.57%
最高院	831	0.57%
青海	658	0.45%
海南	473	0.32%
西藏	182	0.12%
台湾	0	

图 8　股权转让纠纷案件地域分布

从图8所示的地域分布可以看到,当前条件下股权转让纠纷案例数量排名前五的是广东省、江苏省、山东省、上海市、浙江省等省份、直辖市。

(三)股权转让纠纷案件当事人类型分析

从图9可以看出,股权转让纠纷当前的纠纷发生在自然人与自然人之间的数量最多,占比为60.14%,其次是自然人与法人之间,占比为31.13%。

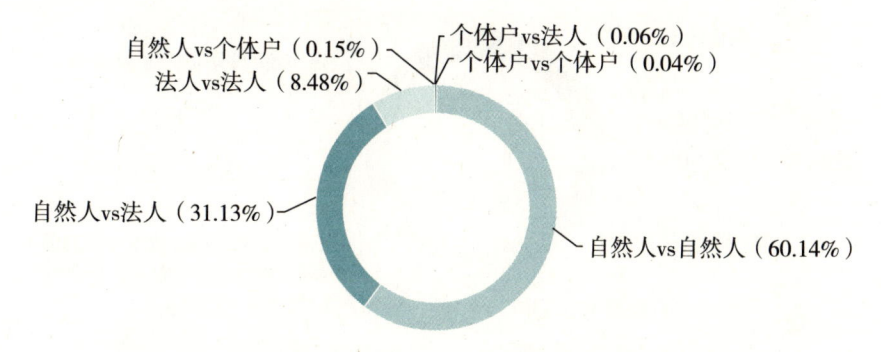

自然人vs个体户(0.15%)
个体户vs法人(0.06%)
法人vs法人(8.48%)
个体户vs个体户(0.04%)
自然人vs法人(31.13%)
自然人vs自然人(60.14%)

图9 股权转让纠纷案件当事人类型

(四)股权转让纠纷案件争议标的额分析

通过对标的额的可视化分析可以看到,标的额为50万元以下的案件数量最多,占比为52.43%,50万~100万元的案件数量占比为11.70%,100万~500万元的案件数量占比为20.95%,500万~1000万元的案件数量占比5.78%,1000万元以上的案件数量占比为9.14%(见图10)。

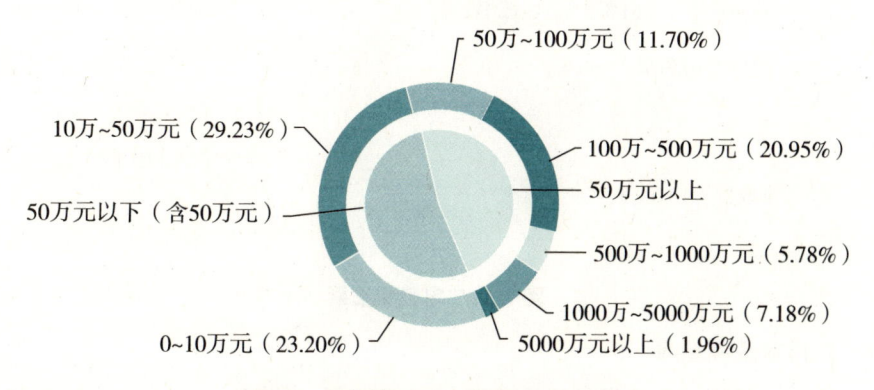

50万~100万元(11.70%)
10万~50万元(29.23%)
100万~500万元(20.95%)
50万元以下(含50万元)
50万元以上
500万~1000万元(5.78%)
0~10万元(23.20%)
1000万~5000万元(7.18%)
5000万元以上(1.96%)

图10 股权转让纠纷案件争议标的额

(五)股权转让纠纷案件裁判结果分析

1. 一审裁判结果

通过对一审裁判结果的可视化分析可以看到,当前条件下一审全部/部分支持的案件数量占比仅为32.40%,驳回全部诉讼请求的占比为7.23%,驳回起诉的占比为2.53%,撤诉的占比为24.24%(见图11)。

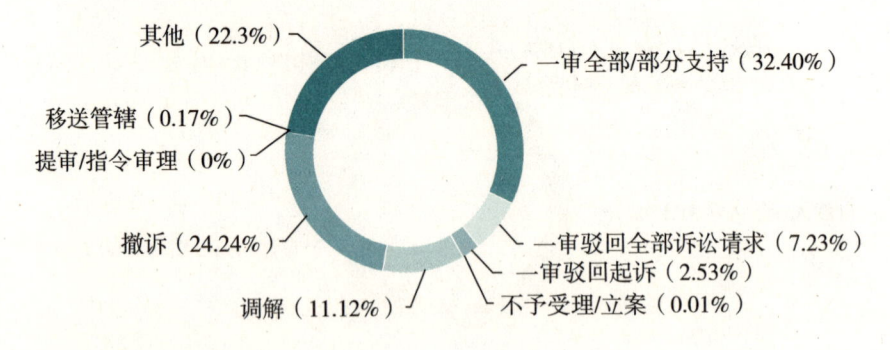

其他(22.3%)
移送管辖(0.17%)
提审/指令审理(0%)
撤诉(24.24%)
调解(11.12%)
一审全部/部分支持(32.40%)
一审驳回全部诉讼请求(7.23%)
一审驳回起诉(2.53%)
不予受理/立案(0.01%)

图11 一审裁判结果

2. 二审裁判结果

通过对二审裁判结果的可视化分析可以看到,当前条件下二审维持原判的案件数量占比仅为61.40%,改判的占比为13.54%,发回重审的占比为5.61%,提审/指令审理的占比为1.69%(见图12)。

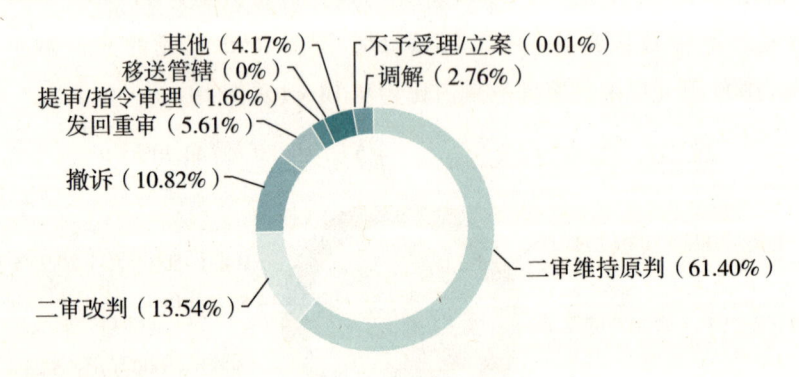

其他(4.17%)
移送管辖(0%)
提审/指令审理(1.69%)
发回重审(5.61%)
撤诉(10.82%)
二审改判(13.54%)
不予受理/立案(0.01%)
调解(2.76%)
二审维持原判(61.40%)

图12 二审裁判结果

3. 再审裁判结果

通过对再审裁判结果的可视化分析可以看到,当前条件下再审维持原判的占比仅为 71.34%, 再审改判的占比为 5.31%, 发回重审的占比为 2.57%, 提审/指令审理的占比为 9.25%（见图 13）。

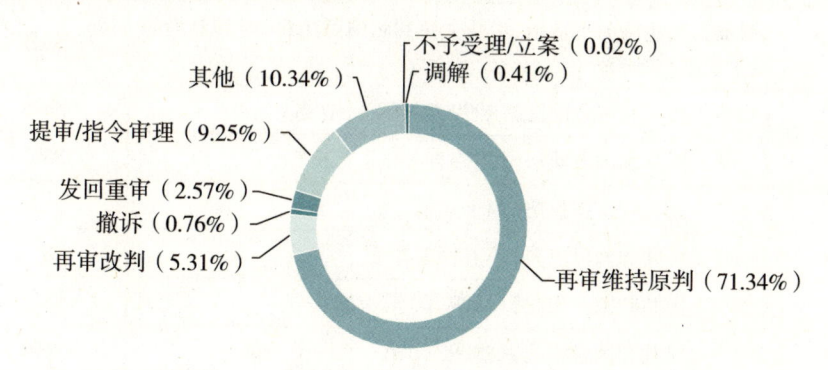

其他（10.34%）
提审/指令审理（9.25%）
发回重审（2.57%）
撤诉（0.76%）
再审改判（5.31%）
不予受理/立案（0.02%）
调解（0.41%）
再审维持原判（71.34%）

图 13　再审裁判结果

（六）股权转让纠纷案件的主要争议焦点

此处统计了股权转让纠纷案件中所有被援引的高频法条，其中，高频实体法条见表 1。

表 1　股权转让纠纷案件中被援引的高频法条

序号	法律条款	引用频次
1	《中华人民共和国合同法》(1999 年)第六十条	19589
2	《中华人民共和国合同法》(1999 年)第一百零七条	16445
3	《中华人民共和国合同法》(1999 年)第八条	9377
4	《中华人民共和国公司法》(2018 年修正)第七十一条	8073
5	《中华人民共和国合同法》(1999 年)第四十四条	5142
6	《最高人民法院关于适用〈中华人民共和国民法典〉时间效力的若干规定》第一条	5100
7	《中华人民共和国合同法》(1999 年)第一百一十四条	5093
8	《中华人民共和国合同法》(1999 年)第九十四条	4595
9	《中华人民共和国合同法》(1999 年)第一百零九条	4318
10	《中华人民共和国合同法》(1999 年)第九十七条	3566
11	《中华人民共和国合同法》(1999 年)第五十二条	5775

续表

序号	法律条款	引用频次
12	《最高人民法院关于适用〈中华人民共和国民法典〉时间效力的若干规定》第一条	5101
13	《中华人民共和国合同法》(1999年)第五十四条	3605
14	《中华人民共和国合同法》(1999年)第九十三条	3507
15	《中华人民共和国担保法》第十八条	3129
16	《中华人民共和国民法典》第五百零九条	2857
17	《中华人民共和国合同法》(1999年)第六条	2822
18	《中华人民共和国合同法》(1999年)第一百一十三条	2802
19	《中华人民共和国公司法》(2013年修正)第七十二条	2634
20	《中华人民共和国民法典》第五百七十七条	2398

根据上述审理股权转让纠纷案件援引的高频法条判断,股权转让纠纷案件有如下两个主要争议焦点:

1.关于股权转让合同的履行

表1所涉引用高频法条,其中一方面主要是关于合同履行的违约内容,股权转让合同签约后,发生了大量的违约行为,包括但不限于:不支付或部分不支付或迟延支付股权转让款、不配合或迟延办理股权登记等。

参考法条

《中华人民共和国合同法》

第六十条 当事人应当按照约定全面履行自己的义务。

当事人应当遵循诚实信用原则,根据合同的性质、目的和交易习惯履行通知、协助、保密等义务。

第一百零七条 当事人一方不履行合同义务或者履行合同义务不符合约定的,应当承担继续履行、采取补救措施或者赔偿损失等违约责任。

> **对照法条**
>
> 《中华人民共和国民法典》
>
> 　　第五百零九条　当事人应当按照约定全面履行自己的义务。
>
> 　　当事人应当遵循诚信原则,根据合同的性质、目的和交易习惯履行通知、协助、保密等义务。
>
> 　　第五百七十七条　当事人一方不履行合同义务或者履行合同义务不符合约定的,应当承担继续履行、采取补救措施或者赔偿损失等违约责任。

2. 关于股权转让合同的效力

上述所涉引用高频法条,另一方面主要是关于股权转让合同的效力及股东优先购买权的内容。损害股东优先购买权的股权转让合同,被侵权的股东可以通过诉讼方式撤销,所以股权转让必须按照《公司法》和公司章程的规定程序进行转让,并保留相关书面证据材料。

> **参考法条**
>
> 《中华人民共和国公司法》(2013年修正)
>
> 　　第七十一条　有限责任公司的股东之间可以相互转让其全部或者部分股权。
>
> 　　股东向股东以外的人转让股权,应当经其他股东过半数同意。股东应就其股权转让事项书面通知其他股东征求同意,其他股东自接到书面通知之日起满三十日未答复的,视为同意转让。其他股东半数以上不同意转让的,不同意的股东应当购买该转让的股权;不购买的,视为同意转让。
>
> 　　经股东同意转让的股权,在同等条件下,其他股东有优先购买权。两个以上股东主张行使优先购买权的,协商确定各自的购买比例;协商不成的,按照转让时各自的出资比例行使优先购买权。
>
> 　　公司章程对股权转让另有规定的,从其规定。
>
> 《中华人民共和国合同法》
>
> 　　第九十四条　有下列情形之一的,当事人可以解除合同:
>
> 　　(一)因不可抗力致使不能实现合同目的;
>
> 　　(二)在履行期限届满之前,当事人一方明确表示或者以自己的行为表明不履行主要债务;

（三）当事人一方迟延履行主要债务，经催告后在合理期限内仍未履行；

（四）当事人一方迟延履行债务或者有其他违约行为致使不能实现合同目的；

（五）法律规定的其他情形。

对照法条

《中华人民共和国公司法》（2023 年修订）

第八十四条 有限责任公司的股东之间可以相互转让其全部或者部分股权。

股东向股东以外的人转让股权的，应当将股权转让的数量、价格、支付方式和期限等事项书面通知其他股东，其他股东在同等条件下有优先购买权。股东自接到书面通知之日起三十日内未答复的，视为放弃优先购买权。两个以上股东行使优先购买权的，协商确定各自的购买比例；协商不成的，按照转让时各自的出资比例行使优先购买权。

公司章程对股权转让另有规定的，从其规定。

《中华人民共和国民法典》

第五百六十三条 有下列情形之一的，当事人可以解除合同：

（一）因不可抗力致使不能实现合同目的；

（二）在履行期限届满前，当事人一方明确表示或者以自己的行为表明不履行主要债务；

（三）当事人一方迟延履行主要债务，经催告后在合理期限内仍未履行；

（四）当事人一方迟延履行债务或者有其他违约行为致使不能实现合同目的；

（五）法律规定的其他情形。

以持续履行的债务为内容的不定期合同，当事人可以随时解除合同，但是应当在合理期限之前通知对方。

三、公司清算纠纷案件

（一）公司清算纠纷释义

清算责任纠纷是指清算组成员在清算期间，因故意或者重大过失给公司、债权人造成损失，应当承担赔偿责任的纠纷。公司清算期间，清算组是对内执行清算事务，对外代表公司处理债权债务的公司机关。《公司法》第二百三十八条规定，"清算组成员履行清算职责，负有忠实义务和勤勉义务。清算组成员怠于履行清算职责，给公司造成损失的，应当承担赔偿责任；因故意或者重大过失给债权人造成损失的,应当承担赔偿责任"。

(二)公司清算纠纷案件地域情况分析

本次检索获取了公司清算纠纷自 2019 年 1 月 1 日至 2024 年 2 月 1 日共 58327 篇裁判文书(见图 14)。

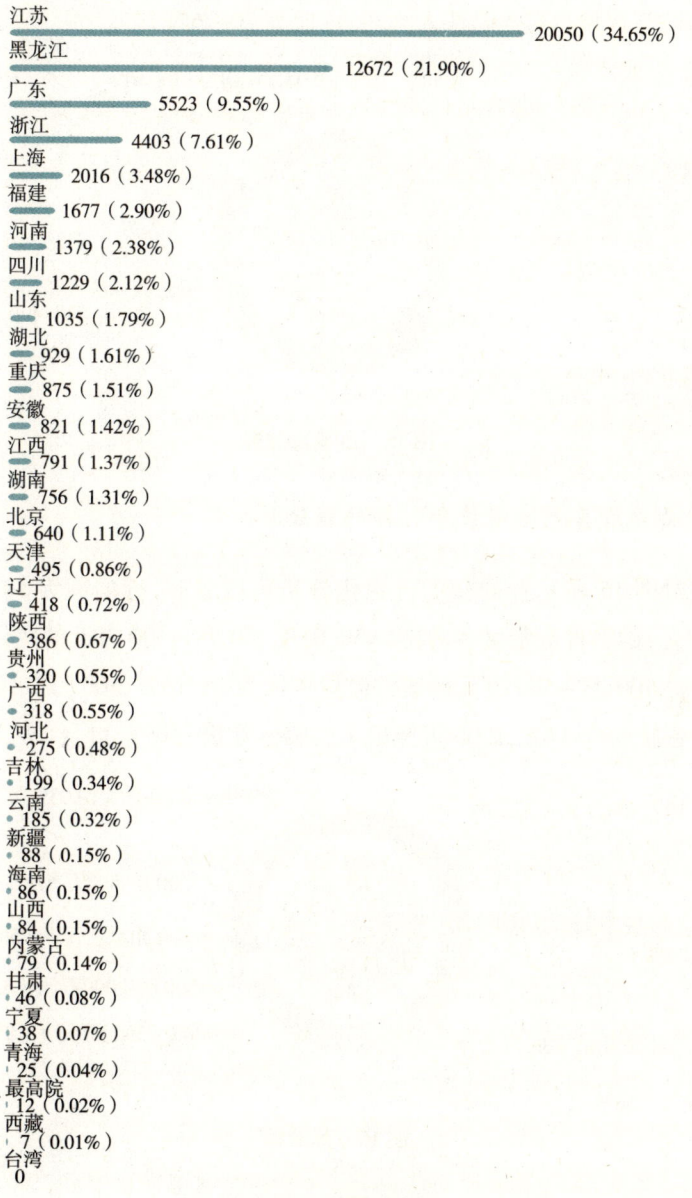

- 江苏 20050(34.65%)
- 黑龙江 12672(21.90%)
- 广东 5523(9.55%)
- 浙江 4403(7.61%)
- 上海 2016(3.48%)
- 福建 1677(2.90%)
- 河南 1379(2.38%)
- 四川 1229(2.12%)
- 山东 1035(1.79%)
- 湖北 929(1.61%)
- 重庆 875(1.51%)
- 安徽 821(1.42%)
- 江西 791(1.37%)
- 湖南 756(1.31%)
- 北京 640(1.11%)
- 天津 495(0.86%)
- 辽宁 418(0.72%)
- 陕西 386(0.67%)
- 贵州 320(0.55%)
- 广西 318(0.55%)
- 河北 275(0.48%)
- 吉林 199(0.34%)
- 云南 185(0.32%)
- 新疆 88(0.15%)
- 海南 86(0.15%)
- 山西 84(0.15%)
- 内蒙古 79(0.14%)
- 甘肃 46(0.08%)
- 宁夏 38(0.07%)
- 青海 25(0.04%)
- 最高院 12(0.02%)
- 西藏 7(0.01%)
- 台湾 0

图 14　地域分布

从图 14 所示的地域分布可以看到,当前条件下公司清算纠纷案例数量排名前五的是江苏省、黑龙江省、广东省、浙江省、上海市等省份、直辖市。

(三)公司清算纠纷案件当事人类型分析

从图 15 可以看出,公司清算纠纷当前的纠纷发生在法人与法人之间,占比为 71.75%;其次是自然人与法人之间,占比为 26.76%。

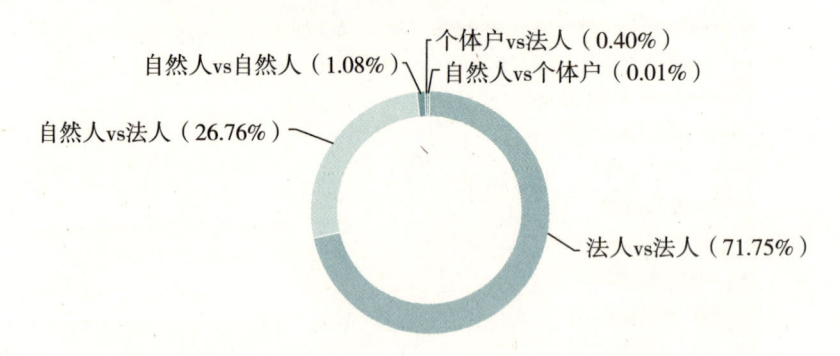

自然人vs自然人(1.08%)
个体户vs法人(0.40%)
自然人vs个体户(0.01%)
自然人vs法人(26.76%)
法人vs法人(71.75%)

图 15　当事人类型

(四)公司清算纠纷案件争议标的额分析

通过对图 16 所示标的额的可视化分析可以看到,标的额为 50 万元以下(含 50 万元)的案件数量最多占比为 59.05%,50 万~100 万元的案件数量占比为 10.03%,100 万~500 万元的案件数量占比为 16.16%,500 万~1000 万元的案件数量占比为 3.34%,1000 万元以上的案件数量占比为 11.42%。

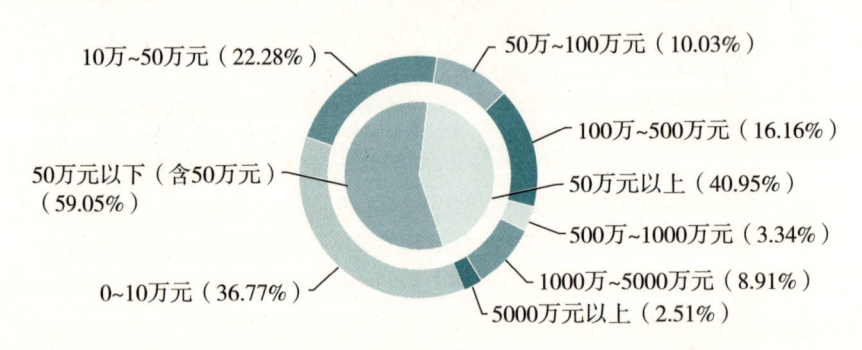

10万~50万元(22.28%)
50万~100万元(10.03%)
50万元以下(含50万元)(59.05%)
100万~500万元(16.16%)
50万元以上(40.95%)
500万~1000万元(3.34%)
0~10万元(36.77%)
1000万~5000万元(8.91%)
5000万元以上(2.51%)

图 16　标的额

(五)公司清算纠纷案件裁判结果分析

1. 一审裁判结果

通过对图 17 所示的一审裁判结果的可视化分析可以看到,当前条件下一审全部/部分支持的案件数量占比仅为 10.93%;驳回全部诉讼请求的占比为 3.20%,驳回起诉的占比为 11.47%,撤诉的占比为 28.00%。

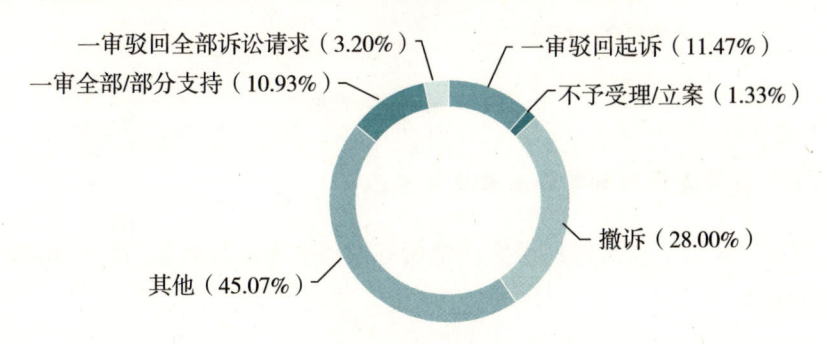

图 17　一审裁判结果

2. 二审裁判结果

通过对图 18 所示的二审裁判结果的可视化分析可以看到,当前条件下二审维持原判的案件数量占比仅为 52.20%,改判的占比为 14.70%,发回重审的占比为 1.10%,提审/指令审理的占比为 14.97%。

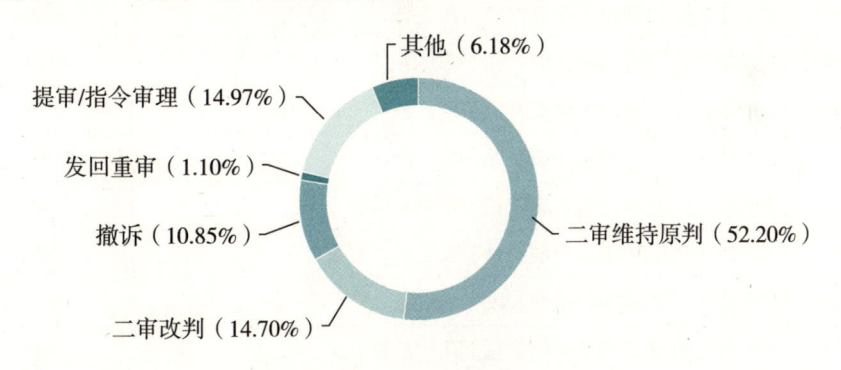

图 18　二审裁判结果

3. 再审裁判结果

通过对再审裁判结果的可视化分析可以看到,当前条件下再审维持原判的占比也仅为 54%,再审改判的占比为 14%,提审/指令审理的占比为 2%(见图 19)。

不予受理/立案（2%）

其他（26%）

提审/指令审理（2%）

撤诉（2%）

再审改判（14%）

再审维持原判（54%）

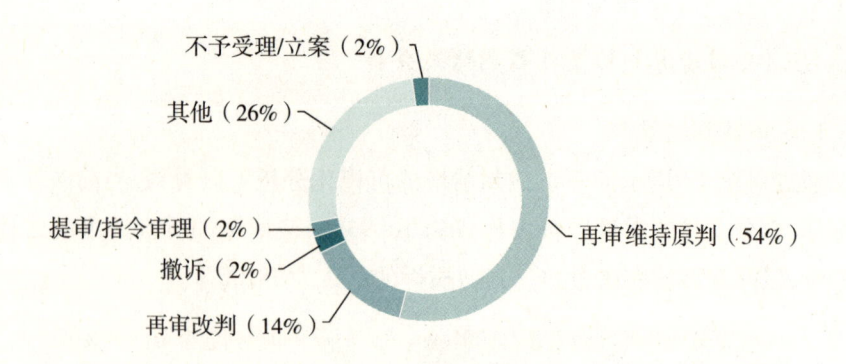

图 19　再审裁判结果

（六）公司清算纠纷案件主要争议焦点

此处统计了公司清算纠纷案件中所有被援引的高频法条，其中，高频实体法条见表2。

表2　公司清算纠纷案件中被援引的高频法条

序号	法规名称	引用频次
1	《中华人民共和国民法典》第七十条	8422
2	《中华人民共和国公司法》(2018年修正)第一百八十条	7441
3	《中华人民共和国公司法》(2018年修正)第一百八十三条	7188
4	《中华人民共和国企业破产法》第二条	5759
5	《中华人民共和国企业破产法》第七条	3889
6	《中华人民共和国企业破产法》第十条	3513
7	《中华人民共和国企业破产法》第三条	2993
8	《中华人民共和国企业破产法》第五十八条	2740
9	《中华人民共和国企业破产法》第二十二条	2527
10	《中华人民共和国民法典》第六十九条	2425
11	《中华人民共和国企业破产法》第十五条	2402
12	《中华人民共和国企业破产法》第九条	2326
13	《中华人民共和国企业破产法》第一百零七条	1637
14	《中华人民共和国企业破产法》第十三条	1610

续表

序号	法规名称	引用频次
15	《中华人民共和国企业破产法》第十一条	1336
16	《最高人民法院关于适用〈中华人民共和国公司法〉若干问题的规定(二)》(2008年)第七条	1248
17	《最高人民法院关于审理企业破产案件指定管理人的规定》第二十条	1193
18	《中华人民共和国企业破产法》第一百二十条	994
19	《中华人民共和国民法典》第一百零七条	836
20	《中华人民共和国民法典》第一百零八条	825

根据上述审理公司清算纠纷案件援引的高频法条可以判断，公司清算纠纷案件主要是关于有限责任公司股东清算责任的认定，根据《最高人民法院关于印发〈全国法院民商事审判工作会议纪要〉的通知》(法〔2019〕254号)的规定，一些案件的处理结果不适当地扩大了股东的清算责任。特别是实践中出现了一些职业债权人，从其他债权人处大批量超低价收购僵尸企业的"陈年旧账"后，对批量僵尸企业提起强制清算之诉，在获得人民法院对公司主要财产、账册、重要文件等灭失的认定后，根据《公司法》司法解释(二)第18条第2款的规定，请求有限责任公司的股东对公司债务承担连带清偿责任。有的人民法院没有准确把握上述规定的适用条件，判决没有"怠于履行义务"的小股东或者虽"怠于履行义务"但与公司主要财产、账册、重要文件等灭失没有因果关系的小股东对公司债务承担远远超过其出资数额的责任，导致出现利益明显失衡的现象。需要明确的是，上述司法解释关于有限责任公司股东清算责任的规定，其性质是因股东怠于履行清算义务致使公司无法清算所应当承担的侵权责任。在认定有限责任公司股东是否应当对债权人承担侵权赔偿责任时，应当注意以下问题：

1. 怠于履行清算义务的认定

《公司法》司法解释(二)第18条第2款规定的"怠于履行义务"，是指有限责任公司的股东在法定清算事由出现后，在能够履行清算义务的情况下，故意拖延、拒绝履行清算义务，或者因过失导致无法进行清算的消极行为。股东举证证明其已经为履行清算义务采取了积极措施，或者小股东举证证明其既不是公司董事会或者监事会成员,也没有选派人员担任该机关成员,且从未参与公司经营管理,以不构成"怠于履行义务"为由,主张其不应当对公司债务承担连带清偿责任的,人民法院依法予以支持。

2.因果关系抗辩

有限责任公司的股东举证证明其"怠于履行义务"的消极不作为与"公司主要财产、账册、重要文件等灭失,无法进行清算"的结果之间没有因果关系,主张其不应对公司债务承担连带清偿责任的,人民法院依法予以支持。

参考法条

《中华人民共和国民法典》

第七十条 法人解散的,除合并或者分立的情形外,清算义务人应当及时组成清算组进行清算。

法人的董事、理事等执行机构或者决策机构的成员为清算义务人。法律、行政法规另有规定的,依照其规定。

清算义务人未及时履行清算义务,造成损害的,应当承担民事责任;主管机关或者利害关系人可以申请人民法院指定有关人员组成清算组进行清算。

《中华人民共和国公司法》(2018年修正)

第一百八十条 公司因下列原因解散:

(一)公司章程规定的营业期限届满或者公司章程规定的其他解散事由出现;

(二)股东会或者股东大会决议解散;

(三)因公司合并或者分立需要解散;

(四)依法被吊销营业执照、责令关闭或者被撤销;

(五)人民法院依照本法第一百八十二条的规定予以解散。

第一百八十三条 公司因本法第一百八十条第(一)项、第(二)项、第(四)项、第(五)项规定而解散的,应当在解散事由出现之日起十五日内成立清算组,开始清算。有限责任公司的清算组由股东组成,股份有限公司的清算组由董事或者股东大会确定的人员组成。逾期不成立清算组进行清算的,债权人可以申请人民法院指定有关人员组成清算组进行清算。人民法院应当受理该申请,并及时组织清算组进行清算。

> 对照法条

《中华人民共和国公司法》(2023年修订)

第二百二十九条 公司因下列原因解散:

(一)公司章程规定的营业期限届满或者公司章程规定的其他解散事由出现;

(二)股东会决议解散;

(三)因公司合并或者分立需要解散;

(四)依法被吊销营业执照、责令关闭或者被撤销;

(五)人民法院依照本法第二百三十一条的规定予以解散。

公司出现前款规定的解散事由,应当在十日内将解散事由通过国家企业信用信息公示系统予以公示。

第二百三十二条 公司因本法第二百二十九条第一款第一项、第二项、第四项、第五项规定而解散的,应当清算。董事为公司清算义务人,应当在解散事由出现之日起十五日内组成清算组进行清算。

清算组由董事组成,但是公司章程另有规定或者股东会决议另选他人的除外。

清算义务人未及时履行清算义务,给公司或者债权人造成损失的,应当承担赔偿责任。

四、股东资格确认纠纷案件

(一)股东资格确认释义

股东资格确认纠纷是指股东与股东之间或者股东与公司之间就股东资格是否存在,或者具体的股权持有数额、比例等发生争议而引起的纠纷。股东资格确认纠纷大致包括以下三种类型。

1. 股东与公司之间的股东资格确认纠纷。实践中,可能股东与他人之间不存在股权归属争议,但公司不承认股东享有股东资格。比如,隐名出资中公司拒绝隐名股东行使股权,或者股权转让后公司拒绝受让人行使股权,此时即产生纠纷。

2. 股东与股东之间因出资产生的股东资格确认纠纷。这里通常是指隐名出资的情况,即隐名股东与名义股东之间签订出资协议,隐名股东以他人名义出资,由他人作为名义股东,但实际出资资金来源于该隐名股东,名义股东不享有实际权利，一切权利归隐名股东所有。

3. 股东与股东之间因股权转让产生的股东资格确认纠纷。依据《公司法》的规定，有限责任公司股东的姓名或名称须记载于股东名册及公司章程，并属于工商登记事项；股份有限公司发起人的姓名或名称须记载于公司章程，持有记名股票的股东姓名或名称应记载于股东名册。因此，当有限责任公司股东转让股权或股份公司股东转让记名股票时，应按照上述规定作相应的变更登记。实际生活中，股权转让双方可能因为过失或者其他原因，在股权转让过程中没有履行法定的变更登记手续，或者没有交付股票或出资证明书。如果未变更登记，就可能发生股东资格确认纠纷。此外，股份有限公司的股东可以凭借其所持有的无记名股票向公司主张股权；如果无记名股东转让股权时未向受让人交付无记名股票，则受让人无法证明其股权之存在，从而可能发生股东资格确认纠纷。

（二）股东资格确认纠纷案件地域情况分析

本次检索获取了股东资格确认纠纷自 2019 年 1 月 1 日至 2024 年 2 月 1 日共 20689 篇裁判文书（见图 20）。

地域	数量（占比）
山东	1769（8.54%）
江苏	1649（7.96%）
广东	1563（7.55%）
北京	1451（7.01%）
上海	1443（6.97%）
四川	1250（6.04%）
湖南	1059（5.11%）
重庆	1050（5.07%）
浙江	985（4.76%）
河南	963（4.65%）
湖北	849（4.10%）
陕西	720（3.48%）
辽宁	661（3.19%）
福建	476（2.30%）
天津	472（2.28%）

(a)

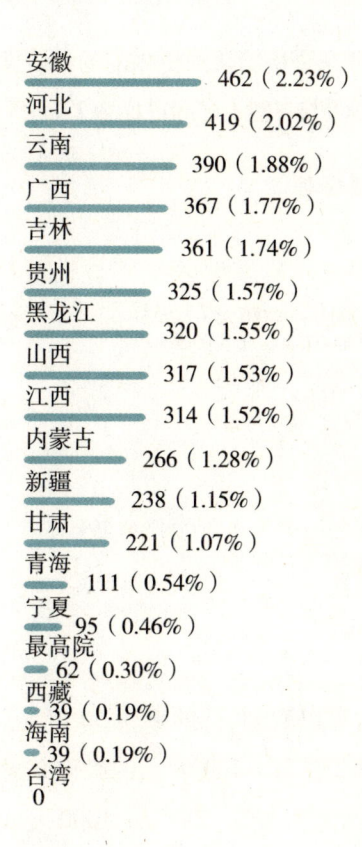

安徽 462（2.23%）
河北 419（2.02%）
云南 390（1.88%）
广西 367（1.77%）
吉林 361（1.74%）
贵州 325（1.57%）
黑龙江 320（1.55%）
山西 317（1.53%）
江西 314（1.52%）
内蒙古 266（1.28%）
新疆 238（1.15%）
甘肃 221（1.07%）
青海 111（0.54%）
宁夏 95（0.46%）
最高院 62（0.30%）
西藏 39（0.19%）
海南 39（0.19%）
台湾 0

（b）

图 20　地域分布

从图 20 所示的地域分布可以看到，当前条件下股东资格确认纠纷案例数量排名前五的是山东、江苏、广东、北京、上海等沿海省份、直辖市。

（三）股东资格确认纠纷案件当事人类型分析

当事人类型如图 21 所示。

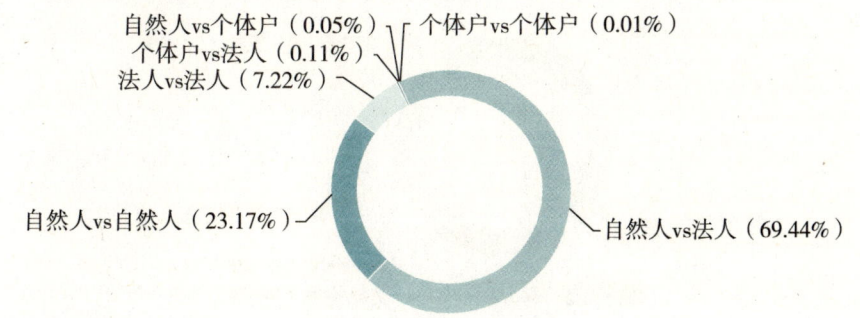

自然人vs个体户（0.05%）
个体户vs个体户（0.01%）
个体户vs法人（0.11%）
法人vs法人（7.22%）
自然人vs自然人（23.17%）
自然人vs法人（69.44%）

图 21　当事人类型

从图 21 所示的当事人类型情况可以看到，股东资格确认纠纷当前的纠纷发生在自然人与法人之间占比为 69.44%，其次是自然人与自然人之间占比为 23.17%。

（四）股东资格确认纠纷案件争议标的额分析

标的额如图 22 所示。

500万~1000万元（2.60%）
1000万~5000万元（2.25%）
100万~500万元（9.39%）
5000万元以上（0.45%）
50万~100万元（4.88%）
50万元以上（19.60%）
10万~50万元（11.85%）
0~10万元（68.58%）
50万元以下（含50万元）（80.40%）

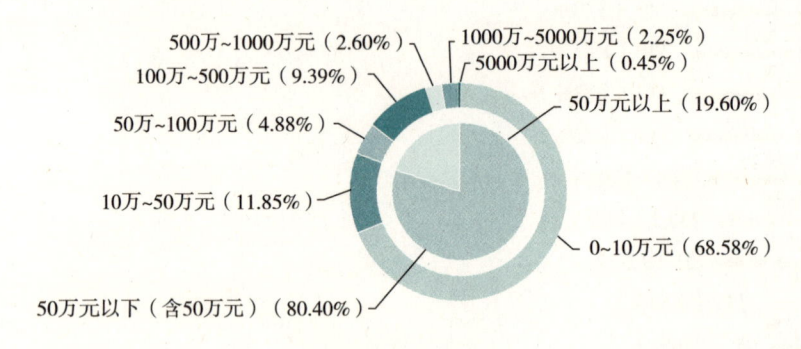

图 22 标的额

通过对图 22 所示的标的额的可视化分析可以看到，标的额为 50 万元（含 50 万元）以下的案件数量最多占比为 80.40%，50 万~100 万元的案件数量占比为 4.88%，100 万~500 万元的案件数量占比为 9.39%，500 万~1000 万元的案件数量占比为 2.60%，1000 万元以上的案件数量占比为 2.7%。

（五）股东资格确认纠纷案件裁判结果分析

1. 一审裁判结果

通过对图 23 所示的一审裁判结果的可视化分析可以看到，当前条件下一审全部/部分支持的案件数量占比仅为 27.05%，驳回全部诉讼请求的占比为 12.57%，驳回起诉的占比为 6.45%，撤诉的占比为 31.99%。

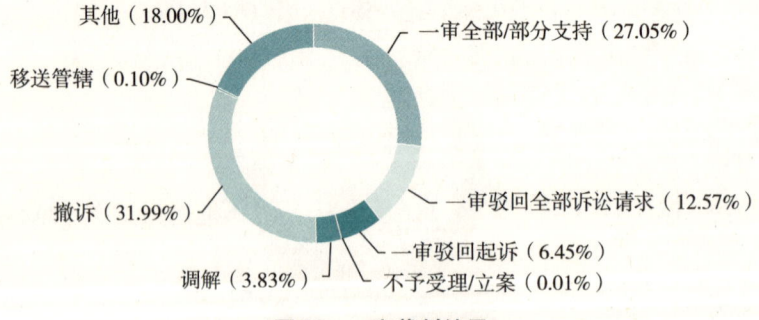

其他（18.00%）
一审全部/部分支持（27.05%）
移送管辖（0.10%）
撤诉（31.99%）
一审驳回全部诉讼请求（12.57%）
一审驳回起诉（6.45%）
调解（3.83%）
不予受理/立案（0.01%）

图 23 一审裁判结果

2. 二审裁判结果

通过对图 24 所示的二审裁判结果的可视化分析可以看到，当前条件下二审维持原判的案件数量占比仅为 68.09%，改判的占比为 10.54%，发回重审的占比为 6.13%，提审/指令审理的占比为 3.09%。

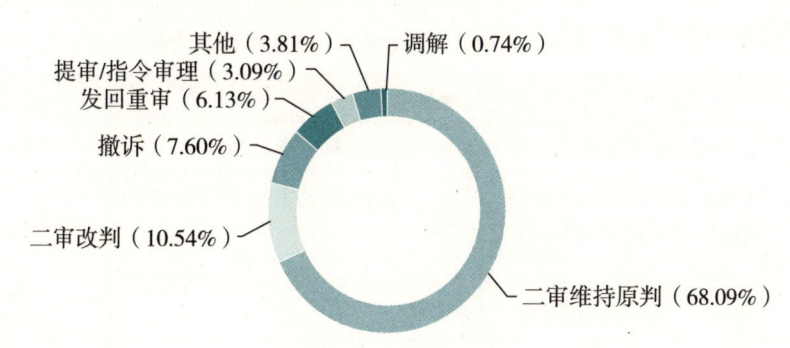

其他（3.81%）
调解（0.74%）
提审/指令审理（3.09%）
发回重审（6.13%）
撤诉（7.60%）
二审改判（10.54%）
二审维持原判（68.09%）

图 24　二审裁判结果

3. 再审裁判结果

通过对图 25 所示的再审裁判结果的可视化分析可以看到，当前条件下再审维持原判的占比仅为 72.71%，再审改判的占比为 3.45%，发回重审的占比为 2.69%，提审/指令审理的占比为 9.17%。

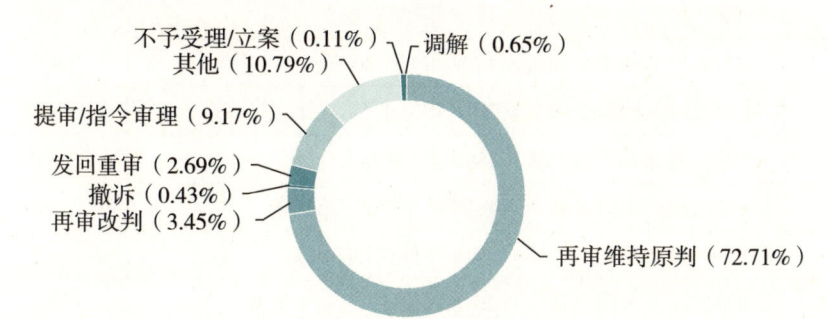

不予受理/立案（0.11%）
调解（0.65%）
其他（10.79%）
提审/指令审理（9.17%）
发回重审（2.69%）
撤诉（0.43%）
再审改判（3.45%）
再审维持原判（72.71%）

图 25　再审裁判结果

(六)股东资格确认案件主要争议焦点

此处统计了股东资格确认纠纷案件中所有被援引的高频法条,其中,高频实体法条见表3。

表3 股东资格确认纠纷案件中被援引的高频法条

序号	法规名称	引用频次
1	《中华人民共和国公司法》(2018年修正)第三十二条	2226
2	《最高人民法院关于适用〈中华人民共和国公司法〉若干问题的规定(三)》(2011年)第二十二条	1373
3	《最高人民法院关于适用〈中华人民共和国公司法〉若干问题的规定(三)》(2011年)第二十四条	1229
4	《中华人民共和国公司法》(2018年修正)第三十一条	884
5	《中华人民共和国公司法》(2018年修正)第七十一条	831
6	《最高人民法院关于适用〈中华人民共和国公司法〉若干问题的规定(三)》(2011年)第二十三条	752
7	《最高人民法院关于适用〈中华人民共和国公司法〉若干问题的规定(三)》(2011年)第二十一条	717
8	《中华人民共和国合同法》(1999年)第八条	643
9	《中华人民共和国合同法》(1999年)第六十条	477
10	《中华人民共和国公司法》(2018年修正)第二十八条	453
11	《中华人民共和国合同法》(1999年)第五十二条	431
12	《中华人民共和国民法通则》(2009年修正)第五条	381
13	《中华人民共和国公司法》(2018年修正)第四条	371
14	《中华人民共和国公司法》(2018年修正)第七十五条	351
15	《最高人民法院关于适用〈中华人民共和国公司法〉若干问题的规定(三)》(2020年修正)第二十二条	325
16	《中华人民共和国公司法》(2018年修正)第二十五条	322
17	《中华人民共和国公司法》(2018年修正)第二十七条	289
18	《最高人民法院关于适用〈中华人民共和国公司法〉若干问题的规定(三)》(2020年修正)第二十四条	269

续表

序号	法规名称	引用频次
19	《最高人民法院关于适用〈中华人民共和国民法典〉时间效力的若干规定》第一条	269
20	《中华人民共和国公司法》（2018年修正）第二十四条	257

根据上述审理股东资格确认案件援引的高频法条可以判断，股东资格确认案件主要有以下两个争议焦点。

1. 确认股东身份并向股东签发出资证明书

主张股权确认的一方应对其"出资"的性质承担证明责任，公司或其他股东以"借款"等非出资性质抗辩的，应承担排除性举证责任。在此类确认之诉中，公司有义务向股东签发出资证明书和登记手续。

> **参考法条**
>
> 《最高人民法院关于适用〈中华人民共和国公司法〉若干问题的规定（三）》（2014年修正）
>
> 第二十二条 当事人之间对股权归属发生争议，一方请求人民法院确认其享有股权的，应当证明以下事实之一：
>
> （一）已经依法向公司出资或者认缴出资，且不违反法律法规强制性规定；
>
> （二）已经受让或者以其他形式继受公司股权，且不违反法律法规强制性规定。
>
> 第二十三条 当事人依法履行出资义务或者依法继受取得股权后，公司未根据公司法第三十一条、第三十二条的规定签发出资证明书、记载于股东名册并办理公司登记机关登记，当事人请求公司履行上述义务的，人民法院应予支持。

2. 关于实际出资人与名义股东的纠纷

在一般状态下，投资者既是实际股东，又是名义股东。但是，投资者为了保护个人隐私、商业秘密、回避公司股东人数上限等原因，实际股东与名义股东的身份分离现象也时有发生。实际出资人可以其实际履行出资义务为由向名义股东主张权利。但是，实际出资人要求股权变更登记、记载到股东名册等手续的，必须经其他股东半数以上同意。

> **参考法条**
>
> 《最高人民法院关于适用〈中华人民共和国公司法〉若干问题的规定(三)》(2014年修正)
>
> 　　第二十四条　有限责任公司的实际出资人与名义出资人订立合同,约定由实际出资人出资并享有投资权益,以名义出资人为名义股东,实际出资人与名义股东对该合同效力发生争议的,如无合同法第五十二条规定的情形,人民法院应当认定该合同有效。
>
> 　　前款规定的实际出资人与名义股东因投资权益的归属发生争议,实际出资人以其实际履行了出资义务为由向名义股东主张权利的,人民法院应予支持。名义股东以公司股东名册记载、公司登记机关登记为由否认实际出资人权利的,人民法院不予支持。
>
> 　　实际出资人未经公司其他股东半数以上同意,请求公司变更股东、签发出资证明书、记载于股东名册、记载于公司章程并办理公司登记机关登记的,人民法院不予支持。
>
> 　　第二十五条　名义股东将登记于其名下的股权转让、质押或者以其他方式处分,实际出资人以其对于股权享有实际权利为由,请求认定处分股权行为无效的,人民法院可以参照物权法第一百零六条的规定处理。
>
> 　　名义股东处分股权造成实际出资人损失,实际出资人请求名义股东承担赔偿责任的,人民法院应予支持。

五、股东知情权纠纷案件

(一) 股东知情权纠纷释义

　　股东知情权是指法律赋予公司股东了解公司信息的权利。股东知情权包括股东了解公司的经营状况、财务状况以及其他与股东利益存在密切关系的公司情况的权利。从形式上看,股东知情权主要表现为股东查阅公司财务会计报告、会计账簿等相关档案材料的权利。更实质地看,股东知情权不仅指单纯地了解公司有关信息,而且包含着对公司进行检查监督的权利,如对公司提出建议或者质询。例如,根据《公司法》第57、110条规定,无论是有限责任公司还是股份公司,其股东不但有权查阅和复制公司章程、股东名册、股东会会议记录、董事会会议决议、监事会会议决议、财务会计报告,对公司的经营提出建议或者质询的权利,也有权查阅公司的会计账簿、会计凭证。

　　股东知情权是法律规定的股东享有的一项重要、独立的权利,不依附于其他股东权利而单独存在,也是股东实现其他股东权的基础性权利,是股东参与公司管理的前提和基础,公司不得限制或者剥夺股东此权利。另外,为了维护公司的合法利益,限制股东滥用知情权损害公司利益,《公司法》还对股东知情权的行使作出一定限制:(1)股东对公司会计账簿行使查阅权时,除了须向公司递交书面申请外,还必须说明查阅的目的。当公司认为此目的不正当时,有权拒绝提供查阅。(2)对于不正当目的的股东可以拒绝查阅。

在股东知情权法律关系中,权利主体是公司股东,义务主体是公司,因此,涉及股东知情权纠纷的诉讼,应当以公司为被告。

(二)股东知情权纠纷案件地域情况分析

本次检索获取了股权转让纠纷自2019年1月1日至2024年2月1日共18111篇裁判文书(见图26)。

地区	数量(占比)
广东	2074(11.46%)
上海	2049(11.32%)
江苏	1881(10.40%)
北京	1737(9.60%)
浙江	1439(7.95%)
山东	1159(6.41%)
四川	807(4.46%)
河南	662(3.66%)
湖南	648(3.58%)
陕西	519(2.87%)
福建	509(2.81%)
湖北	496(2.74%)
辽宁	484(2.67%)
安徽	421(2.33%)
天津	378(2.09%)
重庆	328(1.81%)
河北	274(1.51%)
山西	260(1.44%)
云南	255(1.41%)
江西	235(1.30%)

(a)

广西 214（1.18%）
吉林 207（1.14%）
贵州 200（1.11%）
内蒙古 185（1.02%）
新疆 184（1.02%）
黑龙江 147（0.81%）
甘肃 122（0.67%）
宁夏 95（0.53%）
青海 73（0.40%）
海南 22（0.12%）
西藏 18（0.10%）
最高院 12（0.07%）
台湾 0

（b）

图26 地域分布

从图26所示的地域分布可以看到,当前条件下股东知情权纠纷案例数量排名前五的是广东、上海、江苏、北京、浙江等沿海省份、直辖市。

（三）股东知情权纠纷案件当事人类型分析

当事人类型如图27所示。

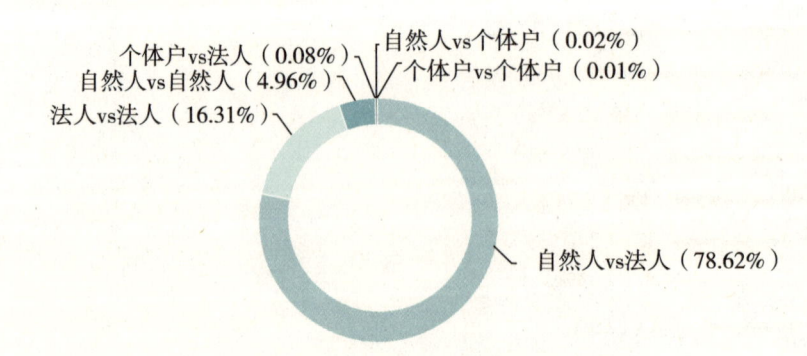

个体户vs法人（0.08%）
自然人vs自然人（4.96%）
法人vs法人（16.31%）
自然人vs个体户（0.02%）
个体户vs个体户（0.01%）
自然人vs法人（78.62%）

图27 当事人类型

从图27所示的当事人类型情况可以看到,股东知情权纠纷当前的纠纷发生在自然人与法人之间占比最多,为78.62%;其次是法人与法人之间,占比为16.31%。

（四）股东知情权纠纷案件争议标的额分析

标的额如图 28 所示。

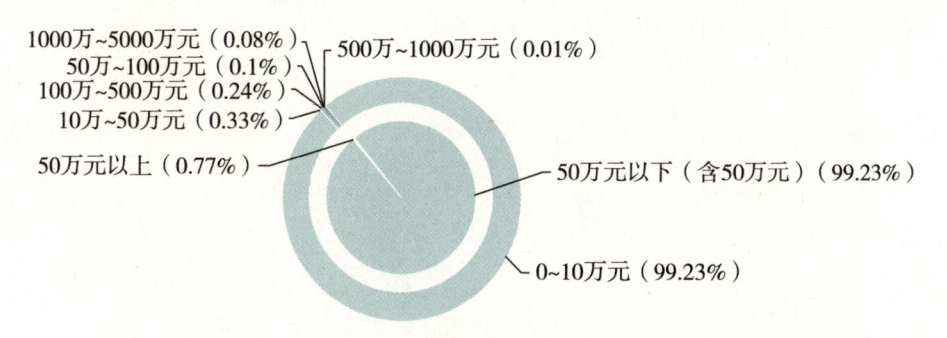

- 1000万~5000万元（0.08%）
- 50万~100万元（0.1%）
- 100万~500万元（0.24%）
- 10万~50万元（0.33%）
- 50万元以上（0.77%）
- 500万~1000万元（0.01%）
- 50万元以下（含50万元）（99.23%）
- 0~10万元（99.23%）

图 28　标的额

通过对图 28 所示的标的额的可视化分析可以看到，股东知情权纠纷案件一般不涉及具体标的额，故 50 万元以下（含 50 万元）的案件数量最多，占比为 99.23%，其他的合计占 0.77%。

（五）股东知情权纠纷案件裁判结果分析

1. 一审裁判结果

通过对图 29 所示的一审裁判结果的可视化分析可以看到，当前条件下一审全部/部分支持的案件数量占比仅为 50.65%，驳回全部诉讼请求的占比为 3.38%，驳回起诉的占比为 2.82%，撤诉的占比为 26.08%。

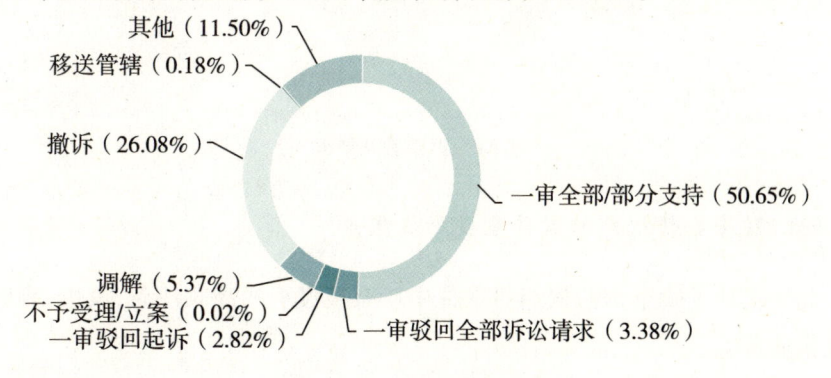

- 其他（11.50%）
- 移送管辖（0.18%）
- 撤诉（26.08%）
- 调解（5.37%）
- 不予受理/立案（0.02%）
- 一审驳回起诉（2.82%）
- 一审全部/部分支持（50.65%）
- 一审驳回全部诉讼请求（3.38%）

图 29　一审裁判结果

2. 二审裁判结果

通过对图 30 所示的二审裁判结果的可视化分析可以看到,当前条件下二审维持原判的案件数量占比仅为 67.43%,改判的占比为 16.82%,发回重审占比为 1.5%,提审/指令审理的占比为 1.43%。

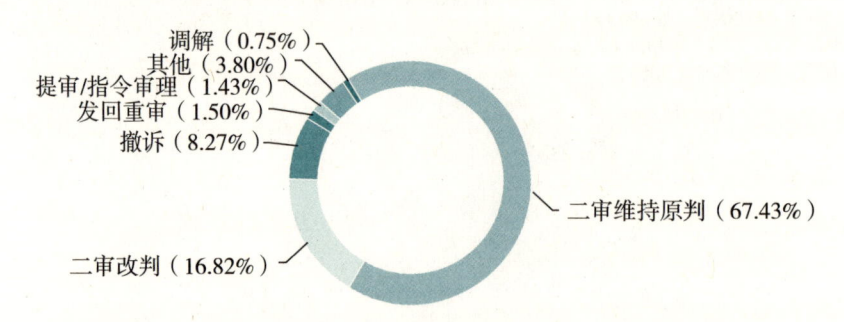

调解（0.75%）
其他（3.80%）
提审/指令审理（1.43%）
发回重审（1.50%）
撤诉（8.27%）
二审维持原判（67.43%）
二审改判（16.82%）

图 30　二审裁判结果

3. 再审裁判结果

通过对图 31 所示的再审裁判结果的可视化分析可以看到,当前条件下再审维持原判的占比仅为 74.35%,再审改判的占比为 6.69%,发回重审的占比为 1.12%,提审/指令审理的占比为 10.78%。

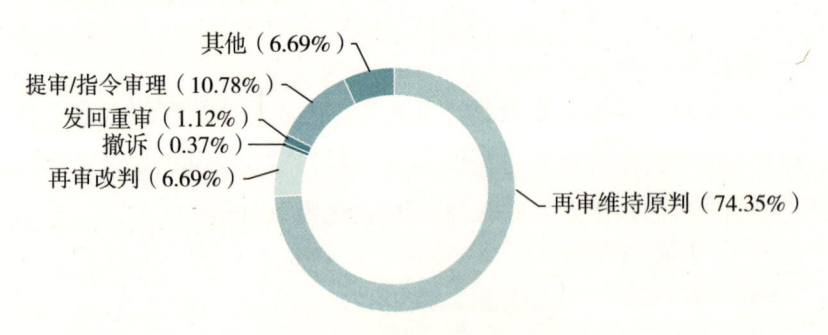

其他（6.69%）
提审/指令审理（10.78%）
发回重审（1.12%）
撤诉（0.37%）
再审改判（6.69%）
再审维持原判（74.35%）

图 31　再审裁判结果

(六)股东知情权纠纷案件主要争议焦点

此处统计了股东知情权纠纷案件中所有被援引的高频法条,其中,高频实体法条见表 4。

表4 股东知情权纠纷案件中被援引的高频法条

序号	法规名称	引用频次
1	《中华人民共和国公司法》(2018年修正)第三十三条	8410
2	《中华人民共和国会计法》(2017年修正)第十五条	2443
3	《中华人民共和国会计法》(2017年修正)第十四条	2028
4	《最高人民法院关于适用〈中华人民共和国公司法〉若干问题的规定(四)》(2017年)第十条	1607
5	《中华人民共和国会计法》(2017年修正)第九条	1439
6	《中华人民共和国公司法》(2018年修正)第九十七条	1167
7	《中华人民共和国会计法》(2017年修正)第二十条	983
8	《中华人民共和国会计法》(2017年修正)第十三条	776
9	《最高人民法院关于适用〈中华人民共和国公司法〉若干问题的规定(四)》(2017年)第八条	770
10	《最高人民法院关于适用〈中华人民共和国公司法〉若干问题的规定(四)》(2020年修正)第十条	761
11	《最高人民法院关于适用〈中华人民共和国公司法〉若干问题的规定(四)》(2017年)第七条	529
12	《中华人民共和国公司法》(2018年修正)第三十四条	476
13	《最高人民法院关于适用〈中华人民共和国公司法〉若干问题的规定(四)》(2020年修正)第八条	362
14	《中华人民共和国公司法》(2018年修正)第三十二条	340
15	《中华人民共和国公司法》(2018年修正)第四条	273
16	《企业财务会计报告条例》第七条	222
17	《最高人民法院关于适用〈中华人民共和国公司法〉若干问题的规定(四)》(2020年修正)第七条	210
18	《中华人民共和国公司法》(2018年修正)第一百六十四条	180
19	《中华人民共和国公司法》(2018年修正)第一百六十五条	147
20	《企业财务会计报告条例》第六条	103

根据上述审理股东知情权纠纷案件的高频法条可以判断，股东知情权纠纷案件主要有以下三个争议焦点。

1. 关于股东"不正当目的"的认定

股东知情权是股东的基本权利之一，不能够剥夺，只有在股东可能存在"不正当目的"的情况下才能够限制，但公司承担股东"不正当目的"的举证责任。

参考法条

《最高人民法院关于适用〈中华人民共和国公司法〉若干问题的规定(四)》

第八条 有限责任公司有证据证明股东存在下列情形之一的，人民法院应当认定股东有公司法第三十三条第二款规定的"不正当目的"：

（一）股东自营或者为他人经营与公司主营业务有实质性竞争关系业务的，但公司章程另有规定或者全体股东另有约定的除外；

（二）股东为了向他人通报有关信息查阅公司会计账簿，可能损害公司合法利益的；

（三）股东在向公司提出查阅请求之日前的三年内，曾通过查阅公司会计账簿，向他人通报有关信息损害公司合法利益的；

（四）股东有不正当目的的其他情形。

《中华人民共和国公司法》(2023年修订)

第五十七条 股东有权查阅、复制公司章程、股东名册、股东会会议记录、董事会会议决议、监事会会议决议和财务会计报告。

股东可以要求查阅公司会计账簿、会计凭证。股东要求查阅公司会计账簿、会计凭证的，应当向公司提出书面请求，说明目的。公司有合理根据认为股东查阅会计账簿、会计凭证有不正当目的，可能损害公司合法利益的，可以拒绝提供查阅，并应当自股东提出书面请求之日起十五日内书面答复股东并说明理由。公司拒绝提供查阅的，股东可以向人民法院提起诉讼。

股东查阅前款规定的材料，可以委托会计师事务所、律师事务所等中介机构进行。

股东及其委托的会计师事务所、律师事务所等中介机构查阅、复制有关材料，应当遵守有关保护国家秘密、商业秘密、个人隐私、个人信息等法律、行政法规的规定。

股东要求查阅、复制公司全资子公司相关材料的，适用前四款的规定。

第一百一十条 股东有权查阅、复制公司章程、股东名册、股东会会议记录、董事会会议决议、监事会会议决议、财务会计报告，对公司的经营提出建议或者质询。

连续一百八十日以上单独或者合计持有公司百分之三以上股份的股东要求查阅公司的会计账簿、会计凭证的，适用本法第五十七条第二款、第三款、第四款的规定。公司章程对持股比例有较低规定的，从其规定。

> 股东要求查阅、复制公司全资子公司相关材料的,适用前两款的规定。
> 上市公司股东查阅、复制相关材料的,应当遵守《中华人民共和国证券法》等法律、行政法规的规定。

2. 关于退股股东的知情权

《最高人民法院关于适用〈中华人民共和国公司法〉若干问题的规定(四)》出台后,退股股东能否行使知情权的争议得到部分解决:首先,将股东身份作为起诉条件,原告不具备股东身份的,应当驳回其起诉而非驳回其诉讼请求;其次,退股股东在特定情形下可以主张知情权,根据《最高人民法院关于适用〈中华人民共和国公司法〉若干问题的规定(四)》第七条规定,退股股东有初步证据合法权益受侵害的可以行使知情权。实务中,比较常见的主张是,脱离股东身份的原股东主张股权价值或公司经营状态等被控制公司的控制方或股权受让方隐瞒,错误的信息导致其放弃股东身份、转让股权,其合法权益受到侵害。对于此类主张,若股东能够提供初步证据证明,法院应该予以支持。

> **参考法条**
>
> **《最高人民法院关于适用〈中华人民共和国公司法〉若干问题的规定(四)》**
> **第七条** 股东依据公司法第三十三条、第九十七条或者公司章程的规定,起诉请求查阅或者复制公司特定文件材料的,人民法院应当依法予以受理。
> 公司有证据证明前款规定的原告在起诉时不具有公司股东资格的,人民法院应当驳回起诉,但原告有初步证据证明在持股期间其合法权益受到损害,请求依法查阅或者复制其持股期间的公司特定文件材料的除外。

3. 关于隐名股东的知情权

在司法实践中,关于隐名股东是否享有股东知情权存在争议。虽然这方面的争议经常发生,但因为《公司法》及其相关司法解释的条款都没有具体涉及,故大数据分析无法呈现出来,所以作者单独进行补充。

司法实践一般均以名义股东作为知情权主体,对于隐名股东主张知情权的,认为要先履行显名手续,在此之前,其只能通过名义股东行使权利,而不能自行主张。就此,我们认为针对不同情形,应分别采取不同的处理方式:

（1）如公司其他股东明知并认可隐名股东为实际股东（包括在出资协议中披露代持关系等），则应当允许隐名股东行使股东知情权。

（2）如有限责任公司其他股东并不知晓股权代持关系的存在，但隐名股东经生效判决确认享有实际出资人身份。此情形下，隐名股东能否主张行使知情权，我们认为，从股东知情权制度的价值判断看，该类案件主要涉及利益的平衡和保护问题。在隐名股东一方，既然生效裁判已经确认其享有相应股权的投资收益权这一终极价值，而知情权属于维护和行使这种收益权的手段性股东权利，当然也应一并由其行使。再者，实务中经常出现显名股东难以取得联系等客观情形，一味要求隐名股东通过显名股东行使权利，那么在其股权价值受到严重侵害时，将造成隐名股东难以及时维护自身权益。然而，在公司和其他股东一方，基于有限责任公司人合性特征，其不愿将公司经营状况（尤其是涉及商业秘密）的文件材料披露给不接受的主体，亦属正当理由。我们倾向于认为，在特定的条件下，如果实际出资人通过名义股东行使权利确实存在困难时，应当有条件地允许其自行行使知情权。

参考法条

《最高人民法院关于适用〈中华人民共和国公司法〉若干问题的规定（三）》（2014年修正）

第二十四条　有限责任公司的实际出资人与名义出资人订立合同，约定由实际出资人出资并享有投资权益，以名义出资人为名义股东，实际出资人与名义股东对该合同效力发生争议的，如无合同法第五十二条规定的情形，人民法院应当认定该合同有效。

前款规定的实际出资人与名义股东因投资权益的归属发生争议，实际出资人以其实际履行了出资义务为由向名义股东主张权利的，人民法院应予支持。名义股东以公司股东名册记载、公司登记机关登记为由否认实际出资人权利的，人民法院不予支持。

六、损害公司利益责任纠纷案件

（一）损害公司利益责任纠纷释义

损害公司利益责任纠纷，是指公司股东滥用股东权利或者董事、监事、高级管理人员违反法定义务，损害公司利益而引发的纠纷。

股东滥用股东权利损害公司利益责任纠纷,是指因股东滥用股东权利给公司造成损害的,应当承担损害责任的民事纠纷。公司股东依照法律和公司章程正当行使权利,是股东的基本义务。实践中,存在大量滥用股东权利的情形,如股东在涉及公司为其担保事项进行表决时,应当回避而不回避。再如,公司章程规定出售重大资产需股东大会特别决议通过,公司的控股股东无视公司章程的规定,不经法定程序,强令公司出售该资产。《公司法》第21条第1、2款规定了禁止滥用股东权利的原则和应承担的赔偿责任,公司股东应当在法律、行政法规和规章的框架下行使权利,滥用股东权利损害公司或者其他股东利益的,应当依法承担损害责任。

公司董事、监事、高级管理人员损害公司利益责任纠纷,是指董事、监事、高级管理人员执行公司职务时违反法律、行政法规或者公司章程的规定,给公司造成损失而发生的纠纷。为了防止发生董事、监事、高级管理人员的道德风险,《公司法》第一百八十条规定了董事、监事、高级管理人员对公司的忠实义务和勤勉义务,并规定董事、监事、高级管理人员执行公司职务时违反法律、行政法规或者公司章程的规定,给公司造成损失的,应当承担赔偿责任。《公司法》第一百八十九条规定:"当公司的股东、董事、监事、高级管理人员损害公司利益时,有限责任公司的股东、股份有限公司连续一百八十日以上单独或者合计持有公司百分之一以上股份的股东,可以书面请求监事会向人民法院提起诉讼;监事有前条规定的情形的,前述股东可以书面请求董事会向人民法院提起诉讼。监事会或者董事会收到前款规定的股东书面请求后拒绝提起诉讼,或者自收到请求之日起三十日内未提起诉讼,或者情况紧急、不立即提起诉讼将会使公司利益受到难以弥补的损害的,前款规定的股东有权为公司利益以自己的名义直接向人民法院提起诉讼。他人侵犯公司合法权益,给公司造成损失的,本条第一款规定的股东可以依照前两款的规定向人民法院提起诉讼。公司全资子公司的董事、监事、高级管理人员有前条规定情形,或者他人侵犯公司全资子公司合法权益造成损失的,有限责任公司的股东、股份有限公司连续一百八十日以上单独或者合计持有公司百分之一以上股份的股东,可以依照前三款规定书面请求全资子公司的监事会、董事会向人民法院提起诉讼或者以自己的名义直接向人民法院提起诉讼。"

（二）损害公司利益责任纠纷案件地域情况分析

本次检索获取了损害公司利益责任纠纷自 2019 年 1 月 1 日至 2024 年 2 月 1 日共 16753 篇裁判文书（见图 32）。

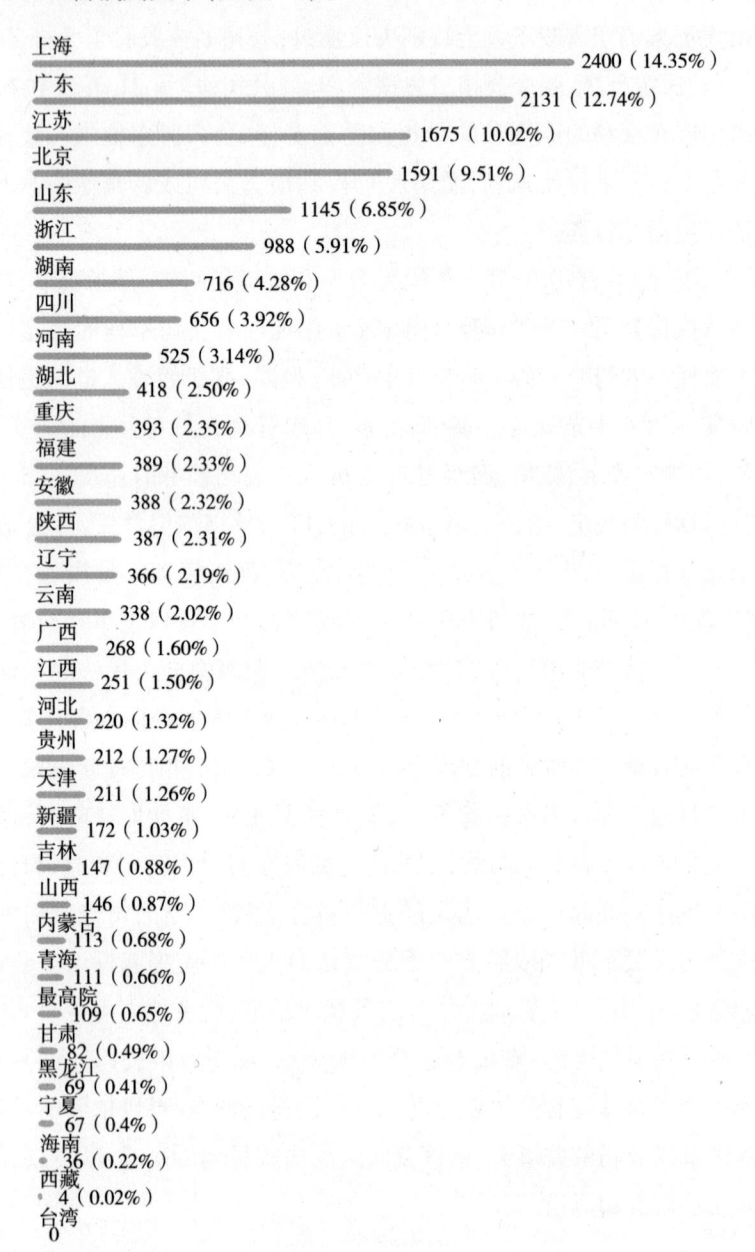

地域	数量（占比）
上海	2400（14.35%）
广东	2131（12.74%）
江苏	1675（10.02%）
北京	1591（9.51%）
山东	1145（6.85%）
浙江	988（5.91%）
湖南	716（4.28%）
四川	656（3.92%）
河南	525（3.14%）
湖北	418（2.50%）
重庆	393（2.35%）
福建	389（2.33%）
安徽	388（2.32%）
陕西	387（2.31%）
辽宁	366（2.19%）
云南	338（2.02%）
广西	268（1.60%）
江西	251（1.50%）
河北	220（1.32%）
贵州	212（1.27%）
天津	211（1.26%）
新疆	172（1.03%）
吉林	147（0.88%）
山西	146（0.87%）
内蒙古	113（0.68%）
青海	111（0.66%）
最高院	109（0.65%）
甘肃	82（0.49%）
黑龙江	69（0.41%）
宁夏	67（0.4%）
海南	36（0.22%）
西藏	4（0.02%）
台湾	0

图 32　地域分布

从图 32 所示的地域分布可以看到，当前条件下损害公司利益责任纠纷案例数量排名前五的是上海市、广东省、江苏省、北京市、山东省。

（三）损害公司利益责任纠纷案件当事人类型分析

当事人类型如图 33 所示。

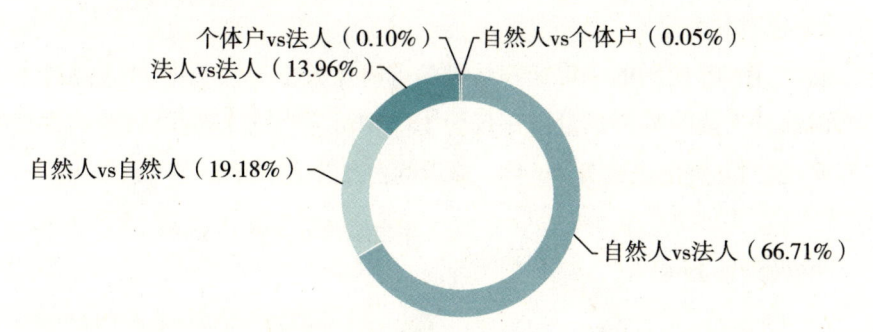

个体户vs法人（0.10%）　自然人vs个体户（0.05%）
法人vs法人（13.96%）
自然人vs自然人（19.18%）
自然人vs法人（66.71%）

图 33　当事人类型

从图 33 所示的当事人类型情况可以看到，损害公司利益责任纠纷当前的纠纷发生在自然人与法人之间占比为 66.71%，其次是自然人与自然人之间占比为 19.18%。

（四）损害公司利益责任纠纷案件争议标的额分析

标的额如图 34 所示。

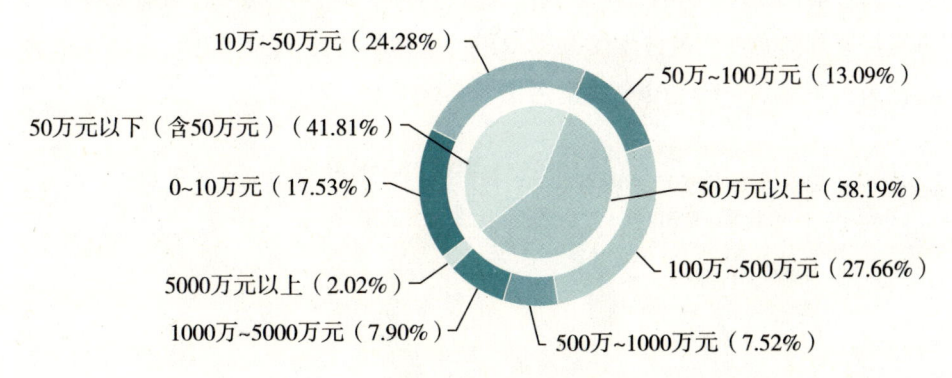

10万~50万元（24.28%）
50万~100万元（13.09%）
50万元以下（含50万元）（41.81%）
0~10万元（17.53%）
50万元以上（58.19%）
5000万元以上（2.02%）
100万~500万元（27.66%）
1000万~5000万元（7.90%）
500万~1000万元（7.52%）

图 34　标的额

通过对图 34 所示的标的额的可视化分析可以看到，标的额为 50 万元以下

(含 50 万元)的案件数量最多,占比为 41.81%,50 万~100 万的案件数量占比为 13.09%,100 万~500 万元的案件数量占比为 27.66%,500 万~1000 万元的案件数量占比 7.52%,1000 万元以上的案件数量占比为 9.92%。

(五)损害公司利益责任纠纷案件裁判结果分析

1. 一审裁判结果

通过对图 35 所示的一审裁判结果的可视化分析可以看到,当前条件下一审全部/部分支持的案件数量占比仅为 15.01%,驳回全部诉讼请求的占比为 13.51%,驳回起诉的占比为 8.34%,撤诉的占比为 32.24%。

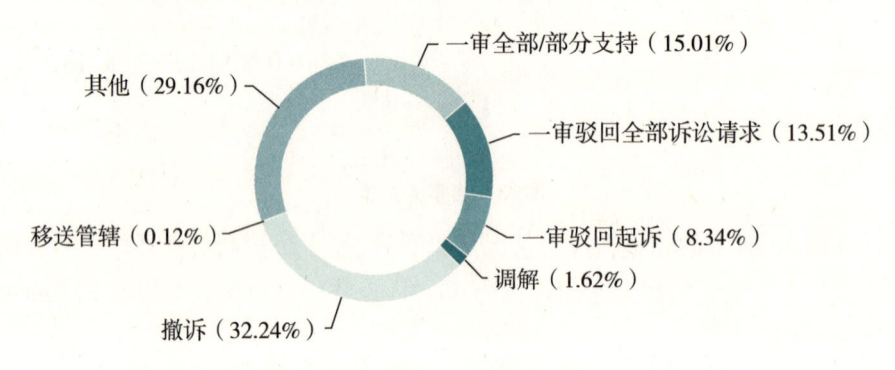

一审全部/部分支持（15.01%）
一审驳回全部诉讼请求（13.51%）
一审驳回起诉（8.34%）
调解（1.62%）
撤诉（32.24%）
移送管辖（0.12%）
其他（29.16%）

图 35 一审裁判结果

2. 二审裁判结果

通过对图 36 所示的二审裁判结果的可视化分析可以看到,当前条件下二审维持原判的案件数量占比仅为 62.23%,改判的占比为 11.47%,发回重审的占比为 5.70%,提审/指令审理的占比为 5.00%。

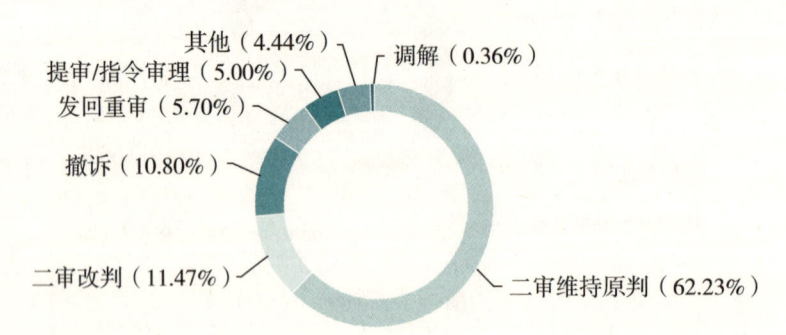

其他（4.44%）
调解（0.36%）
提审/指令审理（5.00%）
发回重审（5.70%）
撤诉（10.80%）
二审改判（11.47%）
二审维持原判（62.23%）

图 36 二审裁判结果

3. 再审裁判结果

通过对图 37 所示的再审裁判结果的可视化分析可以看到,当前条件下再审维持原判的占比仅为 74.41%,再审改判的占比为 3.32%,发回重审的占比为 2.15%,提审/指令审理的占比高达 10.94%。

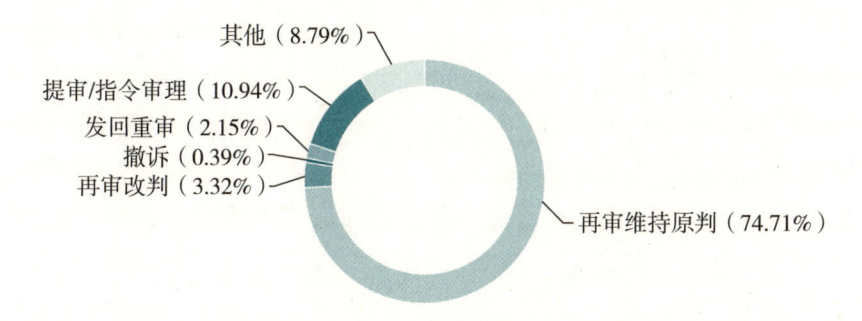

其他（8.79%）
提审/指令审理（10.94%）
发回重审（2.15%）
撤诉（0.39%）
再审改判（3.32%）
再审维持原判（74.71%）

图 37 再审裁判结果

（六）损害公司利益责任纠纷案件主要争议焦点

此处统计了损害公司利益责任纠纷案件中所有被援引的高频法条,其中,高频实体法条见表 5。

表 5 损害公司利益责任纠纷案件中被援引的高频法条

序号	法规名称	引用频次
1	《中华人民共和国公司法》(2018 年修正)第一百四十九条	2128
2	《中华人民共和国公司法》(2018 年修正)第一百五十一条	1944
3	《中华人民共和国公司法》(2018 年修正)第一百四十八条	1688
4	《中华人民共和国公司法》(2018 年修正)第一百四十七条	1649
5	《中华人民共和国公司法》(2018 年修正)第二十条	1377
6	《中华人民共和国公司法》(2018 年修正)第二十一条	554
7	《中华人民共和国公司法》(2018 年修正)第二百一十六条	438
8	《中华人民共和国公司法》(2018 年修正)第一百五十二条	231
9	《中华人民共和国公司法》(2018 年修正)第三条	221
10	《最高人民法院关于适用〈中华人民共和国民法典〉时间效力的若干规定》第一条	216

续表

序号	法规名称	引用频次
11	《中华人民共和国公司法》(2018年修正)第五十三条	146
12	《最高人民法院关于适用〈中华人民共和国公司法〉若干问题的规定(四)》(2017年)第二十三条	137
13	《中华人民共和国公司法》(2018年修正)第三十七条	129
14	《中华人民共和国合同法》(1999年)第六十条	122
15	《最高人民法院关于在审理经济纠纷案件中涉及经济犯罪嫌疑若干问题的规定》(1998年)第十一条	119
16	《中华人民共和国民法总则》第一百八十八条	116
17	《中华人民共和国合同法》(1999年)第五十二条	113
18	《最高人民法院关于民事诉讼证据的若干规定》(2001年)第二条	109
19	《中华人民共和国公司法》(2018年修正)第一百五十条	108
20	《中华人民共和国侵权责任法》第八条	96

根据上述审理损害公司利益责任纠纷案件援引的高频法条分析判断,损害公司利益责任纠纷案件主要有以下三个争议焦点。

1.董事、监事、高级管理人员损害公司利益责任认定

(1)董事、监事、高级管理人员忠实义务

按照新《公司法》第一百八十条对忠实义务的定义,包含两个方面的内容,一是应当采取措施避免自身利益与公司利益冲突,二是不得利用职权牟取不正当利益。同时第一百八十一条对忠实义务进行了类型化列举。

(2)董事、监事、高级管理人员勤勉义务

按照新《公司法》第一百八十条对勤勉义务的定义,包含两个方面的内容,一是执行职务应当为公司的最大利益;二是尽到管理者通常应有的合理注意。具体的勤勉义务包括以下几点。

①谨慎履职义务:《公司法》第一百九十一条规定,"董事、高级管理人员执行职务,给他人造成损害的,公司应当承担赔偿责任;董事、高级管理人员存在故意或者重大过失的,也应当承担赔偿责任。"

②独立合规履职义务:《公司法》第一百九十二条规定,"公司的控股股东、实际控制人指示董事、高级管理人员从事损害公司或者股东利益的行为的,与

该董事、高级管理人员承担连带责任。"

③维护公司资本充实义务：一是股东欠缴出资，《公司法》第五十一条规定，"有限责任公司成立后，董事会应当对股东的出资情况进行核查，发现股东未按期足额缴纳公司章程规定的出资的，应当由公司向该股东发出书面催缴书，催缴出资。未及时履行前款规定的义务，给公司造成损失的，负有责任的董事应当承担赔偿责任。"二是股东抽逃出资，《公司法》第五十三条规定，"公司成立后，股东不得抽逃出资。违反前款规定的，股东应当返还抽逃的出资；给公司造成损失的，负有责任的董事、监事、高级管理人员应当与该股东承担连带赔偿责任。"

④违规给他人购买公司股份提供财务资助：《公司法》第一百六十三条规定，"公司不得为他人取得本公司或者其母公司的股份提供赠与、借款、担保以及其他财务资助，公司实施员工持股计划的除外……违反前两款规定，给公司造成损失的，负有责任的董事、监事、高级管理人员应当承担赔偿责任。"

⑤违规分配利润：《公司法》第二百一十一条规定，"公司违反本法规定向股东分配利润的，股东应当将违反规定分配的利润退还公司；给公司造成损失的，股东及负有责任的董事、监事、高级管理人员应当承担赔偿责任。"

⑥违规减少注册资本：《公司法》第二百二十六条规定，"违反本法规定减少注册资本的，股东应当退还其收到的资金，减免股东出资的应当恢复原状；给公司造成损失的，股东及负有责任的董事、监事、高级管理人员应当承担赔偿责任。"

⑦清算责任及合规义务：《公司法》第二百三十二条规定，"公司因本法第二百二十九条第一款第一项、第二项、第四项、第五项规定而解散的，应当清算。董事为公司清算义务人，应当在解散事由出现之日起十五日内组成清算组进行清算。清算组由董事组成，但是公司章程另有规定或者股东会决议另选他人的除外。清算义务人未及时履行清算义务，给公司或者债权人造成损失的，应当承担赔偿责任。"

------- 参考法条 -------

《中华人民共和国公司法》(2018年修正)

第一百四十七条 董事、监事、高级管理人员应当遵守法律、行政法规和公司章程，对公司负有忠实义务和勤勉义务。

　　董事、监事、高级管理人员不得利用职权收受贿赂或者其他非法收入，不得侵占公司的财产。

　　第一百四十八条　董事、高级管理人员不得有下列行为：

　　（一）挪用公司资金；

　　（二）将公司资金以其个人名义或者以其他个人名义开立账户存储；

　　（三）违反公司章程的规定，未经股东会、股东大会或者董事会同意，将公司资金借贷给他人或者以公司财产为他人提供担保；

　　（四）违反公司章程的规定或者未经股东会、股东大会同意，与本公司订立合同或者进行交易；

　　（五）未经股东会或者股东大会同意，利用职务便利为自己或者他人谋取属于公司的商业机会，自营或者为他人经营与所任职公司同类的业务；

　　（六）接受他人与公司交易的佣金归为己有；

　　（七）擅自披露公司秘密；

　　（八）违反对公司忠实义务的其他行为。

　　董事、高级管理人员违反前款规定所得的收入应当归公司所有。

　　第一百四十九条　董事、监事、高级管理人员执行公司职务时违反法律、行政法规或者公司章程的规定，给公司造成损失的，应当承担赔偿责任。

对照法条

《中华人民共和国公司法》（2023年修订）

　　第一百八十条　董事、监事、高级管理人员对公司负有忠实义务，应当采取措施避免自身利益与公司利益冲突，不得利用职权牟取不正当利益。

　　董事、监事、高级管理人员对公司负有勤勉义务，执行职务应当为公司的最大利益尽到管理者通常应有的合理注意。

　　公司的控股股东、实际控制人不担任公司董事但实际执行公司事务的，适用前两款规定。

　　第一百八十一条　董事、监事、高级管理人员不得有下列行为：

　　（一）侵占公司财产、挪用公司资金；

　　（二）将公司资金以其个人名义或者以其他个人名义开立账户存储；

(三)利用职权贿赂或者收受其他非法收入;
(四)接受他人与公司交易的佣金归为己有;
(五)擅自披露公司秘密;
(六)违反对公司忠实义务的其他行为。

2. 公司股东损害公司利益责任认定

根据《最高人民法院关于印发〈全国法院民商事审判工作会议纪要〉的通知》(法〔2019〕254号)(四)关于公司人格否认列举了三种公司股东损害公司利益情形。

(1)人格混同,认定公司人格与股东人格是否存在混同,最根本的判断标准是公司是否具有独立意思和独立财产,最主要的表现是公司的财产与股东的财产是否混同且无法区分。在认定是否构成人格混同时,应当综合考虑以下因素:股东无偿使用公司资金或者财产,不作财务记载的;股东用公司的资金偿还股东的债务,或者将公司的资金供关联公司无偿使用,不作财务记载的;公司账簿与股东账簿不分,致使公司财产与股东财产无法区分的;股东自身收益与公司盈利不加区分,致使双方利益不清的;公司的财产记载于股东名下,由股东占有、使用的等。

(2)过度支配与控制,公司控制股东对公司过度支配与控制,操纵公司的决策过程,使公司完全丧失独立性,沦为控制股东的工具或躯壳,严重损害公司债权人利益,应当否认公司人格,由滥用控制权的股东对公司债务承担连带责任。实践中常见的情形包括:母子公司之间或者子公司之间进行利益输送的;母子公司或者子公司之间进行交易,收益归一方,损失却由另一方承担的;先从原公司抽走资金,然后再成立经营目的相同或者类似的公司,逃避原公司债务的;先解散公司,再以原公司场所、设备、人员及相同或者相似的经营目的另设公司,逃避原公司债务的等。控制股东或实际控制人控制多个子公司或者关联公司,滥用控制权使多个子公司或者关联公司财产边界不清、财务混同、利益相互输送,丧失人格独立性,沦为控制股东逃避债务、非法经营,甚至违法犯罪工具的,可以综合案件事实,否认子公司或者关联公司法人人格,判令承担连带责任。

(3)资本显著不足,资本显著不足指的是,公司设立后在经营过程中,股东实际投入公司的资本数额与公司经营所隐含的风险相比明显不匹配。股东利用较少资本从事力所不及的经营,表明其没有从事公司经营的诚意,实质是恶意利用公司独立人格和股东有限责任把投资风险转嫁给债权人。由于资本显著不足的判断标准有很大的模糊性,特别是要与公司采取"以小博大"的正常经营方式相区分,因此在适用时要十分谨慎,应当与其他因素结合起来综合判断。

参考法条

《中华人民共和国公司法》(2018年修正)

第二十条 公司股东应当遵守法律、行政法规和公司章程,依法行使股东权利,不得滥用股东权利损害公司或者其他股东的利益;不得滥用公司法人独立地位和股东有限责任损害公司债权人的利益。

公司股东滥用股东权利给公司或者其他股东造成损失的,应当依法承担赔偿责任。

公司股东滥用公司法人独立地位和股东有限责任,逃避债务,严重损害公司债权人利益的,应当对公司债务承担连带责任。

对照法条

《中华人民共和国公司法》(2023年修订)

第二十一条 公司股东应当遵守法律、行政法规和公司章程,依法行使股东权利,不得滥用股东权利损害公司或者其他股东的利益。

公司股东滥用股东权利给公司或者其他股东造成损失的,应当承担赔偿责任。

3.股东代表诉讼的认定

股东代表诉讼,又称派生诉讼、股东代位诉讼,是指当公司的合法权益受到不法侵害而公司却怠于起诉时,公司的股东即以自己的名义起诉、所获赔偿归于公司的一种诉讼制度。

(1)股东提起股东代表诉讼,被告以行为发生时原告尚未成为公司股东为由抗辩该股东不是适格原告的,人民法院不予支持。

(2)正确适用前置程序,股东提起代表诉讼的前置程序之一是,股东必须先书面请求公司有关机关向人民法院提起诉讼。一般情况下,股东没有履行该前置程序的,应当驳回起诉。但是,该项前置程序针对的是公司治理的一般情况,即在股东向公司有关机关提出书面申请之时,存在公司有关机关提起诉讼的可能性。如果查明的相关事实表明,根本不存在该种可能性的,人民法院不应当以原告未履行前置程序为由驳回起诉。

(3)股东代表诉讼的调解,公司是股东代表诉讼的最终受益人,为避免因原告股东与被告通过调解损害公司利益,人民法院应当审查调解协议是否为公司的意思。只有在调解协议经公司股东会、董事会决议通过后,人民法院才能出具调解书予以确认。至于具体决议机关,取决于公司章程的规定。公司章程没有规定的,人民法院应当认定公司股东会为决议机关。

(4)双重代表诉讼,新《公司法》第一百八十九条第四款增加了"双重代表诉讼",即公司全资子公司的董事、监事、高级管理人员有损害公司利益情形的,或者他人侵犯公司全资子公司合法权益造成损失的,有限责任公司的股东、股份有限公司连续一百八十日以上单独或者合计持有公司百分之一以上股份的股东,可以书面请求全资子公司的监事会、董事会向人民法院提起诉讼或者以自己的名义直接向人民法院提起诉讼。

参考法条

《中华人民共和国公司法》(2018年修正)

第一百五十一条 董事、高级管理人员有本法第一百四十九条规定的情形的,有限责任公司的股东、股份有限公司连续一百八十日以上单独或者合计持有公司百分之一以上股份的股东,可以书面请求监事会或者不设监事会的有限责任公司的监事向人民法院提起诉讼;监事有本法第一百四十九条规定的情形的,前述股东可以书面请求董事会或者不设董事会的有限责任公司的执行董事向人民法院提起诉讼。

监事会、不设监事会的有限责任公司的监事,或者董事会、执行董事收到前款规定的股东书面请求后拒绝提起诉讼,或者自收到请求之日起三十日内未提起诉讼,或者情况紧急、不立即提起诉讼将会使公司利益受到难以弥补的损害的,前款规定的股东有权为了公司的利益以自己的名义直接向人民法院提起诉讼。

他人侵犯公司合法权益,给公司造成损失的,本条第一款规定的股东可以依照前两款的规定向人民法院提起诉讼。

对照法条

《中华人民共和国公司法》(2023年修订)

第一百八十九条 董事、高级管理人员有前条规定的情形的,有限责任公司的股东、股份有限公司连续一百八十日以上单独或者合计持有公司百分之一以上股份的股东,可以书面请求监事会向人民法院提起诉讼;监事有前条规定的情形的,前述股东可以书面请求董事会向人民法院提起诉讼。

监事会或者董事会收到前款规定的股东书面请求后拒绝提起诉讼,或者自收到请求之日起三十日内未提起诉讼,或者情况紧急、不立即提起诉讼将会使公司利益受到难以弥补的损害的,前款规定的股东有权为公司利益以自己的名义直接向人民法院提起诉讼。

他人侵犯公司合法权益,给公司造成损失的,本条第一款规定的股东可以依照前两款的规定向人民法院提起诉讼。

公司全资子公司的董事、监事、高级管理人员有前条规定情形,或者他人侵犯公司全资子公司合法权益造成损失的,有限责任公司的股东、股份有限公司连续一百八十日以上单独或者合计持有公司百分之一以上股份的股东,可以依照前三款规定书面请求全资子公司的监事会、董事会向人民法院提起诉讼或者以自己的名义直接向人民法院提起诉讼。

七、股东出资纠纷案件

(一)股东出资纠纷释义

股东出资是指公司股东在公司设立或增加资本时,按照法律、公司章程的规定以及认股协议的约定,向公司交付财产或履行其他给付义务以取得股权的行为。出资是股东对公司的基本义务,也是形成公司财产的基础。如果股东未按规定缴纳出资,或者虚假出资、出资不足、抽逃出资等,即可能引发公司与股东、股东与股东、股东与债权人之间的出资纠纷和诉讼,股东可能被起诉而依法承担继续履行、损害赔偿等违约责任。基于出资制度在整个公司制度中的重要意义,《公司法》对于股东出资的数额、期限、方式及其责任等都有所规定,《公司法》还规定了未履行义务股东或发起人的补缴差额责任和其他股东或发起人的连带认缴责任。此外,因违反出资义务而造成公司或其他已履行义务的出资人损失的,还须承担损害赔偿责任。

《民事案件案由规定》专门规定了股东出资纠纷案由,处理各种违法出资行为,并追究股东责任。公司案件审理中常见的股东出资纠纷主要有以下几种。

1. 虚假出资纠纷。虚假出资是指股东认购出资而未实际出资,取得公司股权的情形。虚假出资的具体表现形式包括:以无实际现金流通的虚假银行进账单、对账单骗取验资报告;以虚假的实物出资手续骗取验资报告;以实物、知识产权、土地使用权出资,但未办理产权转移手续等。

2. 出资不足纠纷。出资不足是指在约定的期限内,股东仅仅履行了部分出资义务或者未能补足出资的情形。出资不足的具体表现形式包括:货币出资只履行了部分出资义务;作为出资的实物、知识产权、土地使用权的实际价额显著低于公司章程所定价额。

3. 逾期出资纠纷。逾期出资是指股东没有按期缴足出资的情形。《公司法》允许注册资本分期缴纳。实践中,经常发生的纠纷是股东未按照规定的时间履行出资义务。

4. 抽逃出资纠纷。抽逃出资是指股东在公司成立后违法将出资收回。抽逃出资的具体表现形式包括:股东设立公司时,验资后将出资转出,公司并未实际使用出资;公司收购股东的股份,但未按规定处置该股份;公司未弥补亏损、提取法定公积金即先行分配利润;公司制作虚假会计报表进行利润分配;公司利用关联交易转移出资等。

(二)股东出资纠纷案件地域情况分析

本次检索获取了股东出资纠纷自2019年1月1日至2024年2月1日共15691篇裁判文书(见图38)。

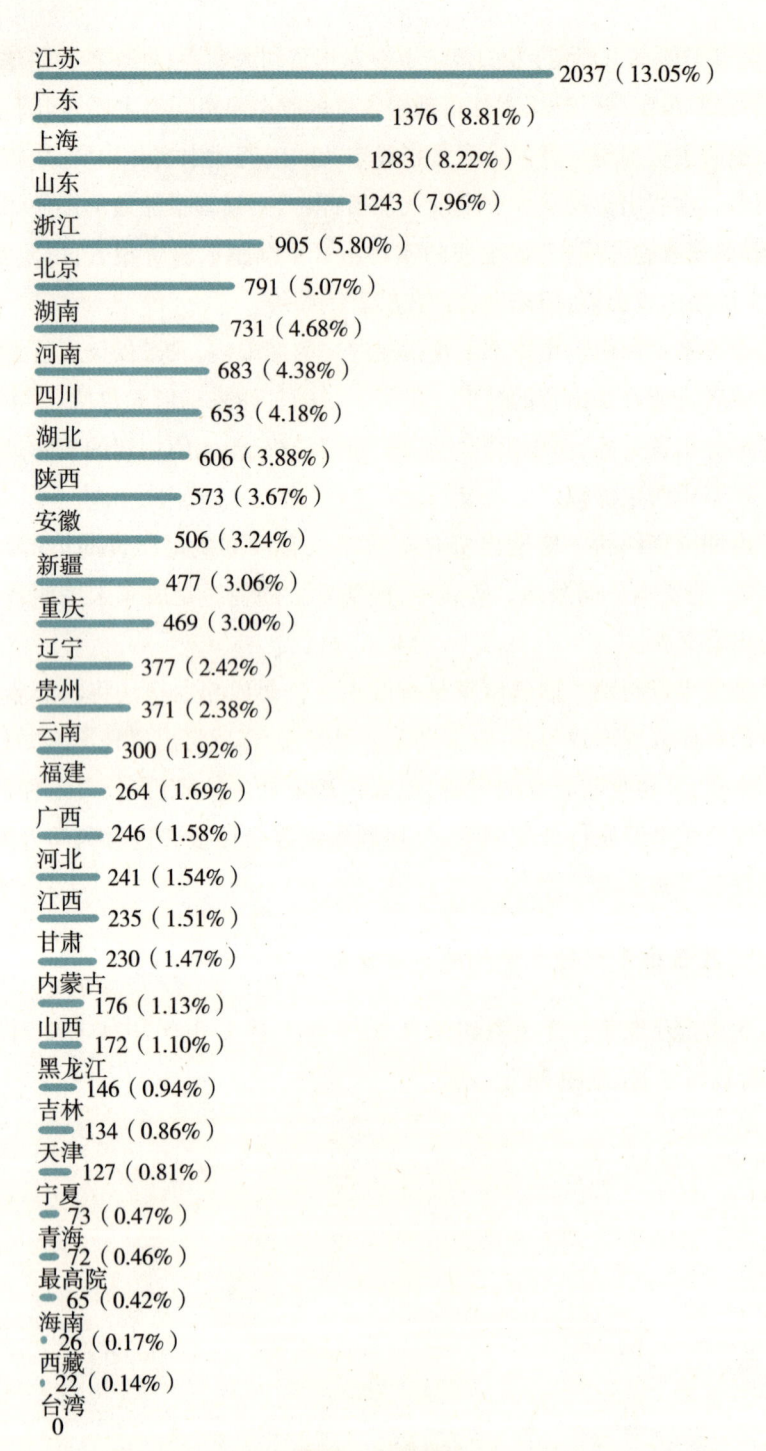

地区	数量	占比
江苏	2037	13.05%
广东	1376	8.81%
上海	1283	8.22%
山东	1243	7.96%
浙江	905	5.80%
北京	791	5.07%
湖南	731	4.68%
河南	683	4.38%
四川	653	4.18%
湖北	606	3.88%
陕西	573	3.67%
安徽	506	3.24%
新疆	477	3.06%
重庆	469	3.00%
辽宁	377	2.42%
贵州	371	2.38%
云南	300	1.92%
福建	264	1.69%
广西	246	1.58%
河北	241	1.54%
江西	235	1.51%
甘肃	230	1.47%
内蒙古	176	1.13%
山西	172	1.10%
黑龙江	146	0.94%
吉林	134	0.86%
天津	127	0.81%
宁夏	73	0.47%
青海	72	0.46%
最高院	65	0.42%
海南	26	0.17%
西藏	22	0.14%
台湾	0	

图 38 地域分布

从图 38 所示的地域分布可以看到，当前条件下股东出资纠纷案例数量排名前五的是江苏省、广东省、上海市、山东省及浙江省。

（三）股东出资纠纷案件当事人类型分析

当事人类型如图 39 所示。

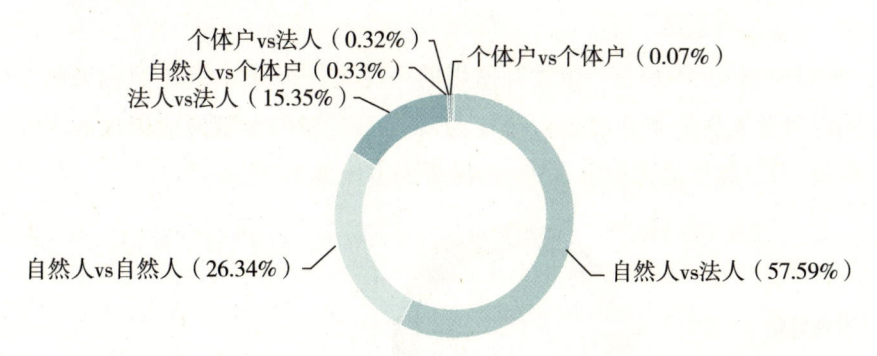

个体户vs法人（0.32%）
个体户vs个体户（0.07%）
自然人vs个体户（0.33%）
法人vs法人（15.35%）
自然人vs自然人（26.34%）
自然人vs法人（57.59%）

图 39　当事人类型

从图 39 所示的当事人类型情况可以看到，股东出资纠纷当前的纠纷发生在自然人与法人之间的数量最多，占比为 57.59%；其次是自然人与自然人之间，占比为 26.34%。

（四）股东出资纠纷案件争议标的额分析

标的额如图 40 所示。

50万~100万元（12.54%）
100万~500万元（24.80%）
50万元以上（54.06%）
10万~50万元（27.00%）
500万~1000万元（7.06%）
50万元以下（45.94%）
1000万~5000万元（8.17%）
0~10万元（18.94%）
5000万元以上（1.49%）

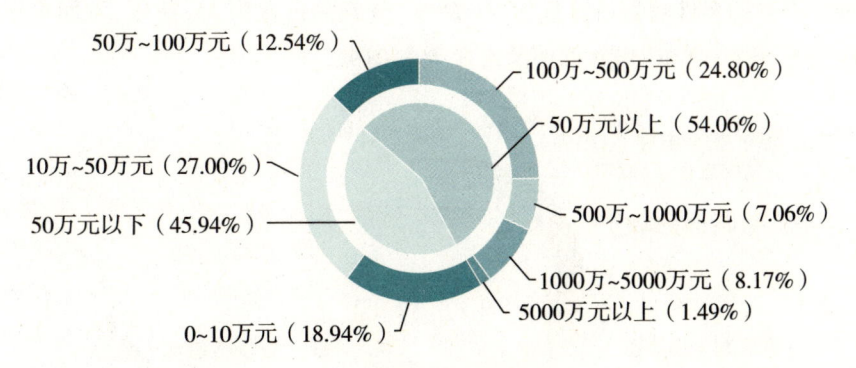

图 40　标的额

通过对图 40 所示的标的额的可视化分析可以看到，标的额为 50 万元以下的案件数量最多,占比为 45.94%,50 万~100 万元的案件数量占比为 12.54%,100 万~500 万元的案件数量占比为 24.80%,500 万~1000 万元的案件数量占比 7.06%,1000 万元以上的案件数量占比为 9.66%。

(五)股东出资纠纷案件裁判结果分析

1. 一审裁判结果

通过对图 41 所示的一审裁判结果的可视化分析可以看到,当前条件下一审全部/部分支持的案件数量占比仅为 27.36%;驳回全部诉讼请求的占比为 10.87%、驳回起诉的占比为 3.98%、撤诉的占比为 29.56%。

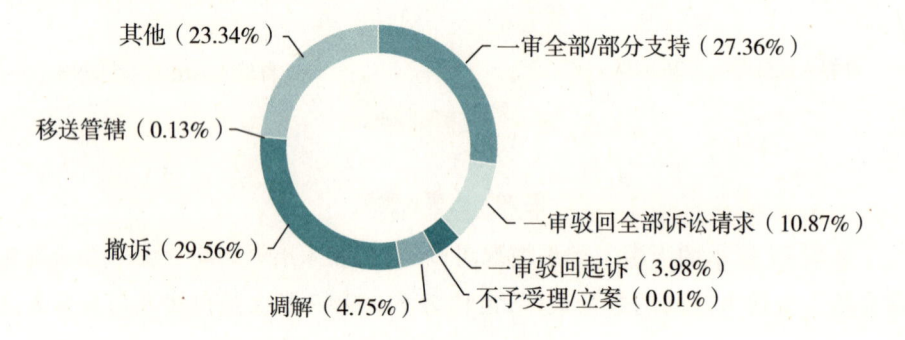

图 41　一审裁判结果

2. 二审裁判结果

通过对图 42 所示的二审裁判结果的可视化分析可以看到,当前条件下二审维持原判的案件数量占比仅为 60.25%,改判的占比为 15.28%,发回重审的占比为 5.05%,提审/指令审理的占比为 3.01%。

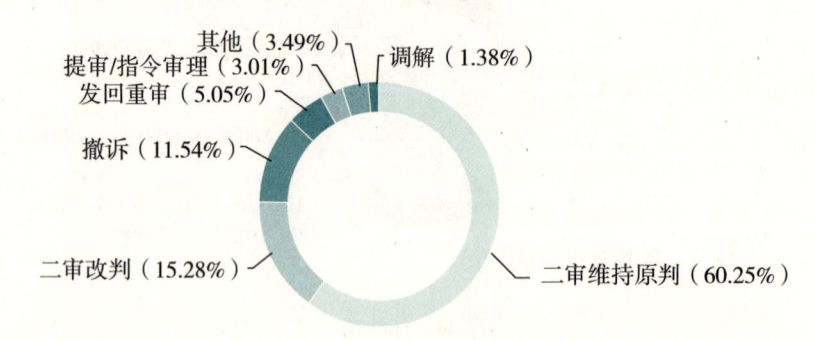

图 42　二审裁判结果

3. 再审裁判结果

通过对图43所示的再审裁判结果的可视化分析可以看到,当前条件下再审维持原判的占比仅为67.59%,再审改判的占比为6.11%,发回重审的占比为2.96%,提审/指令审理的占比为13.89%。

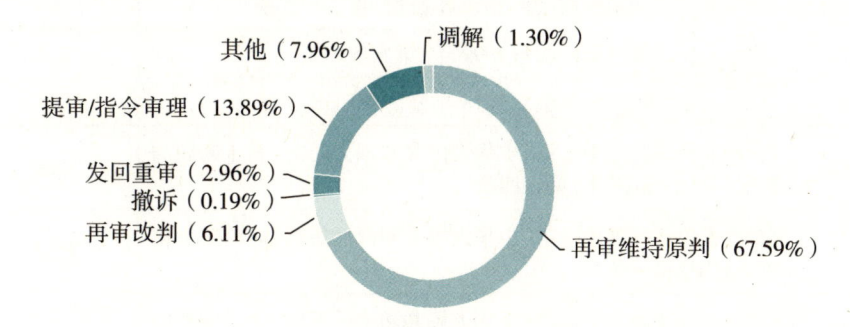

其他（7.96%）
调解（1.30%）
提审/指令审理（13.89%）
发回重审（2.96%）
撤诉（0.19%）
再审改判（6.11%）
再审维持原判（67.59%）

图43 再审裁判结果

（六）股东出资纠纷案件主要争议焦点

此处统计了股东出资纠纷案件中所有被援引的高频法条,其中,高频实体法条见表6。

表6 股东出资纠纷案被援引的高频法条

序号	法规名称	引用频次
1	《中华人民共和国公司法》（2018年修正）第二十八条	2299
2	《最高人民法院关于适用〈中华人民共和国公司法〉若干问题的规定（三）》（2011年）第十三条	981
3	《中华人民共和国公司法》（2018年修正）第三十五条	622
4	《中华人民共和国合同法》（1999年）第六十条	566
5	《中华人民共和国合同法》（1999年）第一百零七条	419
6	《中华人民共和国企业破产法》第三十五条	390
7	《中华人民共和国公司法》（2018年修正）第二十七条	386
8	《中华人民共和国公司法》（2018年修正）第三条	314
9	《最高人民法院关于适用〈中华人民共和国公司法〉若干问题的规定（三）》（2011年）第十二条	313

续表

序号	法规名称	引用频次
10	《最高人民法院关于适用〈中华人民共和国公司法〉若干问题的规定（三）》（2020年修正）第十三条	294
11	《中华人民共和国公司法》（2018年修正）第二十六条	280
12	《中华人民共和国合同法》（1999年）第八条	274
13	《中华人民共和国公司法》（2018年修正）第三十二条	255
14	《最高人民法院关于适用〈中华人民共和国公司法〉若干问题的规定（三）》（2011年）第十四条	238
15	《最高人民法院关于适用〈中华人民共和国民法典〉时间效力的若干规定》第一条	230
16	《最高人民法院关于适用〈中华人民共和国公司法〉若干问题的规定（三）》（2011年）第十八条	227
17	《最高人民法院关于适用〈中华人民共和国公司法〉若干问题的规定（三）》（2011年）第二十条	176
18	《中华人民共和国合同法》（1999年）第九十四条	167
19	《中华人民共和国公司法》（2018年修正）第三十七条	165
20	《中华人民共和国公司法》（2018年修正）第二十五条	160

根据上述审理股东出资纠纷案件援引的高频法条可以判断，股东出资纠纷案件主要有以下两个争议焦点。

1. 关于股东出资的形式及完成出资的认定

（1）股东出资的形式不仅包括货币，也包括实物、知识产权、土地使用权、股权和债权等可以用货币估价并可以依法转让的非货币财产。

（2）股东完成出资的认定。股东的出资经过了验资并将出资实际交付给公司或将相关财产权转移给公司后，股东的出资义务才告完成。

参考法条

《中华人民共和国公司法》（2013年修正）

第二十八条 股东应当按期足额缴纳公司章程中规定的各自所认缴的出资额。股东以货币出资的，应当将货币出资足额存入有限责任公司在银行开设的账户；以非货币财产出资的,应当依法办理其财产权的转移手续。

股东不按照前款规定缴纳出资的,除应当向公司足额缴纳外,还应当向已按期足额缴纳出资的股东承担违约责任。

对照法条

《中华人民共和国公司法》(2023年修订)

第四十八条　股东可以用货币出资,也可以用实物、知识产权、土地使用权、股权、债权等可以用货币估价并可以依法转让的非货币财产作价出资;但是,法律、行政法规规定不得作为出资的财产除外。

对作为出资的非货币财产应当评估作价,核实财产,不得高估或者低估作价。法律、行政法规对评估作价有规定的,从其规定。

---

2. 关于股东瑕疵出资

(1)股东必须全面履行出资义务,这不仅是公司资本运作的需求,更是公司给予股东股权也即股东投资收益的依托。出资是股东的法定义务和公司资本充实的保障,也是公司法人人格独立的重要条件。

(2)瑕疵出资包括股东出资不足、出资不实或者抽逃出资。股东瑕疵出资的,对公司承担足额缴纳出资的责任,不受诉讼时效限制;对其他完全履行出资责任股东承担违约责任的责任,受诉讼时效限制;对公司债权人承担补充赔偿责任,不受诉讼时效限制;公司发起人、董事、高级管理人员承担赔偿责任;瑕疵出资股东自身限制自益权乃至剥夺股东资格的责任。

参考法条

《最高人民法院关于适用〈中华人民共和国公司法〉若干问题的规定(三)(2014年修订)》

第十二条　公司成立后,公司、股东或者公司债权人以相关股东的行为符合下列情形之一且损害公司权益为由,请求认定该股东抽逃出资的,人民法院应予支持:

(一)制作虚假财务会计报表虚增利润进行分配;

(二)通过虚构债权债务关系将其出资转出;

（三）利用关联交易将出资转出；

（四）其他未经法定程序将出资抽回的行为。

第十四条 股东抽逃出资，公司或者其他股东请求其向公司返还出资本息、协助抽逃出资的其他股东、董事、高级管理人员或者实际控制人对此承担连带责任的，人民法院应予支持。

公司债权人请求抽逃出资的股东在抽逃出资本息范围内对公司债务不能清偿的部分承担补充赔偿责任、协助抽逃出资的其他股东、董事、高级管理人员或者实际控制人对此承担连带责任的，人民法院应予支持；抽逃出资的股东已经承担上述责任，其他债权人提出相同请求的，人民法院不予支持。

对照法条

《中华人民共和国公司法》（2023年修订）

第四十九条 股东应当按期足额缴纳公司章程规定的各自所认缴的出资额。

股东以货币出资的，应当将货币出资足额存入有限责任公司在银行开设的账户；以非货币财产出资的，应当依法办理其财产权的转移手续。

股东未按期足额缴纳出资的，除应当向公司足额缴纳外，还应当对给公司造成的损失承担赔偿责任。

第五十一条 有限责任公司成立后，董事会应当对股东的出资情况进行核查，发现股东未按期足额缴纳公司章程规定的出资的，应当由公司向该股东发出书面催缴书，催缴出资。

未及时履行前款规定的义务，给公司造成损失的，负有责任的董事应当承担赔偿责任。

第五十三条 公司成立后，股东不得抽逃出资。

违反前款规定的，股东应当返还抽逃的出资；给公司造成损失的，负有责任的董事、监事、高级管理人员应当与该股东承担连带赔偿责任。

第八十八条 股东转让已认缴出资但未届出资期限的股权的，由受让人承担缴纳该出资的义务；受让人未按期足额缴纳出资的，转让人对受让人未按期缴纳的出资承担补充责任。

未按照公司章程规定的出资日期缴纳出资或者作为出资的非货币财产的实际价额显著低于所认缴的出资额的股东转让股权的，转让人与受让人在出资不足的范围内承担连带责任；受让人不知道且不应当知道存在上述情形的，由转让人承担责任。

八、请求公司收购股份纠纷案件

（一）请求公司收购股份纠纷释义

异议股东股份收购请求权，又称异议评估权、股份评估回购请求权，是指当股东会基于多数表决，就有关公司重大事项作出决议时，持异议的少数股东要求对其所持股份的价值进行评估并由公司以公平价格予以购买的权利。异议股东股份收购请求权制度的价值主要在于保护中小股东的利益，使异议股东选择以获得合理而公平的股份补偿的方式退出，而不再受到"多数决"形成的决议的约束。同时，该制度还有助于公司提升决策水平、改进经营管理，也是防止公司陷入僵局的预防工具。

《公司法》第八十九、一百六十一条规定：如果公司连续5年盈利并符合本法规定的分配利润条件但不向股东分配利润的，或者公司合并、分立、转让主要财产的（股份有限公司转让主要财产），或公司章程规定的营业期限届满或者章程规定的其他解散事由出现，股东会会议通过决议修改章程使公司存续的，对股东会该项决议投反对票的股东可以请公司按照合理的价格收购其股权，自股东会会议决议通过之日起60日内，股东与公司不能达成股权收购协议的，股东可以自股东会会议决议通过之日起90日内向人民法院提起诉讼。

股份有限公司的资合性决定了其股份转让较为自由，尤其是公开上市公司的异议股东可以随时通过证券市场卖出股份，所以《公司法》第一百六十二条规定，"股份有限公司不得收购本公司股份。但是，有下列情形之一的除外：（一）减少公司注册资本；（二）与持有本公司股份的其他公司合并；（三）将股份用于员工持股计划或者股权激励；（四）股东因对股东会作出的公司合并、分立决议持异议，要求公司收购其股份；（五）将股份用于转换公司发行的可转换为股票的公司债券；（六）上市公司为维护公司价值及股东权益所必需。"

（二）请求公司收购股份纠纷案件地域情况分析

本次检索获取了请求公司收购股份纠纷自2019年1月1日至2024年2月1日共4209篇裁判文书（见图44）。

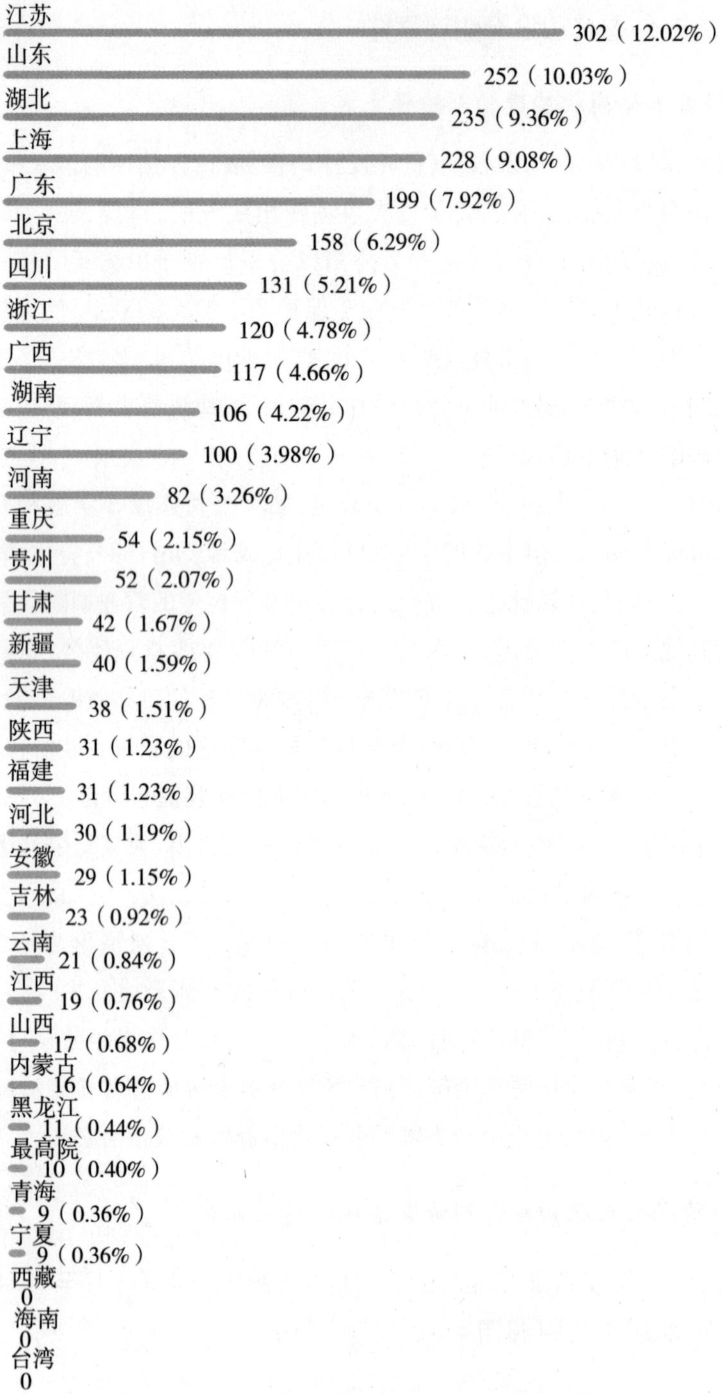

地区	数量（占比）
江苏	302（12.02%）
山东	252（10.03%）
湖北	235（9.36%）
上海	228（9.08%）
广东	199（7.92%）
北京	158（6.29%）
四川	131（5.21%）
浙江	120（4.78%）
广西	117（4.66%）
湖南	106（4.22%）
辽宁	100（3.98%）
河南	82（3.26%）
重庆	54（2.15%）
贵州	52（2.07%）
甘肃	42（1.67%）
新疆	40（1.59%）
天津	38（1.51%）
陕西	31（1.23%）
福建	31（1.23%）
河北	30（1.19%）
安徽	29（1.15%）
吉林	23（0.92%）
云南	21（0.84%）
江西	19（0.76%）
山西	17（0.68%）
内蒙古	16（0.64%）
黑龙江	11（0.44%）
最高院	10（0.40%）
青海	9（0.36%）
宁夏	9（0.36%）
西藏	0
海南	0
台湾	0

图44　地域分布

从图44所示的地域分布可以看到当前条件下请求公司收购股份纠纷案例数量排名前五的是江苏省、山东省、湖北省、上海市、广东省。

（三）请求公司收购股份纠纷案件当事人类型分析

当事人类型如图45所示。

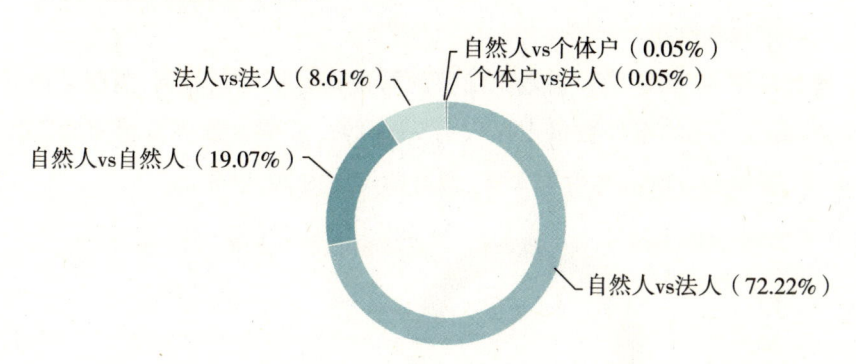

图45　当事人类型

从图45所示的当事人类型情况可以看到，请求公司收购股份纠纷当前的纠纷发生在自然人与法人之间的数量最多，占比为72.22%；其次是自然人与自然人之间，占比为19.07%。

（四）请求公司收购股份纠纷案件争议标的额分析

标的额如图46所示。

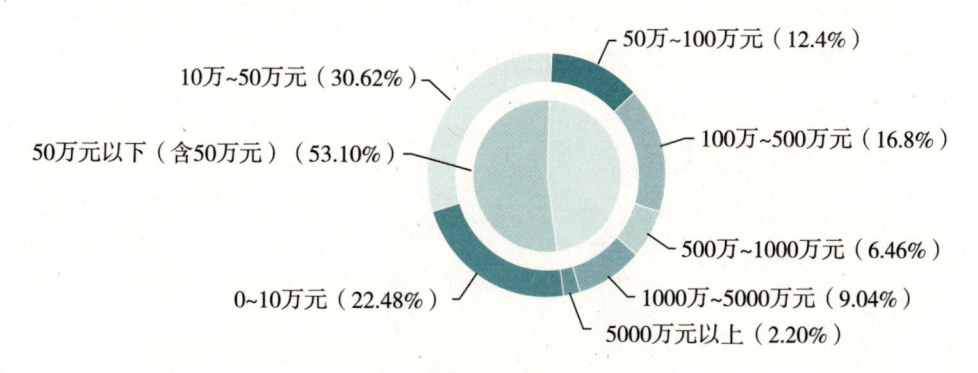

图46　标的额

通过对图46所示的标的额的可视化分析可以看到，标的额为50万元以下

(含50万元)的案件数量最多,占比为53.10%;50万~100万元的案件数量占比为12.40%,100万~500万元的案件数量占比为16.80%,500万~1000万元的案件数量占比为6.46%,1000万元以上的案件数量占比为11.24%。

(五)请求公司收购股份纠纷案件裁判结果分析

1.一审裁判结果

通过对图47所示的一审裁判结果的可视化分析可以看到,当前条件下一审全部/部分支持的案件数量占比仅为23.61%;驳回全部诉讼请求的占比为11.40%、驳回起诉的占比为7.25%、撤诉的占比为27.98%。

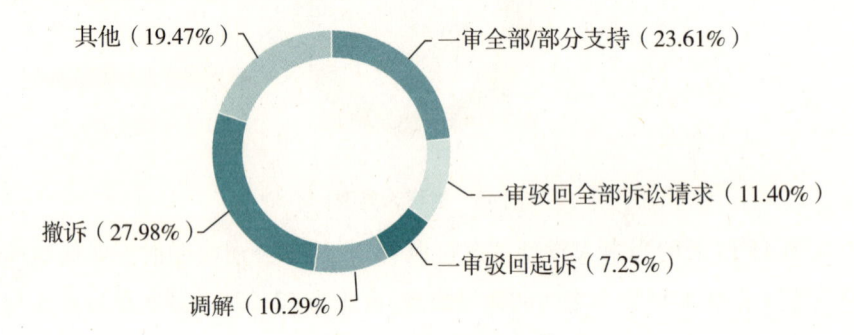

其他(19.47%)
一审全部/部分支持(23.61%)
一审驳回全部诉讼请求(11.40%)
一审驳回起诉(7.25%)
调解(10.29%)
撤诉(27.98%)

图47 一审裁判结果

2.二审裁判结果

通过对图48所示的二审裁判结果的可视化分析可以看到,当前条件下二审维持原判的案件数量占比为74.92%,改判的占比为6.52%,发回重审的占比为4.68%,提审/指令审理的占比为1.67%。

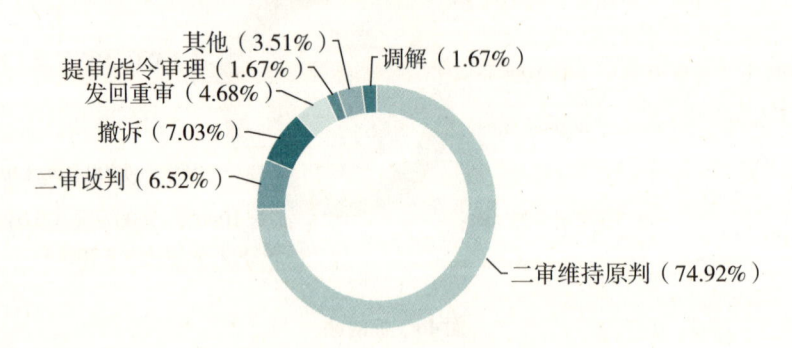

其他(3.51%)
调解(1.67%)
提审/指令审理(1.67%)
发回重审(4.68%)
撤诉(7.03%)
二审改判(6.52%)
二审维持原判(74.92%)

图48 二审裁判结果

3. 再审裁判结果

通过对图49所示的再审裁判结果的可视化分析可以看到,当前条件下再审维持原判的占比为84.90%,再审改判的占比为4.72%,发回重审的占比为1.89%,提审/指令审理的占比为4.72%。

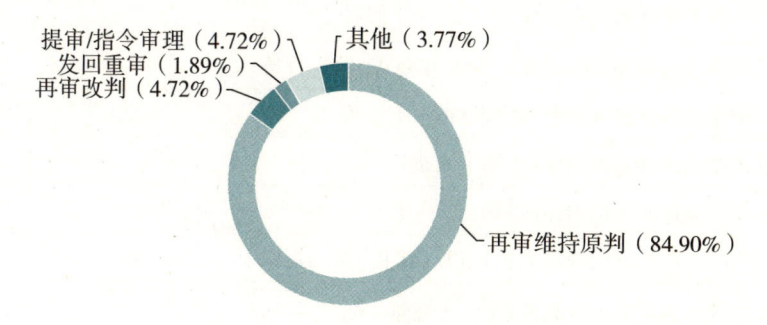

提审/指令审理（4.72%）
发回重审（1.89%）
再审改判（4.72%）
其他（3.77%）
再审维持原判（84.90%）

图49 再审裁判结果

（六）请求公司收购股份纠纷案件主要争议焦点

此处统计了请求公司收购股份纠纷案件中所有被援引的高频法条,其中,高频实体法条见表7。

表7 请求公司收购股份纠纷案中被援引的高频法条

序号	法规名称	引用频次
1	《中华人民共和国公司法》(2013年修正)第七十四条	193
2	《中华人民共和国公司法》(2018年修正)第七十四条	186
3	《中华人民共和国合同法》第一百零七条	100
4	《中华人民共和国公司法》(2018年修正)第五条	100
5	《中华人民共和国公司法》(2013年修正)第一百四十二条	95
6	《中华人民共和国合同法》第六十条	93
7	《最高人民法院关于在审理经济纠纷案件中涉及经济犯罪嫌疑若干问题的规定》第十一条	79
8	《最高人民法院、最高人民检察院、公安部关于办理非法集资刑事案件适用法律若干问题的意见》第七条	71
9	《中华人民共和国公司法》(2013年修正)第七十五条	65

续表

序号	法规名称	引用频次
10	《中华人民共和国合同法》第五十二条	51
11	《中华人民共和国合同法》第八条	49
12	《中华人民共和国合同法》第一百一十四条	38
13	《中华人民共和国劳动法》(2009年修正)第一百条	37
14	《中华人民共和国社会保险法》第六十三条	37
15	《中华人民共和国担保法》第十八条	36
16	《中华人民共和国担保法》第二十一条	33
17	《中华人民共和国公司法》(2013年修正)第一百四十二条第一款	33
18	《中华人民共和国合同法》第六十条第一款	30
19	《中华人民共和国公司法》(2018年修正)第二十二条第二款	29
20	《中华人民共和国公司法》(2013年修正)第一百四十二条第一款第一项	29

根据上述审理请求公司收购股份纠纷案件援引的高频法条分析判断,请求公司收购股份纠纷案件主要有一个争议焦点:股东请求公司收购股份的条件。

股东请求公司收购股份,身份条件、实体条件、程序条件三个条件缺一不可,其中身份条件、程序条件是原告起诉的前置条件。

参考法条

《中华人民共和国公司法》(2018年修正)

第七十四条 有下列情形之一的,对股东会该项决议投反对票的股东可以请求公司按照合理的价格收购其股权:

(一)公司连续五年不向股东分配利润,而公司该五年连续盈利,并且符合本法规定的分配利润条件的;

(二)公司合并、分立、转让主要财产的;

(三)公司章程规定的营业期限届满或者章程规定的其他解散事由出现,股东会会议通过决议修改章程使公司存续的。

自股东会会议决议通过之日起六十日内,股东与公司不能达成股权收购协议的,股东可以自股东会会议决议通过之日起九十日内向人民法院提起诉讼。

第一百四十二条 公司不得收购本公司股份。但是,有下列情形之一的除外:

(一)减少公司注册资本;

(二)与持有本公司股份的其他公司合并;

(三)将股份用于员工持股计划或者股权激励;

(四)股东因对股东大会作出的公司合并、分立决议持异议,要求公司收购其股份;

(五)将股份用于转换上市公司发行的可转换为股票的公司债券;

(六)上市公司为维护公司价值及股东权益所必需。

公司因前款第(一)项、第(二)项规定的情形收购本公司股份的,应当经股东大会决议;公司因前款第(三)项、第(五)项、第(六)项规定的情形收购本公司股份的,可以依照公司章程的规定或者股东大会的授权,经三分之二以上董事出席的董事会会议决议。

公司依照本条第一款规定收购本公司股份后,属于第(一)项情形的,应当自收购之日起十日内注销;属于第(二)项、第(四)项情形的,应当在六个月内转让或者注销;属于第(三)项、第(五)项、第(六)项情形的,公司合计持有的本公司股份数不得超过本公司已发行股份总额的百分之十,并应当在三年内转让或者注销。

上市公司收购本公司股份的,应当依照《中华人民共和国证券法》的规定履行信息披露义务。上市公司因本条第一款第(三)项、第(五)项、第(六)项规定的情形收购本公司股份的,应当通过公开的集中交易方式进行。

公司不得接受本公司的股票作为质押权的标的。

对照法条

《中华人民共和国公司法》(2023年修订)

第八十九条 有下列情形之一的,对股东会该项决议投反对票的股东可以请求公司按照合理的价格收购其股权:

(一)公司连续五年不向股东分配利润,而公司该五年连续盈利,并且符合本法规定的分配利润条件;

(二)公司合并、分立、转让主要财产;

(三)公司章程规定的营业期限届满或者章程规定的其他解散事由出现,股东会通过决议修改章程使公司存续。

自股东会决议作出之日起六十日内,股东与公司不能达成股权收购协议的,股东可以自股东会决议作出之日起九十日内向人民法院提起诉讼。

公司的控股股东滥用股东权利,严重损害公司或者其他股东利益的,其他股东有权请求公司按照合理的价格收购其股权。

公司因本条第一款、第三款规定的情形收购的本公司股权,应当在六个月内依法转让或者注销。

第一百六十一条 有下列情形之一的,对股东会该项决议投反对票的股东可以请求公司按照合理的价格收购其股份,公开发行股份的公司除外:

(一)公司连续五年不向股东分配利润,而公司该五年连续盈利,并且符合本法规定的分配利润条件;

(二)公司转让主要财产;

(三)公司章程规定的营业期限届满或者章程规定的其他解散事由出现,股东会通过决议修改章程使公司存续。

自股东会决议作出之日起六十日内,股东与公司不能达成股份收购协议的,股东可以自股东会决议作出之日起九十日内向人民法院提起诉讼。

公司因本条第一款规定的情形收购的本公司股份,应当在六个月内依法转让或者注销。